Selbstläufer / Leerläufer

IIquIIIII

Herausgegeben von
Claus Pias und Joseph Vogl

Selbstläufer / Leerläufer
Regelungen und ihr Imaginäres im 20. Jahrhundert

Herausgegeben von
Stefan Rieger und Manfred Schneider

diaphanes

Die Drucklegung dieses Bandes wurde durch Mittel des Rektorates der
Ruhr-Universität Bochum ermöglicht.

1. Auflage
ISBN 978-3-03734-193-3
© diaphanes, Zürich 2012
www.diaphanes.net

Alle Rechte vorbehalten
Layout und Druckvorstufe: 2edit, Zürich
Druck: Pustet, Regensburg
Umschlagkonzept: Thomas Bechinger und Christoph Unger

Inhalt

Stefan Rieger und Manfred Schneider
Selbstläufer / Leerläufer
Regelungen und ihr Imaginäres im 20. Jahrhundert   7

1. UTOPIEN DER REGELUNG

Claus Pias
Cybernation
Von der Freizeit zur Freiheit und wieder zurück   15

Wladimir Velminski
Hammergeschmetter
Vom Selbstlauf des Knochenhebels zum System der Kultur   35

Lea Haller
The Wisdom of the Body
Neukonfigurationen des Organismus
im Zuge der Entwicklung von Steroidhormonen   47

2. LEERLAUFSZENARIEN

Peter Risthaus
Auf dem Trip
Drogenprotokolle als literarische Formulare   65

Markus Krajewski
Im Leerlauf
Spekulationen über die Freizeit der Maschinen   81

Serhat Karakayali
»Soziophagie«
Skizzen zur Figur der Vereinnahmung   97

Manfred Schneider
Schizographie
Thomas Trowards ›Edinburgh Lectures on Mental Science‹
und der Fall Sirhan   115

3. VERSELBSTSTÄNDIGUNGEN DES WISSENS

Sebastian Vehlken
Schräge Vögel
Vom ›technological morass‹ in der Ornithologie — 131

Stefan Rieger
Epistemische Selbstläufer
Zur Ökonomie der Wissenschaft — 155

4. SELBSTLÄUFER DES SCHEITERNS

Benjamin Bühler
Entgleitende Regulierungen
Zukunftsfiktionen der Politischen Ökologie — 177

Eva Horn
Die Verkettung unglücklicher Umstände
Über unwahrscheinliche Unfälle — 199

Verzeichnis der Autorinnen und Autoren — 219

Stefan Rieger und Manfred Schneider

Selbstläufer / Leerläufer
Regelungen und ihr Imaginäres im 20. Jahrhundert

Nur wenige Leitkonzepte haben das 20. Jahrhundert so nachhaltig geprägt wie das der Regelung. Ob im Realen der Technik oder im Imaginären der Kultur, sie ließ kaum einen Bereich der Lebenswelt unberührt. Das Versprechen der Regelung gab nicht nur Ingenieuren zu tun, sondern brachte auch Ankündigungen und Utopien hervor, wie das Soziale perfektioniert werden könnte. Zur Geschichte der sozial- und ingenieurswissenschaftlichen Regelung, zur Geschichte ihres effizienten oder verschwenderischen Gebrauchs, gehört eine Bibliothek von Büchern, Schriften und Reden, die an dem großen Zukunftsversprechen der Regelung mitgewirkt haben.

Die Semantik der Regelung weist über Konzepte etwa der Biologie und Technik weit hinaus und konstituiert einen eigenen Aussageraum. Nur durch systematische Erschließung dieses Raumes kann es gelingen, den phantasmatischen Gehalt und damit das Imaginäre der Rede von der Regelung zu erfassen. Bereits der Wissenschaftshistoriker Georges Canguilhem hat 1974 in einer Reihe von Enzyklopädieartikeln zu *Vie* und *Régulation* zwar auf die Entstehung der Kybernetik durch Norbert Wiener hingewiesen, zugleich aber aufgezeigt, dass zu ihrer Geschichte ebenso Theologie, Astronomie, Technologie, Medizin oder Soziologie zu zählen sind. Diese Disziplinen müssen um die Medienwissenschaft, die Ökologie und die Ökonomie ergänzt werden. Spätestens seit den 1970er Jahren wurden die sozialen und politischen Dimensionen von Regulation und Steuerung auch in den Sozial- und Geisteswissenschaften gesehen und herausgestellt.

Die Regelungsszenarien der Gegenwart erweisen sich hingegen als ebenso prekär wie der theoretische Status der Regelung selbst. Während das 20. Jahrhundert noch ganz im Banne ihres Erfolgs stand und die Regelung mit einem enormen Vertrauensvorschuss versah, macht sich heute zunehmend Skepsis gegenüber dem Versprechen reibungslosen Betriebs breit. Das wirft rückblickend ein Schlaglicht auf das, was man sich überhaupt unter Regelung vorstellte, und erst recht auf das, was man über alle konkreten Realisierungen hinaus als ihr Imaginäres beschreiben könnte. Was also waren die Verheißungen und Hoffnungen, die Erwartungen und Träume, aber auch die Bedrohungen und Ängste, mit denen die Regelung verbunden war? Die Frage betrifft nicht nur die Kybernetik und ihre bedeutenden Protagonisten, sondern gerade auch die gesamtgesellschaftliche Wahrnehmung. Weil Regelung alle und alles zu betreffen scheint, ruft sie eine Vielzahl von Stellungnahmen auf den Plan. Deren Bandbreite reicht von der Gleichsetzung der Regelung mit einem individualitätsfernen Sozialdeterminismus bis hin zu Formen einer Automatisierung, die keine personalen Arbeitskräfte für die Herstellung von Industriegütern mehr benötigt und stattdessen die Frage nach der Freizeit der derart freigestellten Individuen weckt.

Als ubiquitäres Phänomen dringt die Regelung in unterschiedliche Subsysteme des Sozialen ein, und dies gilt für ihre Praxis wie für ihre Theoriebildung. Szenarien finden sich bereits in der frühen Ökologie und theoretischen Biologie, aber auch in der Systemtheorie, Wissenschaft und Ästhetik. Soziale Verbände, wirtschaftliche Prozesse, technische Systeme oder individuelles Verhalten werden ebenso als regelbar und regelungsbedürftig beschrieben wie Kunst, Massenmedien, Ökonomie, Technik, Pädagogik bis hin zur Gesellschaft als solcher. Aber das Regelungsparadigma leistet nicht nur eine Gegenstandsbeschreibung im Geltungsbereich unterschiedlicher ausdifferenzierter Subsysteme mit ihren jeweiligen Belangen und historischen Situierungen. Gerade die Selbstbeschreibungen der Moderne greifen die Szenarien und epistemologischen Konzepte von Regelung und Organisation auf. Allerdings geht, was seitdem unter Begriffen wie Selbstorganisation, Autopoiesis, Eigendynamik, Selbstreferenz oder Globalisierung ausgearbeitet wurde, theoretisch wie faktisch immer weniger glatt auf. Die Geschichte zeigt, dass mit dem Ausfall starrer Determinismen und Kausalitäten kleine Ursachen große Wirkungen haben, dass Kettenreaktionen und Schmetterlingseffekte bisweilen einfache Prognosen widerlegen und Gesamtsysteme zum Kippen bringen können.

Regelung gehört darüber hinaus zum Grundrepertoire der Selbstbeschreibungen unterschiedlicher Wissenschaften, die auch ihr je eigenes Imaginäres tragen – etwa dann, wenn es gilt, Gefahren vorhersehbar, Reibungen vermeidbar und Kontingenzen berechenbar zu machen. Diese Selbstbeschreibungen sind in verschiedener Hinsicht problematisch geworden – wie die aktuellen Diskussionen anlässlich der Krise bei Banken, Autobauern und ganzen Volkswirtschaften zeigen. Was also ist zu tun? Welche Formen des Krisenmanagements stehen, wenn überhaupt, zur Verfügung? Genügt es etwa, in den vorhandenen Systemen Fehler zu beseitigen, oder stehen die Systeme selbst zur Disposition? Gibt es noch so etwas wie klassische Agenten und Akteure? Welcher Status und welche Möglichkeit kommt der Kritik zu, die als Paradigma der Kontrolle und Selbstkontrolle ebenso lange wie nachhaltig die Reflexion bestimmte?

Nur was organisiert, verwaltet und gesteuert werden kann, *läuft* also. Ist etwas besonders gut geregelt, läuft es von selbst, wird zum *Selbstläufer*. Andererseits kann sich die Regelung vollständig von dem abheben, was sie eigentlich hätte regeln sollen: Prozesse laufen dann leer, der *Leerläufer* regelt nur noch sich selbst. Mit den beiden Leitbegriffen *Selbstläufer* und *Leerläufer* soll daher gleichermaßen der Erfolg des Regelungsparadigmas im Verlauf des 20. Jahrhunderts als auch sein Prekärwerden an der Wende zum 21. Jahrhundert in den Blick geraten. Beide Begriffe implizieren, dass es mit der Ökonomie der Regelung nicht getan ist, dass es Unterbrechungen und Aussetzer gibt, die in ihrer Eigendynamik selbst Effekte zeitigen und daher nicht auf schlichte Formen der Störung zu reduzieren sind. Beiden Figuren ist zudem ein Reiz- und Faszinationspotenzial eigen, das sich dort Geltung verschafft, wo Dinge und Phänomene aus dem Ruder laufen, wo sie sich einfachen Formen planerischer Verbindlichkeit entziehen, wo wenig viel und viel wenig bewirkt, wo also das Kalkül beherrschbarer Verhältnisse außer Kraft gesetzt wird. Derlei Zuwiderhandlungen finden im Bild des

Hamsters im Laufrad ihre emblematische Verdichtung. Der Lauf des Tiers im Gestell ist ein Skandal, ein Zuwiderhandeln gegen alle ökonomische Vernunft. Im Selbstlauf wird Energie aufgebracht, die in ihrem Leerlauf verpufft. Das System Hamster stabilisiert sich selbst.

Als *Selbstläufer* können versuchsweise Prozesse gefasst werden, die sich verselbstständigen und sich bisweilen im Modus positiver Rückkopplung ins schier Unermessliche steigern. Die *Leerläufer* hingegen erfassen Prozesse, die durch einen mehr oder weniger vollständigen Verlust an Referenz und Funktionalität gekennzeichnet sind. Selbst- und Leerläufer sind dabei keine bloßen Illustrationen, noch sind sie Versatzstücke einer uneigentlichen Rede: Ihr Beschreibungs- und Reflexionspotenzial gründet vielmehr in der Sache der Regelung selbst. Der Wunsch nach einer ereignislosen Welt generiert ein neues Reich von Ereignissen. Das hat sich auf einer Tagung gezeigt, die unter dem Titel *Selbstläufer / Leerläufer. Regelungen und ihr Imaginäres im 20. Jahrhundert* vom 6.-8. Mai 2010 an der Ruhr-Universität Bochum stattgefunden hat und deren Ergebnisse hier vorgelegt werden. Die Tagung versammelte VertrerInnen unterschiedlicher Disziplinen – von der Medienwissenschaft über die Literaturwissenschaft und Wissenschaftsgeschichte bis zur Soziologie – und forderte diese zum Nachdenken über Selbst- und Leerläufer auf. Wie die historische Rekonstruktion ausgewählter Einzelfälle deutlich machte, erschließen die beiden Leitbegriffe zahlreiche Phänomene und bilden so die Grundlage sowohl für eine Gegenwartsanalyse als auch für eine Prognostik künftiger Ereignisse. Sie erlaubt den Befund, dass das große Versprechen der Regelung mit der Vielzahl möglicher Anwendungsfelder korreliert und dabei kaum ein Teilaspekt gesellschaftlicher Wirklichkeit unberührt bleibt. Das qualifiziert die Frage nach Selbst- und Leerläufern für das Verständnis einer Gegenwart, die sich gerne als regellos und unregulierbar beschreibt und damit das alte Verlangen nach geglückter Regelung umso vehementer und virulenter werden lässt.

Was sich gezeigt hat, ist die kohäsive Kraft beider Konzepte. Sie sind in der Lage, heterogene Phänomene auf ihre je eigene Logik zu beziehen. Die Debatte um Selbst- und Leerläufer ist nichts weniger als abgeschlossen, sie ist angestoßen. Die Veranstaltung selbst hatte den Charakter einer Initialzündung und konnte für die Wirkmacht beider Konzepte sensibilisieren. Die hier vorgestellten Fallstudien beanspruchen daher auch nur, nichts weiter zu sein als Fälle. Gelänge es aber, diesen ausgewählten Fällen die Fülle anderer Fälle an die Seite zu stellen und in einer geduldigen Diskursanalyse zu vertiefen, so stünde zu erwarten, dass sich in dieser Bibliothek der Selbst- und Leerläufer das Unbewusste des 20. Jahrhunderts zu Wort meldet.

1. Die Beiträge des ersten Kapitels behandeln drei prägnante Beispiele von *Utopien der Regelung* im 20. Jahrhundert. Eine perfekte Steuerung des Sozialen wollte man durch Kybernetisierung, durch psychotechnisch gesteuerte Arbeitsorganisation und sogar durch Verabreichung synthetischer Hormone erreichen.

In seinem Aufsatz über »Cybernation« analysiert Claus Pias vier wichtige Publikationen des Jahres 1964, die eine Epochenwende durch Kybernetisierung in

Begriffen der *Krise* und der *Utopie* in Aussicht stellten. In die Krise geriet das eingespielte System der Ökonomie, dafür winkte Erlösung von der Arbeit durch »communication, computation, and control«. Nach den Worten von Leon Bagrit in *The Age of Automation* von 1964 ging es darum »to become full human beings.« Während Bagrit die Menschen auf dem Wege zu ihrem vollen Sein freilich noch mit Problemen der Untätigkeit kämpfen sah, wollte Marshall McLuhan in einem Beitrag aus dem gleichen Jahr an ein Glück dauerhaften Lernens glauben. Ebenfalls im Jahr 1964 erschien aus der Feder von Wissenschaftlern und Industriellen das Manifest *The Triple Revolution*, das die Kybernetisierung als dritte Revolution nach den Menschenrechten und der Revolution der Kriegstechnologie feierte. Sie sollte die alte Ökonomie des Mangels ablösen und die Ära des Überflusses einläuten. In einer vierten Publikation des Jahres 1964 suchte Leo Marx in *The Machine in the Garden* nach Urbildern der Cybernation-Utopie in der amerikanischen Literatur des 19. Jahrhunderts. Auch die Technikgeschichte zeigt, dass in den Ingenieurbüros, wo diese Träume implementiert und Menschenarme durch Roboter ersetzt werden sollten, die Dinge weniger utopisch vorangingen. Im Rückblick auf diese Traumzeit der Automatisierung skizziert Claus Pias ein Forschungsprojekt, das das Zusammenspiel von Technik, Diskurs und Politik bei der Neuregelung des Verhältnisses von Menschen und Maschinen untersuchen soll.

Während in den USA der 60er Jahre die Steuerungstechnik und der kybernetische Diskurs arbeitsteilig betrieben wurden, hatte nach der Oktoberrevolution in der Sowjetunion der Lyriker und Organisationstheoretiker Aleksej Kapitonovič Gastev beide Seiten vereint. Wladimir Velminski rekonstruiert die Pläne dieses Mannes, der unter Lenin in Moskau das Zentrale Institut für Arbeit gründete. In seiner futuristischen Poesie des Maschinenmenschen und mit seinen Ideen zur Arbeitsorganisation und Psychotechnik entwarf Gastev ein einmaliges Regelungswerk von Gesellschaft und Kultur. Auf dem Wege dahin wollte Gastev durch aufwändiges Training eine Biomechanik des Hammerschlags implementieren, die durch *Tempo*, *Präzision* und *Kraft* die Regelungen des *Nerven-Muskel-Gedächtnisses* perfektionierte und selbstlaufend operierte. Mit der Anwendung des Taylorismus auf Industrie, Theater und Sport glaubte Gastev, unter Lenin den Traum einer selbstgeregelten, präzise laufenden Sowjetgesellschaft in die Tat umsetzen zu können.

Mit dem Aufstieg und Niedergang mechanisch optimierter Körper vollzog sich auch die Entwicklung der organischen Chemie und Endokrinologie mit ihrem völlig neuen Konzept organischer Selbststeuerung und medizinischer Intervention. Anfang des 20. Jahrhunderts skizzierte der englische Physiologe Ernest Starling in seiner *Croonian Lecture on the Chemical Correlation of the Functions of the Body* die Vision, dass die vom Organismus selbst erzeugten »pharmazeutischen« Stoffe synthetisch nachgebaut werden könnten, um regelnd in das Geschehen im Körper einzugreifen. Das Masterprodukt dieser neuen Forschung war das Cortison. Lea Haller zeichnet in ihrem Beitrag diese Entwicklung aus der Perspektive der pharmazeutischen Industrie nach, die in komplizierten Verträgen ihre Interessen mit denen der akademischen Forschung abstimmen musste. Das erste von der Firma Ciba 1938 auf den Markt gebrachte synthetische Steroidhormon Percorten wurde zunächst bei Schock, Verbrennungen und Toxikosen verwendet, bald darauf aber auch als pharmazeutisches *enhancement* für gestresste Soldaten. Hier tauchte ein neuer Typ von Regulierungsutopie auf. Ende der vierziger Jahre setzte dann der Siegeslauf von Cortison ein, das chronisch kranken Patienten, Rheumatikern, Allergikern, Asthmatikern, eine symptomatische Erleichterung verschaffte.

2. Das zweite Kapitel ist unterschiedlichen *Leerlaufszenarien* gewidmet, dem literarischen Drogenprotokoll, dem Leerlauf von Bediensteten und Maschinen, dem Leerlauf politischer Oppositioneller in liberalen Gesellschaftssystemen sowie den Theorien, der Klinik und dem gezielten psychotechnischen Einsatz des automatischen Schreibens.

Im Anschluss an die Vision eines *enhancement* von Soldaten durch Steroidhormone geht es im ersten Beitrag von Peter Risthaus um ein *enhancement* von Dichtern durch Drogen. Diese Geschichte lässt sich zum großen Teil in den Drogenprotokollen nachlesen, die die Autoren der literarischen Avantgardebewegungen des 20. Jahrhunderts pflegten. Bereits im 19. Jahrhundert hatten Dichter wie Thomas de Quincey und Charles Baudelaire Opium- und Haschisch-Trips unternommen, um gezielt in eine Tiefenschicht dichterischer Kreativität einzutauchen und die Kräfte des Unbewussten selbstständig agieren zu lassen. An Beispielen von Walter Benjamin und Ernst Jünger erläutert Peter Risthaus die besondere Funktion des Protokolls, das in die Literatur Eingang fand. Denn die Autoren verzeichneten bei ihren durch Drogen in Gang gesetzten Trips und Fahrten zunächst nur dichterischen Leerlauf. Sie konnten das Erlebte nicht in Literatur verwandeln. Erst durch supplementäre Techniken wie die Erinnerung und das Protokoll ließen sich die Spuren, die der über Drogen regulierte Selbstlauf der kreativen Kräfte auf Papieren hinterließ, in Kunst übertragen. Die moderne Poetik, die Literatur als Ergebnis von Technik auffasst, hat dieses Szenario aber inzwischen wieder aufgegeben.

Leerlauf als eine Art von »normaler« Störung untersucht Markus Krajewski am Beispiel der »subalternen Medien«, wie er sie nennt, des Dieners und des Computers. Zum Füllen der Wartezeiten, die die Diener in aristokratischen wie auch in großbürgerlichen Häusern durchlebten, wurde das Lesen empfohlen. Die Literatur weiß von genügend Beispielen, wie sie sich selbst zur Verwandlung von Leerlauf in erfüllte Zeit ins Spiel bringt. Was aber machen Maschinen im Leerlauf? Die Phasen des Nichtstuns, in denen Computer allein damit beschäftigt sind, sich selbst zu verwalten, werden als *idle time* bezeichnet. Dieser Leerlauf, die Nebenzeit oder *idle time*, ist aber kein Stillstand, denn die Maschinen verwenden sie nicht wie einst die lebendigen Diener zur Lektüre, sondern zur Aktualisierung der Programme, zur Kontrolle und Schließung von Sicherheitslücken, durch die Viren oder Trojaner eindringen könnten. Oder sie wehren mögliche Denial-of-Service-Attacken ab, die den Rechner endgültig in den Stand des Nichtstuns versetzen würden. Während aber einst die sozialen Herren ihre Domestiken in Leerzeiten schickten, so lassen heute bestimmte Computerprogramme ihre Benutzer warten und zeigen an, dass in technischen Umwelten die Herrschaftsverhältnisse nicht immer eindeutig sind.

Eine besonders interessante Leerlauf-Konstellation beschreibt Serhat Karakayali in seinem Aufsatz über »Soziophagie«. Da es in der modernen Welt keine »systemlosen« Zustände gibt, bleibt es eine offene Frage, wie die revolutionären, oppositionellen und kulturrevolutionären Bewegungen innerhalb eines Systems »laufen« oder wie der soziale Verarbeitungsmodus von Abweichung und Widerstand zu verstehen ist. Darüber wird in den Sozialwissenschaften lebhaft gestritten. Dies Frage ließe sich gemäß einer Grundunterscheidung so zuspitzen: Haben Gesellschaften ein *Außen*, aus dem heraus Systemgegner oder Kritiker operieren können, oder sind alle oppositionellen Kräfte einem sozialen *Innen* zuzurechnen, das sich immer schon, um den eigenen Selbstlauf zu sichern, durch Feinde, Gegner, Oppositionen irritieren lässt? Und womöglich sucht sie solche Gegenkräfte dann in den Prozessen aufzureiben, die als Dialektik, Autopoiesis oder Vereinnahmung beschrieben werden?

Einen brisanten Sonderfall dieser Frage nach der sozialen Verarbeitung von (militanter) Opposition behandelt Manfred Schneider in einer Darstellung des tödlichen Attentats auf Robert F. Kennedy im Juni 1968. Der Täter, Sirhan Sirhan, hatte sich auf diese Tat gezielt in einem mentalen Schreibtraining vorbereitet, indem er den Satz »Robert F. Kennedy must die« unzählige Male niederschrieb. Die psychotechnischen Anweisungen hierzu entnahm er einschlägigen esoterischen Schriften wie Thomas Trowards 1909 veröffentlichten *Edinburgh Lectures on Mental Science* sowie einem Artikel des *Rosicrucian Digest* des Jahres 1968. Beide Anweisungen stehen in einem weiteren Kontext mit psychiatrischen und literarischen Konzepten des automatischen Schreibens, die seit dem letzten Drittel des 19. Jahrhunderts Psychiater und Schriftsteller faszinieren. Seitdem werden unterschiedliche Formen des *automatic writing* und der »Schizographie« sowohl bei Psychiatrie-Patienten als auch bei prominenten Autoren wie Oskar Panizza und Antonin Artaud beobachtet. In diesen Dokumenten meldet sich ein paranoides Unbewusstes zu Wort, das metaphysische, technische und politische Macht als Eigenschaft von Automaten erlebt und durch Automatismus daran teilzuhaben begehrt.

3. Das dritte Kapitel bietet zwei Fallstudien zu leerlaufenden *Verselbstständigungen des Wissens*.

Thomas Trowards Idee eines universellen »objektiven Geistes«, der aus dem Weltraum heraus menschliches Handeln steuert, spielte auch in der Ethologie des Vogelschwarmverhaltens eine Rolle. Sebastian Vehlken analysiert in einem wissenschafts- und mediengeschichtlich angelegten Beitrag über ornithologische Schwarmstudien und ihr medientechnisches Instrumentarium, wie Forscher mit ihren Darstellungsmethoden zu wissenschaftlichen Irrläufern werden. Die ersten Erklärungsversuche zum koordinierten Verhalten von Vogelschwärmen schließen um 1900 an zeitgenössische Überlegungen zur Massenpsychologie und zum Spiritismus an. Die Theoriemodelle der Schwarmforscher verändern sich mit den Verfahren zur Dokumentation der Flüge, die vom Aufschreiben per Hand über filmische Aufzeichnung bis hin zur Implementierung von Computerprogrammen führen. Die rechnergestützten Simulationen können aber stets nur ausgewählte Daten aus dem Schwarmverhalten verarbeiten, indem sie computertechnisch gefiltert und mittels statistischer Verfahren hochgerechnet werden. Damit stellen Schwärme als Medien selbst die Mittel bereit, derer es zu ihrer eigenen Beschreibung bedarf. Wenn die Schwarmbewegungen auf diese Weise zum programmierten Schreibverfahren geworden sind, lassen sie sich im Netz ihrer Bewegung fangen und beschreiben. Das Imaginäre ihrer Regelung erscheint in den auf Selbstlauf angelegten Simulationsenvironments der Rechner.

Stefan Rieger stellt anhand einer Reihe von »epistemischen Selbstläufern« aus der Wissenschaftsgeschichte der experimentellen Phonetik und Physiologie des 19. und 20. Jahrhundert die Frage nach einer historischen Metawissenschaft der Wissenschaft, die mit ihren Formen der Selbstdarstellung, mit ihren heroischen und teleologischen *public relations* einen Betrieb abschirmt, wo oft vollendet sinnlose, vom Zufall diktierte Verfahren und Techniken den Gang der Dinge mitbestimmen. Der Bogen, der gespannt wird, reicht von der Selbstdarstellung eines heldenhaften Pioniers wie Thomas Alva Edison bis hin zu zeitgenössischen Experimenten, die nur noch rechnergestützt (selbst-)laufen. Die Wissenschaftsgeschichte kennt Unternehmungen wie die des Physiologen Robert Tigerstedt, der mit immer aufwändigeren, ins Leere laufenden Verfahren das Überleben von Organen außerhalb ihrer natürlichen Umgebung erforschte. Solche Versuchsreihen zeigen auch als Extremfall, wie Wissenschaft in ihrer Eigenlogik blind werden und den Kontakt mit ihrem Erkenntnisauftrag verlieren kann. Es ist aber eine überfällige Aufgabe der Forschung, an zahlreichen Beispielen die Leerlaufdynamik als eine der effektivsten Kräfte in der Wissenschaft der Moderne zu beschreiben.

4. Das vierte Kapitel führt an Beispielen der politischen Ökologie und von Unfällen *Selbstläufer des Scheiterns* vor.

Benjamin Bühler untersucht die Einsätze der politischen Ökologie nach dem Zweiten Weltkrieg. Die apokalyptisch zugespitzten Prognosen über Erderwärmung und Klimawandel spielen mit imaginären Szenarien einer katastrophalen Zukunft, um Regulierungen zu erreichen, die diese Prognose dementieren. Leerlauf ist mithin das Ziel der Katastrophenbilder der politischen Ökologie. Unvermeidlich sind solche Zukünfte fiktiv, narrativ und imaginär angelegt. An einer Reihe von Beispielen, die von Interpretationen der Landnahme in Goethes *Faust II* bis hin zu Michael Crichtons Roman *State of Fear* (2004) reicht, wird klar, wie vereinfachte und entstellte Deutungen von ökologischen Daten und Prognosen am Aufbau eines politischen Imaginären und an wichtigen Entscheidungen mitwirken.

Eva Horn folgt in ihrem Beitrag zunächst komplexen Selbstläufen unglücklicher Umstände, einmal in Friedrich Theodor Vischers Roman *Auch einer, eine Reisebekanntschaft von 1879* und James Wongs Film *Final Destination* von 2000. Diese unheimlichen Narrative gehen aus einer historischen Konstellation hervor, wo Kesselexplosionen oder »railway spines« eine neue Wissenschaft und Technik der Kausalanalyse und Unfallprävention entstehen ließen. Immer noch können diese Romane und Filme durch Übertreibung auf die Unwahrscheinlichkeit von Technologie-Katastrophen wie Dampfkesselexplosionen, Chemiebränden, Flugzeugabstürzen oder Reaktorstörfällen einstimmen. Sie halten das Bewusstsein dafür wach, dass technische Vorkehrungen gegen technische Unfälle das Risiko solcher Ereignisse noch steigern und dass weiterhin die selbstlaufenden Verkettungen und Verästelungen der Ursachen ins Unerkennbare führen.

Ohne die Unterstützung zahlreicher Hände hätte dieser Band nicht entstehen können. Wir danken dem Rektorat der Ruhr-Universität Bochum, die sowohl die Tagung als auch den Band im Rahmen eines Programms zur Anschubfinanzierung wissenschaftlicher Projekte gefördert hat. Danken möchten die Herausgeber auch Sven Berger und Gudrun Forelle für die Tagungslogistik sowie Ina Bolinski, Dennis Niewerth und Dagny Körber für die Unterstützung bei der Drucklegung. Für die Aufnahme ins Verlagsprogramm und die gewohnt gute Zusammenarbeit sei dem Verlag diaphanes und namentlich Michael Heitz und Sabine Schulz gedankt.

Claus Pias

Cybernation
Von der Freizeit zur Freiheit und wieder zurück

»Was nicht programmierbar ist, darüber muss man schweigen«[1]

»Alles regeln, was regelbar ist, und das noch nicht Regelbare regelbar machen.«[2]

Der Ausdruck »*Cybernation*« ist weitgehend vergessen[3] – und mit ihm auch das, was er einst bezeichnen sollte, nämlich jenes utopische Potenzial von Massenarbeitslosigkeit, an das gegenwärtig allenfalls noch versprengte Berufsvisionäre zu appellieren wagen.[4] In den kybernetisch bewegten 1950er und 1960er Jahren jedoch war noch in aller Munde, was heute nur mehr als Farce denkbar ist: die Chance zur Schaffung eines Neuen Menschen, einer neuen Gesellschaft, einer neuen Ökonomie durch allgemeine Arbeitslosigkeit. Dabei hatten die kybernetischen Nachkriegsverhältnisse die industriellen Vorkriegsverhältnisse in gewisser Weise umgedreht, ohne dabei den Schauplatz zu verlassen. Denn im einen Fall wurde der Neue Mensch mit und durch Arbeit entworfen, im anderen Fall gerade durch die Befreiung von ihr. Die Arbeitswissenschaft à la Gilbreth und Jünger, deren Verfahren auf die Gesamtheit aller Lebensbereiche durchgreifen sollten, verstand sich nicht bloß als Energie- und Aufmerksamkeitsoptimierung, sondern zugleich auch als Mentalitäts-Design, das über die Formierung von Körperwissen den »bias« ganzer Kulturen zu verändern und gezielt zu kontrollieren in Aussicht stellte.[5] Der utopische Gestus der *Cybernation* hingegen gründete auf dem Anspruch der Überwindung einer Anthropologie der Arbeit, im Zuge derer die Differenz von Arbeit und Freizeit selbst getilgt und die dadurch gewonnene Freiheit sinnhaft gestaltet werden musste.[6]

Die folgenden Ausführungen können nicht mehr leisten, als auf dieses medien- und wissenshistorisch kaum erschlossene Feld hinzuweisen. Ihre Aufmerksamkeit gilt daher einerseits dem phantasmatischen Überschwang, mit dem man glaubte, dass die Maschinen es besser machen würden, andererseits aber den Spuren, den das *Cybernation*-Intermezzo in der Diskussion um »postmoderne« oder »postindustrielle« Gesellschaften, aber auch in anderen wissenschaftlichen

---

1. Welsch, *Die Postmoderne in Kunst und Philosophie*, 1988, S. 49.
2. Schmidt, *Denkschrift*, 1941, S. 12.
3. Auf den vorderen Google-Plätzen hat sich lediglich der Eintrag aus dem Merriam-Webster erhalten, und Erkki Huhtamos medienarchäologischer Hinweis hat die Medienwissenschaft nicht erreicht (Huhtamo, *From Cybernation to Interaction*, 1998).
4. Rifkin, *Das Ende der Arbeit*, 1995.
5. Baxmann (Hg.), *Das verborgene Wissen*, München 2011.
6. Einen Vergleich der 1930er und 1960er Jahre, nicht zuletzt im Hinblick auf die technokratische Bewegung, unternimmt Woirol, *The Technological Unemployment*, 1996.

Theorien und Methoden hinterlassen hat, ohne dass man sich noch an den utopischen Impetus und die Wurzeln in der Automatisierungsutopie erinnern würde.

Die Literatur zur Automatisierung, die nach 1945, eng verwoben mit der Konjunktur der Kybernetik, erschien, füllt Regalmeter.[7] Dabei ist die Verwendung des Begriffs »automation«, dessen Geschichte damals durchaus reflektiert wurde,[8] von einer Paradoxie geprägt. Die Paradoxie besteht darin, dass »automation« einen gegenwärtigen Umbruch beschreiben soll, zugleich aber ein historisch bereits viel zu stark belastetes, ja geradezu verbrauchtes Konzept ist, das allgemein mit Fließbandarbeit und »Detroit Automation« assoziiert wurde. Selbst John Diebold, der die Debatte mit seinem 1952 erschienenen Buch *Automation: The Advent of the Automatic Factory* eröffnet hatte, fühlte sich ein Jahrzehnt später bemüßigt klarzustellen, dass mit »automation« eigentlich die industrielle Revolution für beendet erklärt werden sollte.[9] Um solcherlei Verwechslungen auszuschließen, bevorzugen viele Autoren der 1960er (und im Rückgriff auf Norbert Wiener) den Begriff *Cybernation*, an dem die Bedeutung der Kybernetik als Epochenmarke ablesbar sein soll. Er wurde wahrscheinlich 1962 von Donald N. Pearce vom Peace Research Institute geprägt,[10] aber rasch von Marshall McLuhan, Erich Fromm, Leon Bagrit und vielen anderen Autoren aufgenommen. Durch *Cybernation* soll vor allem die Rolle von *feedback-* und *black box*-Konzepten, sowie von Digitalrechnern und ihrer Fähigkeit zu Informationsverarbeitung, -speicherung und -prozessierung zum Ausdruck kommen. Nicht ohne Grund hieß auch die erste, ab 1952 regelmäßig erscheinende Computerzeitschrift *Computers and Automation*: Die gesellschaftliche und technische Reflexion findet zu dieser Zeit zu großen Teilen in der Industrie statt.

Cybernation wurde dabei als umfassende soziale, politische und ökonomische Herausforderung und Chance verstanden. Der Weg dorthin war bereits durch Norbert Wiener vorgezeichnet: *Cybernation* sei die Befreiung von der »tödlich stumpfsinnigen Natur repetitiver Aufgaben« und schaffe jene »Freizeit, die zur ganzheitlichen Bildung des Menschen erforderlich ist«[11] Die neuen kybernetischen Maschinen, die dies erlaubten, seien das Äquivalent von Sklaven, und man müsse damit beginnen, über die volkswirtschaftlichen Bedingungen moderner Sklavenarbeit nachzudenken, denn diese würde eine »Arbeitslosigkeitslage her-

---

7. Z.B. Gabor, *Technology, Life and Leisure*, 1963; Simon, *The Shape of Automation*, 1965; Pollock, *Automation: A Study*, 1957; Philipson, *Automation: Implications*, 1962; Hayes, *Automation: A real ›H‹ bomb*, 1964; Einzig, *The Economic Consequences*, 1956; Drucker, *The Promise*, 1955; Phillips, *Automation: Its Impact*, 1957; Macmillan, *Automation: Friend or Foe?*, 1956; Hilton, *The Evolving Society*, 1966; Theobald, *Cybernation, Unemployment, and Freedom*, 1964; Winthrop, *The Sociological and Ideological Assumptions*, 1966; Wiener, *Some Moral and Technical Consequences*, 1960; Slesinger, *The Pace of Automation*, 1958; Solo, *Automation: Technique, Mystique, Critique*, 1963.
8. Hench, ›Automation‹ Today, 1957.
9. Dechert (Hg.), *The Social Impact*, 1967; Diebold, *Beyond Automation*, 1964.
10. Vgl. Michael, *The Silent Conquest*, 1962.
11. Wiener, *Mensch und Menschmaschine*, 1952, S. 171. Vgl. auch Wieners warnenden Brief über die Konsequenzen einer »factory without employees« an Walter Reuther, den Vorsitzenden der Automobilgewerkschaft (http://libcom.org/history/father-cybernetics-norbert-wieners-letter-uaw-president-walter-reuther, aufgerufen: 22.04.2011).

beiführen, mit der verglichen die augenblicklichen Rückgänge und sogar die Depression der dreißiger Jahre als harmloser Spaß erscheinen werden.«[12]

Beide Aspekte – Krise und Utopie – sollten in den folgenden Jahren immer wieder aufgenommen und diskutiert werden: *Krise* im Sinne einer nicht nur ökonomischen, sondern auch einer psychischen, gesellschaftlichen und philosophischen Sinnkrise epochalen Ausmaßes, die in einer schier endlosen Zahl von Texten thematisiert wird; *Utopie* hingegen im Sinne von Vorstellungen einer Neuen Welt und eines Neuen Menschen, die als Option eben dieser Krise imaginiert werden, sowie der notwendigen Schritte und Weichenstellungen dorthin, die kontrovers diskutiert werden. Die konkrete Technik interessiert dabei entweder gar nicht, oder sie kommt im Gewand von (teils düsterer, teils strahlender) Science Fiction daher, was ebenfalls darauf hinausläuft, dass man sich nicht für sie interessiert. So berichtet etwa Henry Winthrop im Frühjahr 1966 über die »Conference on the Cybercultural Revolution« des New Yorker Institute for Cybercultural Research, sie sei einfach »result of science fiction in technical dress«.[13]

Ein Schnitt durch das Jahr 1964, unterbrochen von zwei Exkursen, soll nun die damaligen Argumentationslinien verdeutlichen.

1964, die Erste

Als erstes Beispiel mag das Buch *The Age of Automation* des Computerherstellers und Leiters des Royal Opera House in Covent Garden, Sir Leon Bagrit, dienen.[14] Bereits der Einstieg ist von epochalem Pathos. Gleich auf der ersten Seite steht zu lesen: »Now at last we have it in our power to free mankind once and for all from the fear which is based on want. Now, for the first time, man can reasonably begin to think that life can be something more than grim struggle for survival.« Man muss es eben nur, wie auf der folgenden Seite etwas vorsichtiger folgt, ordentlich machen, und das heißt umfassend. *Cybernation*, so Bagrit, sei »communication, computation, and control«[15] – eine vertraute Phrase aus dem Militär, wo C3 eben *Command, Control & Communication* heißt. Die Denkfigur Bagrits ist typisch für die Mitte der 1960er Jahre. *Cybernation* erscheint dabei als das Gegenteil von »mechanization«: Die Menschen werden nicht zu Robotern gemacht, sondern Roboter nehmen ihnen die roboterhaften Elemente ihrer Existenz ab; sie subtrahieren gewissermaßen die »tote Arbeit in linearen Ketten« (Alexander Kluge), damit im Ergebnis etwas ›rein‹ Menschliches übrig bleibe, das sich nun umso besser und reiner entfalten können soll.[16] Das wiederholt sich an verschiedenen Systemstellen und auf verschiedenen Hierarchieebenen. Bei-

---

12. Ebd., S. 172. Vgl. zur Nachhaltigkeit dieser Vorstellung Rifkin, *Langfristig wird die Arbeit verschwinden*, 29.4.2005.
13. Winthrop, *The Sociological and Ideological Assumptions*, 1966, S. 114.
14. Bagrit, *The Age of Automation*, 1965.
15. Ebd., S. 13.
16. Ebd., S. 16.

spiel für Bagrit ist nicht nur (wie so oft) die körperlich harte Arbeit in Fabriken oder die alltägliche Autofahrt zum Büro, sondern auch die Leitungsebene des Management. Alles, was Routine ist, alles, was »automatisch« geschehen kann, weil es so vorgeschrieben ist, und alles, was nach formalisierbaren Kriterien entscheidbar ist, wird entfernt. Übrig bleiben soll dann ein Wesen, das jene Entscheidungen trifft, die nicht automatisierbar, nicht programmierbar und nicht formalisierbar sind, d.h. der sogenannte *Mensch*.

Cybernation beschreibt also in erster Linie die Vorstellung einer Freisetzung (oder radikaler: die Erfindung) eines spezifischen Humanums, oder mit Bagrit: »I am convinced that automation has only one real purpose, which is to help us to become full human beings.«[17] Diese Argumentationsfigur einer Freisetzung des Menschlichen durch Redundanzdelegation durchzieht, wie gleich noch zu zeigen sein wird, zur gleichen Zeit unterschiedliche Wissensbereiche wie Arbeit, Wirtschaft, Wissenschaft und Ethik. Max Benses oft zitiertes Diktum, dass nur antizipierbare Welten programmierbar seien, und dass nur programmierbare Welten konstruierbar und human bewohnbar seien, ist das deutsche (um wenige Jahre verspätete) Echo darauf.[18] dass die kybernetische Doppelbewegung eines unscharf werdenden Menschen, dessen Eigentümlichkeit einerseits durch funktionsäquivalente Maschinen diskussionswürdig geworden ist, der aber andererseits gerade durch die Differenz zu sich kommen und neubestimmt werden soll, nicht unproblematisch ist, versteht sich von selbst. Ebenso sehr wie der Glaube, durch forcierte Technisierung zu einem neuen Humanismus zu gelangen, der seine Vorläufer in der Technokratie-Bewegung der Vorkriegszeit hat und den die Frankfurter Schule schon bald gründlich zerlegen wird. Und zuletzt wird man mit einiger Berechtigung anzweifeln können, dass Wiederholungen, Routinen und Automatismen so einfach als unwesentlich aus dem menschlichen Dasein gestrichen werden können. Dies alles zugestanden bleibt dennoch übrig, dass die Argumentation der 1960er Jahre eben genau so funktionieren konnte, *weil* ihr »human being« eines war, dem aktuelle Technologien seinen Platz zuwiesen und es zu denken aufgaben.

Nicht uninteressant ist dabei, dass diese Argumentation eine gewisse Reserve verlangt, die bei Bagrit auch explizit gemacht wird. Zwar sei der Computer das Herzstück der Cybernation, doch vom »Denken« müsse er ausgeschlossen bleiben: »Any idea of ›thinking machines‹ is nonsense.«[19] Offensichtlich ist dies – entgegen dem populären Denkbild des »electronic brain« – nicht mit dem Konzept spezifisch menschlicher Denkfreiheiten vereinbar. Denn wo käme man hin, wenn man einerseits behauptet, der Mensch sei nun endlich frei, um in konkurrenzloser Weise zu denken, und dann andererseits zu konstatieren, dass ausgerechnet jene sklavischen Computer, die diese Freiheit erst gewähren, das auch können? Ausgeblendet wird also genau jene Frage nach dem Denken,

---

17. Ebd., S. 22.
18. Zitiert nach Nadin, *Zeitlichkeit und Zukünftigkeit*, 2004, S. 43.
19. Bagrit, *The Age of Automation*, 1965, S. 25.

die Heidegger zu jener Zeit im Angesicht der Kybernetik stellte.[20] Oder anders gesagt: Sie wird so gestellt, dass sie im Sinne der Arbeitsteiligkeit beantwortet werden kann. Die Arbeit mit dem »Kollegen Computer« ist eine Partnerschaft aufgrund unterschiedlicher Kompetenzen, die es erfordert, eine der kybernetischen Kern-Provokationen, nämlich das systematische Ununterscheidbarwerden von Menschen und Maschinen, fallen zu lassen.

Dies alles vorausgesetzt, liegen alle übrigen Probleme für Bagrit nicht mehr im Technischen, sondern im Sozialen. Wenn, Hermann Schmidts protokybernetisches Diktum von 1941 aufnehmend, erst einmal alles geregelt ist, was regelbar gemacht werden kann, steht der Mensch rat- und fassungslos vor seiner Freizeit, für die er währenddessen besser schon einmal erzogen werden sollte. Die »Herrschaft der Kybernetisierung« muss daher für Bagrit beim Bildungssystem anfangen, aus dem ein wissenschaftlicher Humanist hervorgehen soll, der den Graben zwischen den *Two Cultures* überwunden haben wird und der seine Zeit sinnvoll ausfüllen kann, wenn erst einmal alles andere zum Selbstläufer geworden ist. Er soll sie als *Freiheit* erfahren, anstatt sie als *Freizeit* immer schon von der Arbeit und ihrem Ausbleiben her zu definieren. Die Zeit dieses Neuen Menschen würde – so Bagrit – organisiert und gefüllt sein mit künstlerischen, handwerklichen, wissenschaftlichen oder gemeinnützigen Beschäftigungen (also kurzum jenen, die als nicht programmierbare und gerade darum sinnvolle und besonders menschliche erscheinen), und zwar bevorzugt im bukolischen Ambiente von Devonshire, Cumberland oder Cornwall mit Millionen von Frührentnern in gartenstadtähnlichen »retirement resorts«.[21]

Erstes Intermezzo

Mit dieser Argumentation ist Bagrit 1964 in guter Gesellschaft, und es seien in gebotener Kürze nur vier weitere zeitgenössische Beispiele erwähnt, die strukturell ganz ähnlich argumentieren:

Erstens mag man an Marshall McLuhan denken, der – etwa in einem Aufsatz zu *Cybernation and Culture* – solche Fragen im Hinblick auf die Bildung im »electronic age« mit einiger Radikalität thematisiert hat.[22] Dabei benutzt McLuhan immer nur den Ausdruck »Cybernation« und gerade nicht »Cybernetics«, d.h. er bezieht sich recht präzise auf den Kontext der Automatisierungsdebatten und tritt auch gemeinsam mit deren maßgeblichen Theoretikern (wie etwa John Diebold) auf Konferenzen auf. Die Epoche der *Cybernation* sei (so nun McLuhan) »unifying and integrating«, sie »restore[s] the integral and inclusive patterns of work and learning«.[23] Die »world of cybernation« eröffne eine Zukunft des lebenslangen Lernens: »Lernen selber«, so McLuhan, werde »zur

---

20. Hörl, *Parmenideische Variationen*, 2004.
21. Bagrit, *The Age of Automation,* 1965, Kapitel 6.
22. McLuhan, *Cybernation and Culture* (1964), 1966.
23. Ebd., S. 98

wichtigsten Form von Erzeugung und Verbrauch«.[24] »Daher die sinnlose Aufregung über Arbeitslosigkeit. Bezahltes Lernen wird jetzt schon zur Hauptbeschäftigung und außerdem die Quelle neuen Reichtums in unserer Gesellschaft«.[25] Die Welt werde zur »Fundgrube« von »Wissen und Verstehen«, wenn ihr erst einmal die Routinen abhanden gekommen seien. Darüber könnten sich nicht zuletzt Akademiker freuen, denn den Wirtschaftsleuten werde das Lachen noch vergehen, »wenn die Chefbüros von den Doctores philosophiae übernommen würden«.[26]

Zweitens mag man an das mittlerweile umfänglich rekonstruierte *Cybersyn*-Projekt des britischen Management-Kybernetikers Stafford Beer denken.[27] Ziel des Unterfangens war die Steuerung der chilenischen Wirtschaft durch einen zentralen Großcomputer zur Verwirklichung eines kybernetischen Staates. Was sich dort beobachten lässt, ist *Cybernation* jenseits der Fabrik, nämlich auf der Management-Ebene. Die Software übernimmt dabei selbsttätig sämtliche Entscheidungen, die formalisierbar sind und trifft stillschweigend »optimale« Entscheidungen (nach welchen Kriterien auch immer), sodass zwar nicht auf der Produktions-, wohl aber auf der Verwaltungsebene alles automatisiert wird, was automatisierbar ist. Übrig bleibt ein Think Tank von sieben denkenden und lenkenden Männern, die all das entscheiden, was nicht automatisierbar ist und mit Aschenbechern und Cocktailhaltern in den Armlehnen ein Reservat souveräner Zukunftsoffenheit und spezifisch menschlicher Kreativität bilden.

Drittens mag man sich an Joseph Lickliders klassische Texte zur Mensch-Maschine-Symbiose im Bereich militärischer, ingenieurstechnischer und wirtschaftlicher Entscheidungen erinnern, die ebenfalls in den 60er Jahren entstanden und mit einem klassischen Mensch-Computer-Vergleich einsetzen:

»Men are noisy, narrow-band devices, but their nervous systems have very many parallel and simultaneously active channels. Relative to men, computing machines are very fast and very accurate, but they are constrained to perform only one or a few elementary operations at a time. Men are flexible, capable of ›programming themselves contingently‹ on the basis of newly received information. Computing machines are single-minded, constrained by their ›pre-programming‹.«[28]

Diese Diskussion mündet in der Feststellung, dass man daraus arbeitsteilige Konsequenzen ziehen müsse: Denken sei im Alltag (des Ingenieurs, müsste man wohl ergänzen) zu 85% »uneigentlich«, oder mit Licklider:

»devoted […] to activities that were essentially clerical or mechanical: searching, calculating, plotting, transforming, determining the logical or dynamic consequences of a set of

---

24. McLuhan, *Die magischen Kanäle*, 1968, S. 380.
25. Ebd., S. 380.
26. Ebd., S. 114.
27. Vehlken, *Environment for Decision*, 2004; Miller Medina, *The State Machine*, 2005; Pias, *Der Auftrag*, 2004.
28. Licklider, *Man-Computer Symbiosis*, 1960.

assumptions or hypotheses, preparing the way for a decision or an insight. Moreover, my choices of what to attempt and what not to attempt were determined to an embarrassingly great extent by considerations of clerical feasibility, not intellectual capability.«[29]

Was nichts anderes heißen will, als dass in der angestrebten Symbiose von Mensch und Maschine der Computer alle automatisierbaren Tätigkeiten übernimmt und für den Menschen durch diese Delegation eben viel Zeit zur Entfaltung seines kreativen Potenzials bereitsteht. Und diese Entlastung zur Steigerung der Kreativität ist im »Wettlauf der Systeme«, um den es in Zeiten des Kalten Kriegs subkutan immer geht, enorm wichtig, wie die staatlich (bzw. militärisch-industriell) enorm geförderte Kreativitätsforschung zeigt.

Viertens und zuletzt darf Heinz von Foerster nicht fehlen, der sein *Biological Computer Lab* in der Hochzeit der Cybernation-Debatte leitete (1958–74) und dessen »KybernEthik« bekanntlich auf dem Satz fußt: »Nur *die* Fragen, die im Prinzip unentscheidbar sind, können *wir* entscheiden«.

»Einfach weil die entscheidenden Fragen schon entschieden werden durch die Wahl des Rahmens, in dem sie gestellt werden, und durch die Wahl von Regeln, wie das, was wir ›die Frage‹ nennen, mit dem, was wir als ›Antwort‹ zulassen, verbunden wird. In einigen Fällen geschieht dies schnell, in anderen mag das eine lange, lange Zeit beanspruchen. Aber letztendlich erzielen wir nach einer Serie zwingender logischer Schritte unwiderlegbare Antworten: ein definitives Ja oder ein definitives Nein. Aber wir stehen nicht unter Zwang, nicht einmal dem der Logik, wenn wir über prinzipiell unentscheidbare Fragen entscheiden. Es besteht keine äußere Notwendigkeit, die uns zwingt, derartige Fragen irgendwie zu beantworten. Wir sind frei!«[30]

Noch einmal also treffen wir also auf die Logik, dass Freiheit als spezifisches Humanum sich genau dort entfaltet, wo Automatisierungsprozesse alias *Cybernation* nicht hinreichen und dem Menschen eine systematische Leerstelle zuweisen, die ihn fortan bestimmen soll.

Kurzum: Wir beobachten im Zeichen der Cybernation-Debatte der 1960er die gleiche Denkfigur in so unterschiedlichen Bereichen wie Fabrikautomatisierung, Medientheorie, Management, Ingenieurwesen und Philosophie.

1964, die Zweite

Das zweite Beispiel, diesmal aus den USA stammend und ebenfalls im Jahr 1964 erschienen, bildet das an Präsident Johnson gerichtete Manifest *The Triple Revolution*. Zu den Unterzeichnern gehörten Journalisten, Studenten, Ökonomen, Politikwissenschaftler, aber auch Industrielle, Historiker und Soziologen. *Cybernation* erfordere, so ist gleich auf der ersten Seite zu lesen, eine fundamentale

---

29. Ebd.
30. Von Foerster, *KybernEthik*, 1993, S. 73.

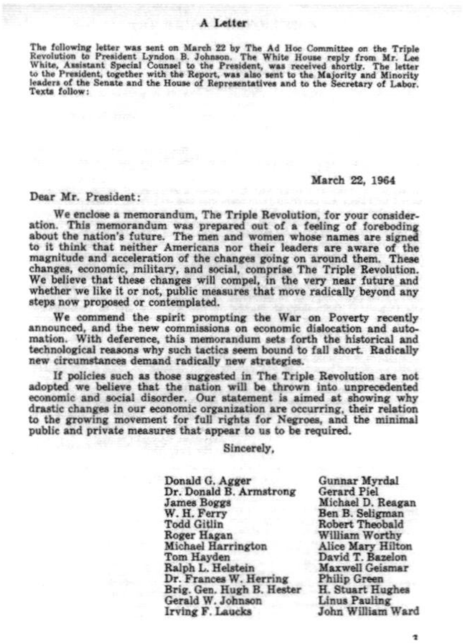

A Letter

The following letter was sent on March 22 by The Ad Hoc Committee on the Triple Revolution to President Lyndon B. Johnson. The White House reply from Mr. Lee White, Assistant Special Counsel to the President, was received shortly. The letter to the President, together with the Report, was also sent to the Majority and Minority leaders of the Senate and the House of Representatives and to the Secretary of Labor. Texts follow:

March 22, 1964

Dear Mr. President:

We enclose a memorandum, The Triple Revolution, for your consideration. This memorandum was prepared out of a feeling of foreboding about the nation's future. The men and women whose names are signed to it think that neither Americans nor their leaders are aware of the magnitude and acceleration of the changes going on around them. These changes, economic, military, and social, comprise The Triple Revolution. We believe that these changes will compel, in the very near future and whether we like it or not, public measures that move radically beyond any steps now proposed or contemplated.

We commend the spirit prompting the War on Poverty recently announced, and the new commissions on economic dislocation and automation. With deference, this memorandum sets forth the historical and technological reasons why such tactics seem bound to fall short. Radically new circumstances demand radically new strategies.

If policies such as those suggested in The Triple Revolution are not adopted we believe that the nation will be thrown into unprecedented economic and social disorder. Our statement is aimed at showing why drastic changes in our economic organization are occurring, their relation to the growing movement for full rights for Negroes, and the minimal public and private measures that appear to us to be required.

Sincerely,

Donald G. Agger
Dr. Donald B. Armstrong
James Boggs
W. H. Ferry
Todd Gitlin
Roger Hagan
Michael Harrington
Tom Hayden
Ralph L. Helstein
Dr. Frances W. Herring
Brig. Gen. Hugh B. Hester
Gerald W. Johnson
Irving F. Laucks
Gunnar Myrdal
Gerard Piel
Michael D. Reagan
Ben B. Seligman
Robert Theobald
William Worthy
Alice Mary Hilton
David T. Bazelon
Maxwell Geismar
Philip Green
H. Stuart Hughes
Linus Pauling
John William Ward

1

Abb. 1: Das Anschreiben zu The Triple Revolution (1964)

Bestandsaufnahme von Werten und Institutionen.[31] Sie sei nur eine von drei großen Revolutionen neben der »Weaponery Revolution« (Waffen verhindern Kriege) und der »Human Rights Revolution« (Globalisierung von Menschenrechten). Allerdings sei *Cybernation*, verstanden als eine »new era of production« durch Computer und *feedback*, die zentrale und bedeutsamste dieser drei Revolutionen.

Die Argumentation verläuft ähnlich wie bei Bagrit, wenngleich etwas radikaler und mehr auf Ökonomie bezogen. Bisher herrsche noch eine Konkurrenz zwischen Menschen und Maschinen um die Produktion von Reichtum vor, die jedoch zu Ende gehe, sobald die Maschinen die Produktion übernehmen. Das industrielle System werde allerdings mit dieser »unlimited capacity of a cybernated productive system«[32] nicht umgehen können, weshalb die Autoren ein neues System fordern, dessen Problemstellung nicht mehr ist, wie man die Produktion erhöht, sondern wie man den Überfluss aufteilt. »The new science of political economy will be built on the encouragement and planned expansion of cybernation«, und sie wird die Frage beantworten müssen: »What is man's role when he is not dependent upon his own activities for the material basis of life?«[33] Kurzum: *Cybernation* erscheint als utopische Chance auf ein Ende der Lohnarbeit und damit auf ein Ende einer Ökonomie des Mangels und als Beginn einer Öko-

31. Ad Hoc Committee, *The Triple Revolution,* 1964, S. 5. Der Text wurde mehrfach veröffentlicht und wird hier nach dem Typoskript zitiert. Vgl. auch Perrucci; Pilisuk, *The Triple Revolution,* 1968.
32. Ad Hoc Committee, *The Triple Revolution,* 1964, S. 6.
33. Ebd., S. 9.

nomie des Überflusses. Diese »economy of abundance«[34] soll zugleich die Basis bilden für »a true democracy of participation, in which men no longer need to feel themselves prisoners of social forces«.[35]

Ein solch epochaler Übergang will gut organisiert sein: Er erfordert etwa eine öffentliche Philosophie des Übergangs (»public philosophy for the transition«) und einen neuen Sinngebungsprozess, der den modernen, Ende des 18. Jahrhunderts entstandenen Arbeitsbegriff (der an Mangelkonzepte, Geldwirtschaft und bestimmte Produktionsformen gebunden ist) revidiert und seine historische Kontingenz allgemein zu Bewusstsein bringt. Gekoppelt daran sind aber auch konkrete politische Forderungen wie etwa nach einem staatlichen Bildungsprogramm, nach Grundeinkommen, öffentlichen Wohnungsbauprogrammen, öffentlichen Verkehrsmitteln, staatlicher Energieversorgung, Steuerreformen usw.[36] Auch hier sehen wir wieder: Es geht nicht um technische Parameter der Automatisierung, sondern darum, sie sozial, ökonomisch und intellektuell ertragen zu können und zur umfassenden utopischen Option zu machen.

Nun ist es nicht so, dass Themen und Überlegungen wie Genießen ohne Entbehren, Wert ohne Mangel, Systeme die sich nicht durch Knappheit regulieren, usw. wirklich neu wären. Im Rahmen einer historischen »Anthropologie der Arbeit«[37] haben sie vielmehr eine lange motivische Tradition. In diesem Sinne müsste man den Überfluss eben nicht in der Ökonomie, sondern in der Diskursgeschichte aufsuchen. Die Sklaven des humanistisch gebildeten Norbert Wiener haben ihre mehr als metaphorische Berechtigung, weil es tatsächlich um eine Art Wiederkehr einer aristotelischen Ökonomie als Verteilung produktiver Überschüsse geht. Anders als die Chrematistik, worunter Aristoteles die Bereicherung, die auf ständige Geldvermehrung gerichtete Tätigkeit des Wucher- und Handelskapitals versteht, ist seine Ökonomik bekanntlich eine Haushaltungslehre der Gebrauchswerte, die nur dann in den Austausch geht, wenn die menschliche Vernunft gebietet, andere Gebrauchswerte durch Handel zu erlangen. Nachdem die modernen Konzepte der Mangelwirtschaft einen langen Abschied des Aristotelismus organisiert haben, kehrt dieser nun unter hochtechnischen Bedingungen abrupt zurück. Eine andere Spur wäre sicherlich Marx/Engels utopische Intarsie aus der *Kritik des Gothaer Programms* (1875), der zufolge man nach dem Ende der Klassenkämpfe dazu übergehen könne »morgens zu jagen, nachmittags zu fischen, abends Viehzucht zu treiben, nach dem Essen zu kritisieren, wie ich gerade Lust habe«. Solcherlei »freie Tätigkeit«, wie sie wohl erst nach der »Aufhebung der Arbeit« möglich ist,[38] gleicht auf erstaunliche Weise den Phantasien politisch doch sehr verschiedener Autoren der *Cybernation*-Debatte.[39] Ob und inwiefern diese ›Ökonomie des Überflusses‹ unter den Bedingungen der Cyber-

---

34. Ebd., S. 10.
35. Ebd., S. 13.
36. Ebd., S. 11.
37. Vgl. Bröckling; Horn (Hg.), *Anthropologie der Arbeit*, 2002.
38. Vgl. Zilbersheid, *Die Marxsche Idee der Aufhebung*, 1986
39. Vielleicht könnte auch Guy Debords »Ne travaillez jamais« in diesem Kontext noch einmal anders gelesen werden.

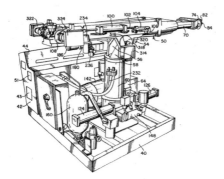

Abb. 2: Unimate, 1961
(Patentzeichnung von 1972)

nation immer auch eine (ängstliche oder faszinierte) Reaktion auf die UdSSR, ihre Planwirtschaft und ihre Kybernetisierung ist, sei hier dahingestellt.[40] Festzuhalten ist vorerst nur, dass solche Konzepte im Angesicht (oder auch nur im Versprechen) neuer Technologien und neuer Möglichkeiten von Programmierbarkeit überall aufblühen und ein enormes Schrifttum entsteht. Das ist vielleicht Grund genug, einen Seitenblick darauf zu werfen, wie es denn um die konkrete Technik bestellt war, die die *Cybernation* ermöglichen sollte.

Zweites Intermezzo

Wie bereits angedeutet, befinden wir uns damit im Bereich der Science Fiction, was sich vielleicht exemplarisch am Roboterarm zeigen lässt, der in keiner populären Einführung in die Kybernetik fehlen darf. Der früheste industriell eingesetzte Arm ist wahrscheinlich der *Unimate* in den General Motors-Werken in Danbury, Connecticut.

Konstruiert wurde er von Charles Devol, dem Gründer der Firma *Unimation*, der in den 40ern u.a. Hotdog-Automaten wie den *Speedy Weeny* herstellte und Joe Engelberger, einem eifrigen Leser der Werke Isaac Asimovs.[41] Wohlgemerkt berührt dieser Arm kein Werkzeug (mit dem ja repetitive Bewegungen von Arbeitern in Fabriken normalerweise verbunden sind), sondern ist nur für den Transport und das Bewegen schwerer Spritzgussstücke zuständig.

Das verweist auf die Anfänge solcher Arme im Bereich der »Tele-« oder »Remote Manipulators« (im Jargon auch »Waldos« genannt), bei denen es sich um *nicht*-rechnergestützte Greifmechanismen für Gefahrenzonen handelt. Diese wurden erstmals in der Atomwaffenforschung eingesetzt und um 1945 für das Argonne National Laboratory entwickelt, um radioaktives Material zu handhaben.

---

40. Philipp Sarasin sei für diesen Hinweis gedankt.
41. Das erste Patent datiert allerdings auf Cyril Walter Kenward 1957 in England für einen zweiarmigen Roboter (vgl. McNeil (Hg.), *Encyclopaedia of the History of Technology*, 1990, S. 426).

(Links) Abb. 3: Remote Manipulator, Nevada Test Site
(Rechts) Abb. 4: Yes-Man (Mechanix Illustrated, 1957)

Dabei entstanden Geräte wie der MSM-8 (*Master-Slave Manipulator Mk. 8*), der nicht nur vorführt, wie eine »Extension« menschlicher Organe aussieht, sondern dabei zugleich noch ein ganz anderes Licht auf Wieners Sklaven-Analogie wirft: Es ist ein Sklave, den man eben nicht alleine lassen kann, sondern an dem man zum Sklaven seines Sklaven bestimmt ist.

Solche Arme werden in den 1950er Jahren wieder und wieder abgebildet.

Oft überzeugen sie durch die bloße Anmutung von Technizität und dienen zum Teil recht absurden Beschäftigungen, wie etwa einer Dame aus dem Mantel zu helfen, was nun absolut gar nichts mit jener *Cybernation* zu tun hat, als deren Beleg sie abgebildet werden. Solcherlei Abbildungen wären sicherlich einmal eine eigene Beschäftigung wert, schon allein weil sie so interessant gegendert sind. Im hier gezeigten Fall fasziniert die Tele-Erotik, die mit offen dargebotenen Streben, Schrauben und Kabeln eine entfernte Frau berührt wie sonst nur radioaktives Gefahrengut.

An den beiden Armtypen lässt sich emblemhaft zeigen, dass *Cybernation* technikgeschichtlich der Übergang vom Manipulator zum Roboter, vom *Waldo* zum *Unimate* ist, wobei nicht unerwähnt bleiben sollte, dass die Roboterarm-Hersteller und ihre industriellen Kunden keinen Gedanken an utopische Gesellschaften verschwendet haben. Den Arbeitern wurde die Sache schlicht dadurch schmackhaft gemacht, dass der Roboterarm ihnen die anstrengendsten Bewegungen abnimmt, ohne dabei bereits ein Werkzeug anzufassen.[42] Das erste Mal, dass ein Roboter dann ein Werkzeug in die »Hand« nahm, war übrigens wenig später, als General Motors 1968 das Punktschweißen an *Unimates* übertrug.

Das zweite Beispiel ist die computergesteuerte Drehbank, die zur Zeit der *Cybernation*-Diskussionen zwar in einigen spezialisierten Abteilungen von Rüstungslieferanten, hauptsächlich aber in der Phantasie existierte. Die Ausnahme der Regel bildet hier eine 1954 eröffnete Rüstungsfabrik, in der die Zahl der Arbeiter von 23 auf 2 reduziert werden konnte. Dabei bildet die Luft- und

---

42. Coy, *Industrieroboter*, 1984, S. 75.

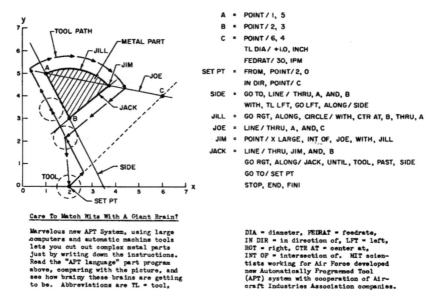

Abb. 5: Douglas Ross' Language for Automatically Programmed Tools (APT)

Raumfahrtindustrie das Zentrum der Automatisierung, weil sich in ihr die Aufgabe der hochgenauen Herstellung von Rotorblättern und Kreuzgelenken für Hubschrauber stellt. Die US Air Force hatte dazu die finanzielle Unterstützung zur Entwicklung automatisch gesteuerter, programmierbarer Fräsmaschinen und Drehbänke gewährt.[43] Interessant daran ist, dass es weder Feedback noch programmierte Digitalrechner (also die oft zitierten Kernbestandteile der *Cybernation*) gab. Stattdessen wurden zunächst nur Schablonen angefertigt, indem die Arbeiter eine Bewegung vormachten, ein Bewegungsschreiber sie (analog) notierte und die Maschine sie nachvollzog. Es handelte sich also um sogenannte »Playback«-Maschinen, die nur den Kopierprozess automatisierten.[44]

Was die Air Force allerdings anstrebte (und nur mühsam verwirklichte) war eine ›echte‹ (symbolische) Programmierung der Maschinensteuerung durch Ingenieure (statt Arbeiterkörper), also eine Positivierung und Formalisierung des Arbeitswissens und dessen Implementierung in Programmen an Steckbrettern (Festverdrahtung), Lochstreifen und zuletzt programmiersprachlichen Konzepten.

Die erste Phase dieses Prozesses der Entstehung von CNC (*Computational Numeric Control*) im heutigen Sinne war etwa 1959 durch die Formulierung der Programmiersprache APT (*Automatically Programmed Tool*) abgeschlossen. Douglas T. Ross – Elektrotechniker und im *Project Whirlwind* Leiter der »Computer

---

43. Ebd., S. 64.
44. Ebd., S. 65.

Applications Group« – hatte diese Bewegungsnotation für Werkzeuge zur Herstellung komplexer Formen in der Luftfahrtindustrie entwickelt.[45] Weitverbreitet in den 1970er Jahren, war sie zu Zeit der *Cybernation*-Utopien also nur einem sehr kleinen Hightechbereich vorbehalten und zeigte in der Anwendung eher, dass der Teufel im gemeinsamen »Körperwissen«, im »tacit knowing« von Arbeitern im Zusammenspiel mit Artefakten, Materialien und Training steckt, und dass Tätigkeiten, die zunächst repetitiv und harmlos aussehen, ziemlich tückische Details haben, die die Formalisierung und Programmierung von Arbeitswissen hochproblematisch machen. Oder wie Wolfgang Coy es so treffend auf den Punkt bringt: »Es gibt viele Sachen, von denen wir wissen, wie man sie macht, aber nicht, wie man sie beschreiben soll«[46]

Mit einiger Berechtigung wird man daher behaupten können, dass die *Cybernation*-Debatte keine technische im engeren Sinne ist, sondern eine politisch-gesellschaftliche oder kulturelle.

1964, die Dritte

Um die beiden Stränge ein wenig zusammenzubringen, lohnt es sich vielleicht, ein drittes Buch zur Hand nehmen, nämlich Leo Marx' Klassiker *The Machine in the Garden*. Dass diese Studie ebenfalls im Jahr 1964 erschien, ist mindestens so bemerkenswert wie die Tatsache, dass die Worte »Automation« oder »Cybernation« auf knapp 400 Seiten nirgendwo fallen. Der Grund scheint auf der Hand zu liegen: Die Überlegungen von Marx zu pastoralen und progressiven Vorstellungen in der amerikanischen Kultur des 19. Jahrhunderts suchen vor dem Hintergrund des eben hier beschriebenen *Cybernation*-Diskurses nach einem historischen Modell, ohne jedoch diesen Modellanspruch jemals explizit zu machen.

An zahlreichen literaturgeschichtlichen Beispielen treibt nun *The Machine in the Garden* ein immer ähnliches Motiv hervor, das ein Rezensent treffend zusammenfasst: »the dark ›machines‹ of the locomotive, the Roman city, and European ships encroaching upon the perfect and idealized ›gardens‹ of Sleepy Hollow, Arcadia, Prospero's island and, eventually, America. For Marx, all arguments about industrialization in any society can be related to one of these initial conceptions«[47] Amerika, so heißt es gleich zu Anfang, begann einst als jungfräulicher Kontinent, als Möglichkeit »[to] begin a new life in a fresh green landscape« – eine Möglichkeit, von der Europa fasziniert war. Es schien, so Marx weiter, als könne die Menschheit hier eine poetische Phantasie aus den Tagen Vergils realisieren und der Literatur dadurch entkommen, dass sie diese einfach »in various utopian schemes of making in America« verkörpert und lebt.[48] Die strukturelle

---

45. Ross, *Origins of the APT Language*, 1978.
46. Coy, *Industrieroboter*, 1984, S. 67.
47. web.mit.edu/smaurer/Public/Words/STS001%20review.doc (aufgerufen: 22.4.2011).
48. Marx, *The Machine in the Garden*, 1967, S. 3.

Entsprechung zu dieser Erschließung eines neuen Kontinents scheint das Entstehen einer Neuen Weltordnung nach 1945 zu sein, und die Parallele liegt in der Vorstellung, dass Amerika noch einmal die Chance hat, alles anders machen. Der Gradmesser dafür wäre wohl die *Cybernation*.

Marx argumentiert nun hauptsächlich mit literarischen Werken und Vorstellungen, aber es gibt zumindest eine Stelle, die kein literatur-, sondern technikhistorisches Ereignis beschreibt. Es geht dabei um die Rolle der Dampfmaschine, die um 1800 (so die hier vorgeschlagene Lektüre) die systematische Rolle der *Cybernation* um 1960 übernimmt.

1786 hatte Thomas Jefferson noch plädiert, dass Amerika die Betriebe in Europa lassen solle, fuhr jedoch im gleichen Jahr nach England – zu einer Zeit also, in der dieses Land (wie Matthew Boulton an James Watt schrieb) »steammill mad« war. Dort studiert er eine Dampfmaschine bei Blackfriar's Bridge, also die sogenannte Albion Mill, die 1786 erbaut worden und wenig später schon wieder abgebrannt war. Und Jefferson ist begeistert: »I could write you volumes on the improvements [...] made and making here in the arts«. Dass er für nützliche Verbesserungen, für Gadgets und arbeitssparende Hilfsmittel zugänglich war, ist aus seinen Briefen bekannt.[49] In England jedoch war die neue Technik sichtbar auf ein neues Fabriksystem bezogen, und man sollte meinen, dass Jefferson nun kritisch würde. Stattdessen erscheint der Import der mächtigsten Maschinen seiner Zeit jedoch völlig problemlos und unbeeindruckt von der allgemeinen Überzeugung, die Betriebe in Europa zu lassen.

Neben einigen anderen Punkten bringt Marx nun folgendes raffiniertes Argument: Natürlich sei die Landschaft für Jefferson ein »emblem of agrarian sentiment«[50], ein Monument amerikanischer Differenz, ein sichtbares Zeichen der Umstände, die garantieren, dass die Betriebe in Europa bleiben. Man erinnere sich nur, wie wenig erschlossen Amerika zu dieser Zeit war (und wenn erschlossen, dann rein landwirtschaftlich); man erinnere sich auch an die Prohibition der Ansiedlung kolonialer Betriebe und führe sich das geografische Abseits als natürlichen Schutz vor Augen – alle dies sind Zeichen eines glücklichen Abhängigkeitszustands. Aber für Jefferson sind, so Marx, Betriebe und Maschinen zwei verschiedene Dinge, und es sei auch kein Zufall, dass er in London eine Schrotmühle bewundere: eine Maschine für eine landwirtschaftlich ausgerichtete Gesellschaft. Jedenfalls war es möglich, dass Jefferson die Maschine nicht als Bedrohung seiner ländlichen Ideale wahrnehmen konnte. Dazu dürfte auch beigetragen haben, dass der Begriff »technology« noch nicht existierte und Technologie als Agent des sozialen, ökonomischen und ökologischen Wandels nicht so sichtbar wie im 19. Jahrhundert oder um 1960 war.[51] Aus dem Geist der Aufklärung kommend, erkennt Jefferson nur, dass Wissen unausweichlich

---

49. Ebd., S. 146.
50. Ebd., S. 149.
51. Thomas Brandstetter hat an der Mühle von Marly exemplarisch gezeigt, wie sich moderne Kriterien zur Beurteilung von Maschinen erst im 19. Jahrhundert entwickeln (Brandstetter, *Kräfte messen*, 2008).

das Gute befördert und kann nicht einmal ahnen, dass Dampfmaschinen solche Auswirkungen wie Arbeiterstädte haben könnten.[52] Ganz im Gegenteil: »the machine is a token of that liberation of the human spirit to be realized by the young American Republic« – solange man nur weiß, sie in den richtigen Kontext zu stellen: »Once the machine is removed from the dark, crowded, grimy cities of Europe, he assumes that it will blend harmoniously into the open countryside of this native land«.[53]

Der kurze Sinn des langen Bogens lautet also: Sucht man nach einer Möglichkeit, sich die Utopien von 1964 zu erklären (und zwar insbesondere im Kontrast zur konkreten Technik) so lautet die These mit Marx, dass wir es mit einer langen Tradition der Integration der Maschine in den Garten zu tun haben – mit einem uneingelösten Versprechen, das konstitutiv mit der Erschließung des Kontinents und der Gründung Amerikas verbunden ist, deren Rolle vom Aufziehen einer neuen Weltordnung nach 1945 übernommen wird.

Ausblicke

Aus diesem kursorischen Schnitt durch das Jahr 1964 und aus den Seitenblicken auf verschiedene Quellenarten wie Industrieberatung und Medientheorie, Technikgeschichte und Literaturwissenschaft, Philosophie oder Elektrotechnik lassen sich zumindest vier Beobachtungen ableiten.

Erstens: Was eingangs als »phantasmatischer Überschwang« neuer Technologien bezeichnet wurde, ist ernst zu nehmen, denn er eröffnet eine umfassende Diskussion, die um das Zentrum eines paradoxen Verhältnisses von moderner Technik und Humanismus kreist. Entsprechend weitreichend sind die Konsequenzen, die im Horizont neuer Technologien gezogen werden, um denselben gesellschaftlich gewachsen zu sein: Sei es das Ende des Kampfes ums Überleben oder die Bildung eines neuen Menschengeschlechts, sei es das Ende einer Ökonomie des Mangels und der Beginn einer Ökonomie des Überflusses, oder sei es die Gründung eines ästhetischen Weltstaates. Sobald es (zumindest theoretisch) möglich schien, die gesamte Güterproduktion in Form eines selbstlaufenden, kybernetischen Maschinenparks zu organisieren, entsteht gewissermaßen ein Unterdruck des Humanen, der durch keine Anthropologie der Arbeit mehr zu füllen ist und einer neuen »Menschenfassung« (Walter Seitter) bedarf. Sofern und sobald es durch Programmierung möglich scheint, bestimmte Fertigkeiten, durch die man seit geraumer Zeit gewohnt war, den Menschen zu definieren, in das Reich des Technischen zu delegieren, muss diese Leere also gefüllt werden. Die Art der Füllung wiederum ist durch das mitgestaltet, was die Leere strukturell erzeugt: das Menschliche als prinzipielle Unprogrammierbarkeit (seine Kreativität, seine Entscheidungsfähigkeit, seine Zukunftsoffenheit) entsteht in

---

52. Marx, *The Machine in the Garden,* 1967, S. 150.
53. Ebd.

dem Moment, in dem bestimmte Bereiche des Menschlichen als programmierbar erscheinen. Wie stark solche Schübe werden und in welcher Intensität sie wahrgenommen werden (wollen), hängt nicht nur von der Technik, sondern von der zeithistorischen Situation ab.

Zweitens gälte es forschungspraktisch, den Diskurs der *Cybernation* einmal historisch aufzuarbeiten, der sehr unterschiedliche Akteure verbindet: seien es gebaute Apparate wie etwa die Fräs- und Drehmaschinen der Luft- und Raumfahrtindustrie, die erstmals digitale Computersteuerungen implementieren, seien es Greif- und Roboterarme, seien es Notations- und Aufschreibesysteme wie »copy machines«, Lochkarten, Bewegungsschreiber oder Programmiersprachen, seien es Fachzeitschriften, Science-Fiction-Romane oder populäre Zeitschriften, seien es einzelne Denker verschiedenster disziplinärer Herkunft und politischer Couleur oder die Arbeit von Zukunftskommissionen. Kurzum: Diskursanalyse im besten Sinne. Damit verbunden ist die Frage nach einer Datierung des Niedergangs oder Endes der hochfliegenden Hoffnungen, für die hier heuristisch die 1970er Jahre angesetzt werden, die nicht nur im Rahmen einer Kritik instrumenteller Vernunft gegen die oft blinde Technikgläubigkeit der vergangenen Jahrzehnte vorgehen, sondern in denen auch die teilweise Durchsetzung von Automatisierungsprozessen (z.B. Auto- und Druckindustrie) beobachtet werden konnte, die sich doch erheblich von den Utopien eines neuen, befreiten Menschengeschlechts unterschied. Dass sich die Utopien der 1960er gegen ihr Scheitern bereits theoretisch immunisiert hatten, indem sie eine mögliche Technikentwicklung vorab schon von ganzheitlichen Veränderungen der gesellschaftlichen, ökonomischen und kulturellen Rahmenbedingungen abhängig gemacht hatten, ist nicht ungewöhnlich. Wo immer es ›ums Ganze‹ geht, lässt sich das Scheitern allzu leicht rechtfertigen. Die Frage wäre vielmehr, welche Theorie-Versatzstücke diese Enttäuschung überleben und Jahrzehnte später noch die Rede von »postindustriellen« oder »postmodernen« Gesellschaften ausstatten, deren Ursprung in der *Cybernation* ihr historisch blinder Fleck ist. Problematisch daran ist nicht bloß die Nationalstaatlichkeit, in deren Rahmen sich die meisten *Cybernation*-Utopien noch stillschweigend bewegten, oder die deutlich unter das Niveau des kybernetischen Diskurses zurückfallende Systematik des Verhältnisses von Mensch und Technik. Brisant ist vielmehr der Umstand, dass die (einstmals utopische) Extremisierung zwischen ›menschlicher‹ Entscheidungstätigkeit und ›maschinischer‹ Arbeitstätigkeit tatsächlich stattgefunden hat und weiter voranschreitet, so dass zukünftig nur mehr diese beiden Typen in Arbeit zu bleiben scheinen. Dies allerdings auf eine Weise, die schlichtweg gar nichts mit den Wienerschen Sklaven in Form eines selbstlaufenden, kybernetischen Maschinenparks zu tun hat, sondern mit Globalisierung und Outsourcing.

Drittens: Eine wissenschaftsgeschichtliche Herausforderung wäre eine komparatistische Perspektive innerhalb der Geschichte der Kybernetik. Diese bezog erhebliche Faszinationskraft gerade aus einer spezifischen Dekonstruktion der Mensch-Maschine-Verhältnisse. Neben der *Cybernation*, die in dieser Hinsicht auf säuberliche Trennungen zurückfällt, indem sie die Technik als Variable und ›den Menschen‹ als Wesenheit zu begreifen vorschlägt, gälte es andere Fluchtlinien der Kybernetik hervorzuheben, die auch und gerade den Menschen als veränderbaren denken. Man denke etwa an das CIBA-Symposion von 1964, dessen Sektion Genetik zu und Eugenik eine Art Think Tank in diese Richtung bildete. Was etwa Haldane (während der Blüte der *Cybernation*) als Klonierung und Programmierbarmachung des Menschen projektiert hat, wird dort von jüngeren Molekulargenetikern aufgenommen und bereitet die Gentechnik vor. Und man mag auch auf die zu dieser Zeit entstehenden Cyborg-Entwürfe von Clynes und Kline denken, die davon ausgehen, nicht die Umwelt menschengerecht, sondern den Menschen umweltgerecht umzugestalten. Nicht zuletzt wären hier Theorien zu nennen, die (aus den Ingenieurswissenschaften selbst heraus), das Verhältnis von Menschen und Maschinen problematisieren. Douglas Engelbart etwa, Elektrotechniker und Computerpionier, gab bereits in den 1960er Jahren darauf eine Antwort, die man heute vielleicht als Theorie »heterogener Kollektive« bezeichnen würde. Diese fokussiert weder auf den Menschen, der ›frei‹ sei, und die Maschine, die ein ›Sklave‹ sei, sondern unterläuft diese Dichotomie, indem sie von der Handlung ausgeht. Diese ist für Engelbart ein komplexes Zusammenspiel von Menschen, Sprachen, Artefakten und Methoden, das über die Zeit trainiert wird und eine Vermittlungsleistung zwischen diesen Komponenten voraussetzt, die nicht isolierbar sind. Dass solche Theorien in einer Zeit entstehen konnten, die verschiedenste Tätigkeiten daraufhin betrachtete, ob sie bevorzugt Menschen oder bevorzugt Maschinen zuzurechnen seien, scheint mir kein Zufall, sondern eine Antwort.

Viertens und zuletzt führt dies zur Frage der Theoriegenese selbst, und zwar näherhin zum Verhältnis von Gesellschafts-, Technik- und Wissenschaftstheorien und dem sozialen, technischen und wissenschaftlichen Kontext ihrer Entstehungszeit. Theorien und technische Artefakte schwimmen, wie es bei Foucault so schön heißt, gemeinsam wie Fische im Wasser der Episteme ihrer Zeit. So scheint es etwa bezeichnend, dass Leo Marx' Klassiker *The Machine in the Garden* (also ein Buch über die Integration der Dampfmaschine in das bislang »pastorale« Amerika) auf dem Höhepunkt der Cybernation-Debatte erscheint. Nicht minder einleuchtend scheint es, dass Michael Polanyi sich genau in jenem historischen Moment mit implizitem Wissen (*tacit knowing*) beschäftigt, als dessen Formalisierung und Notation im Zuge der Automatisierung überall Probleme bereitet. Es scheint kein Zufall, dass McLuhan von »extensions« spricht und sich mit Bildungs- und Curricular-Fragen für das »electronic age« beschäftigt, während überall Bilder von Robotern zu sehen sind und Debatten über den Sinn und die Erziehung von *Freizeit* zu *Freiheit* geführt werden. Und es scheint zuletzt auch kein Zufall, dass Theorien der Kooperation und Ergänzung von Mensch und Maschine (Theorien also, die auf deren Differenz und nicht auf ihrer Ersetzung beruhen), sowohl in der Informatik (Joseph Licklider) als auch in der Ethik (Heinz von Foerster), als auch im Management (Stafford Beer) mit der Cybernation-Debatte einhergehen.

Siegfried Giedion hat einmal bemerkt, dass das 19. Jahrhundert sich am deutlichsten dort offenbart, wo es sich unbeobachtet fühlt. Vielleicht ist diese schöne Idee auf jenes 20. Jahrhundert übertragbar, das so laut und gerne ausstellt, was das

19. im Verborgenen tat. Die interessante Frage scheint mir nur, wo das 20. Jahrhundert sich wohl unbeobachtet fühlt. Sind es immer noch die verborgenen Details oder ist es das, was wie ein entwendeter Brief auf dem Tisch liegt?

Literatur

Ad Hoc Committee, *The Triple Revolution*, 1964.

Bagrit, Leon: *The Age of Automation*, London 1965 (BBC Reith Lecture 1964).

Baxmann, Inge (Hg.): *Das verborgene Wissen der Kulturgeschichte. Lebensformen, Körpertechniken, Alltagswissen*, München 2011.

Brandstetter, Thomas: *Kräfte messen. Die Maschine von Marly und die Kultur der Technik 1680–1840*, Berlin 2008.

Bröckling, Ulrich; Horn, Eva (Hg.): *Anthropologie der Arbeit*, Tübingen 2002.

Coy, Wolfgang: *Industrieroboter. Zur Archäologie der zweiten Schöpfung*, Berlin 1984.

Dechert, Charles R. (Hg.): *The Social Impact of Cybernetics*, New York 1967.

Diebold, John: *Beyond Automation*, New York 1964.

Drucker, Peter: »The Promise of Automation«, in: *Harper's Magazine*, April 1955.

Einzig, Paul: *The Economic Consequences of Automation*, London 1956.

Foerster, Heinz von: *KybernEthik*, Berlin 1993.

Gabor, Dennis: »Technology, Life and Leisure«, in: *Nature*, 200, 1963, S. 513–518

Hayes, A.J.: »Automation: A real ›H‹ bomb«, in: Markham, Charles (Hg.): *Jobs, Men, and Machines: Problems of Automation*, New York 1964, S. 48–57

Hench, Atcheson L.: »›Automation‹ Today and in 1662«, in: *American Speech*, 32/2, 1957, S. 149–151.

Hilton, Alice Mary: *The Evolving Society: Proceedings of the First Annual Conference on the Cybercultural Revolution – Cybernetics and Automation*, New York 1966.

Hörl, Erich: »Parmenideische Variationen: McCullock, Heidegger und das kybernetische Ende der Philosophie«, in: Pias, Claus (Hg.): *Cybernetics – Kybernetik. Die Macy-Konferenzen 1946–1953*, Bd. 2, Zürich/Berlin 2004, S. 209–224.

Huhtamo, Erkki: »From cybernation to interaction: A contribution to an archaelogy of interactivity«, in: Lunenfeld, Peter (Hg.): *The Digital Dialectic: New Essays on New Media*, Cambridge, MA 1998, S. 96–110.

Licklider, Joseph C.R.: Man-Computer Symbiosis, in: *IRE Transactions on Human Factors in Electronics*, HFE-1, 1960, S. 4–11, zit. nach http://groups.csail.mit.edu/medg/people/psz/Licklider.html (aufgerufen: 22.04.2011).

Macmillan, R.H.: *Automation: Friend or Foe?*, Cambridge 1956.

Marx, Leo: *The Machine in the Garden, Technology and the Pastoral Idea in America*, New York 1967.

McLuhan, Marshall: »Cybernation and culture« (1964), in: Dechert, Charles R. (Hg.): *The Social Impact of Cybernetics*, Notre Dame 1966, S. 95–110.

McLuhan, Marshall: *Die magischen Kanäle*, Düsseldorf 1968.

McNeil, Ian (Hg.): *Encyclopaedia of the History of Technology*, New York 1990.

Michael, Donald M.: *Cybernation: The Silent Conquest*, Santa Barbara 1962.

Miller Medina, Jessica Eden: *The State Machine: Politics, Ideology, and Computation in Chile, 1964–1973*, MIT (PhD) 2005.

Nadin, Mihai: »Zeitlichkeit und Zukünftigkeit von Programmen«, in: Pias, Claus (Hg.):, *Zukünfte des Computers*, Zürich/Berlin 2004, S. 29–46.

Perrucci, Robert; Pilisuk, Mark: *The Triple Revolution: Social Problems in Depth*, Boston 1968.

Philipson, Morris: *Automation: Implications for the Future*, New York 1962.

Phillips, Almarin: *Automation: Its Impact on Economic Growth and Stability*, Washington, D.C. 1957.

Pias, Claus: »Der Auftrag. Kybernetik und Revolution in Chile«, in: Gethmann, D.; Stauff, M. (Hg.): *Politiken der Medien*, Zürich/Berlin 2004, S. 131–153.

Pollock, Frederick: *Automation: A Study of Its Economic and Social Consequences*, New York 1957.

Rifkin, Jeremy: *Das Ende der Arbeit und ihre Zukunft*, Frankfurt a.M. 1995, erweiterte Neuausgabe ebd. 2004.

Rifkin, Jeremy: »Langfristig wird die Arbeit verschwinden«, in: *Süddeutsche Zeitung*, 29.4.2005.

Ross, Douglas T.: »Origins of the APT Language for Automatically Programmed Tools«, in: *ACM Sigplan Notices,* 13/8, 1978, S. 61–99.

Schmidt, Hermann: *Denkschrift zur Gründung eines Institutes für Regelungstechnik*, Berlin 1941, Reprint 1961.

Simon, Herbert A.: *The Shape of Automation for Men and Management,* New York 1965.

Slesinger, Reuben E.: »The Pace of Automation: An American View«, in: *The Journal of Industrial Economics*, 6/3, 1958, S. 241–261.

Solo, Robert A.: »Automation: Technique, Mystique, Critique«, in: The Journal of Business, 36/2, 1963, S. 166–178.

Theobald, Robert: »Cybernation, Unemployment, and Freedom«, in: *The Great Ideas Today*, 1964, S. 48–69.

Welsch, Wolfgang: »Die Postmoderne in Kunst und Philosophie und ihr Verhältnis zum technologischen Zeitalter«, in: Zimmerli, Walter Christoph (Hg.): *Technologisches Zeitalter und Postmoderne*, München 1988, S. 36–72.

Vehlken, Sebastian: *Environment for Decision. Die Medialität einer Kybernetischen Staatsregierung. Das Project Cybersyn in Chile 1971–73*, Bochum (Magister) 2004.

Wiener, Norbert: *Letter to UAW President Walter Reuther*, 1949, zit. nach http://libcom.org/history/father-cybernetics-norbert-wieners-letter-uaw-president-walter-reuther, aufgerufen: 22.04.2011.

Wiener, Norbert: *Mensch und Menschmaschine*, Frankfurt a.M. 1952.

Wiener, Norbert: »Some Moral and Technical Consequences of Automation«, in: Science, 131, 1960, S. 1355–1358.

Winthrop, Henry: »The Sociological and Ideological Assumptions Underlying Cybernation«, in: *American Journal of Economics and Sociology*, 25/2, 1966, S. 113–126.

Woirol, Gregory R.: *The Technological Unemployment and Structural Unemployment Debates*, Westport 1996.

Zilbersheid, Uri: *Die Marxsche Idee der Aufhebung der Arbeit und ihre Rezeption bei Fromm und Marcuse*, Frankfurt a.M. 1986.

Wladimir Velminski

Hammergeschmetter
Vom Selbstlauf des Knochenhebels
zum System der Kultur

Ein wissender, aber unfähiger Mensch – ist
ein Mechanismus ohne Antrieb.
Aleksej Gastev

1. Vorbemerkung – »Errichten wir ein Denkmal«

Im Jahr 1924 schlägt der futuristische Hymniker Aleksej Kapitonovič Gastev vor, eine Reihe von Denkmälern zu errichten:

»Dem Einzeller – der die Reaktion auslöste,
Dem Hund – dem größten Freund, der uns zur Übung ruft
Dem Affen – dem Wirbelsturm lebhafter Bewegung,
Der Hand – der zauberhaften Intuition des Willens und des Schaffens,
Dem Wilden – mit seinem steinernen Schlag,
Dem Werkzeug – als einer Fahne des Willens,
Der Maschine – die uns Genauigkeit und Schnelligkeit lehrt,
Und allen Mutigen, die zur Umwandlung des
Menschen rufen.«[1]

Das denkmalerische Vorhaben, das der Begründer des Zentralen Instituts für Arbeit (russ. *Central'nyj institut truda,* CIT) – aus dem heraus die Lehre der Biomechanik und das System des Taylorismus in Fabriken, Theatern und Sport postrevolutionär eingeführt wurde[2] – auf einem Plakat vor dem Institut anbringen lässt, trägt deutliche Züge seines Verfassers. Denn in seinen Arbeitsvisionen verkörpert Gastev eine Doppelfigur: Einerseits schreibt er als Dichter mit am futuristisch-visionären Entwurf des neuen Maschinenmenschen, andererseits ist er Agent des harten, subrepräsentativen ergometrischen Diskurses, des kapitalistischen *Taylorismus.*[3] Die an seinem Institut entwickelte ›wissenschaftliche Orga-

---

1. Gastev, *Poėsija,* 1966, S. 222.
2. Der Regisseur Vsevolod Mejerchol'd erkannte das Potenzial der wissenschaftlich-rationalen und poetisch-spielerischen Einstellung und ließ Gastev, wie auch seine Mitarbeiter, Vorlesungen an der Moskauer Theaterakademie halten. Indem er seine neu entwickelte Schauspieltechnik als ›Biomechanik‹ bezeichnete, nahm er direkt Bezug auf die Forschung von Nikolaj Bernštejn, die im Labor für Biomechanik an Gastevs Institut betrieben wurde. Vgl. Bernštejn, *Očerki,* 1966. Dazu auch Sirotkina, *Istorija,* 1991.
3. Gastev, *Kak nado rabotat',* 1966, S. 17–19 und ders., *Trudovye ustanovki,* 1973, S. 54–63. Vgl. dazu Bailes, *Alexei Gastev and the Soviet Controversy,* 1977; Velminski, *Werkbankvisionen,* 2009.

nisation der Arbeit‹ (rus. ›*Naučnaja organizacija truda*‹ – NOT) reicht bis tief in die Bereiche hinein, die gemeinhin mit der russischen Avantgarde, mit der radikalsten Ausprägung des Konstruktivismus und aber auch mit der *Regelung* der Neuen Ökonomischen Politik der jungen Regierung in Verbindung gebracht werden.[4] So organisiert Gastev nach der Oktoberrevolution all die Disziplinen neu, die seiner Ansicht nach für die neuen Machthaber fundamental sind. Das Zentrale Institut für Arbeit in Moskau wird zum Laboratorium des Alltäglichen, in dem der menschliche Körper und die Wahrnehmung nach physiologischen und psychologischen Kriterien untersucht werden.[5] Seit der Gründung des Instituts, das Gastev als sein »letztes künstlerisches Erzeugnis« *(»poslednee chudožestvennoe proizvedenie«)* begreift, verfasst er nur noch publizistische und wissenschaftliche Schriften.[6] Den Ausgangspunkt für seine Visionen vom rationalen Durchorganisieren der Arbeit findet Gastev im »arbeitsökonomischen System«, das durch Frederick Winslow Taylor entwickelt wurde.[7] Einzelne Arbeitsläufe, Sequenzierungen, die motorische Feinanpassung des Arbeiters an die motorischen Vorgaben der Maschine, die rhythmische Optimierung durch Taktsysteme bilden die Prinzipien des Taylorismus, mit dessen Hilfe Arbeit, Management und das Unternehmen nach einer rein wissenschaftlichen Herangehensweise optimiert werden sollen und ›Wohlstand für alle‹ geschaffen werden soll. Ein System, in das Lenin noch vor der Oktoberrevolution 1917 große Erwartungen gesetzt hatte:

> »Lernen zu arbeiten – diese Aufgabe muss die Sowjetische Macht dem Volk in vollem Umfang stellen. Das letzte Wort des Kapitalismus in dieser Beziehung, das System von Taylor – wie auch jeder beliebige Fortschritt des Kapitalismus –, verbindet eine verfeinerte Bestialität der Ausbeutung durch die Bourgeoisie mit einer Reihe außerordentlicher wissenschaftlicher Errungenschaften in der Analyse von mechanischen Bewegungen während der Arbeit, die Vermeidung überflüssiger und ungeschickter Bewegungen, die Entwicklung fehlerfreier Arbeitsprozesse, die Einführung allerbester Statistiksysteme, Kontrollen u.s.w. Die Sowjetische Republik muss alles Wertvolle aus diesen wissenschaftlichen und technischen Errungenschaften in diesem Bereich vollständig übernehmen. Die Durchführbarkeit des Sozialismus wird sich gerade durch unsere Erfolge in der Kombination der Sowjetischen Macht und der Sowjetischen Leitungsorganisation mit den neuesten Fortschritten des Kapitalismus definieren. Man muss in Russland das Studium und die Lehre des Systems von Taylor einführen, systematisch damit experimentieren und es anpassen.«[8]

---

4. Vgl. Hellebust, *Aleksei Gastev and the Metallization*, 1997.
5. Gastev, *Trudovye ustanovki*, 1973, S. 138–145. Vgl. auch: Bernštein, *Očerki*, 1966. Dazu auch Vöhringer, *Avantgarde und Psychotechnik*, 2007.
6. Im Juni 1921 traf sich Gastev letztmals mit Lenin, um das »CIT-Erzeugnis« zu besprechen, bevor im August desselben Jahres ein Dekret *(dekret Soveta Truda i Oborony o CITe)* darüber verabschiedet wurde. Gastev, *Kak nado rabotat'*, 1966, S. 7. Vgl. auch ders., *Svidanie s Leninym*, 1967.
7. Taylor, *Die Grundsätze* (1913), 1977. Vgl. auch Heintz, *Die Herrschaft der Regel*, 1993; Ebbinghaus, *Arbeiter und Arbeitswissenschaft*, 1984; Michel; Wieser (Hg.), *Arbeitsorganisation*, 1976.
8. Lenin, *Očerednye zadači Sovetskoj vlasti*, 1907, in: ders., *Polnoe sobranie sočinenij*, 1961, S. 210; vgl. auch Lenin, *O naučnoj organizacii truda*, 1970; dt.: ders., *Über wissenschaftliche Arbeitsorganisation*, 1971.

Hammergeschmetter

Abb. 1: Statik des Arbeiters.

Die tayloristischen Einstellungen beeinflussen Gastevs Vorstellungen hinsichtlich des Durchorganisierens des Fabrikraums zum Zwecke der permanenten Einübung, Kontrolle, Messung der Arbeitsbewegungen und vor allem der Umschulung des Arbeiters. Die geregelten und vor allem *vorgedachten* Arbeits- und Bewegungsabläufe sollen nicht nur die Leistung maximal steigern, sondern auch die *Einstellungen* schaffen für eine Fusion von Mensch und Maschine. Ökonomie und Effizienz der Maschinen sollten auf das neue tugendhafte Bewusstsein des Menschen wirken, mit dem Ziel der selbstlosen Hingabe an die Arbeit, an das Kollektiv, bis hin zum Verschmelzen mit der arbeitenden Masse: »Der Arbeiter ist organisch mit dem ganzen Fabrikmechanismus verschmolzen«.[9] Erst in diesem Zusammenhang wird deutlich, dass sich Gastevs poetologische Theorien nicht nur auf die Arbeitsproduktivität beschränken; vielmehr bilden sie ein Fundament aus inventiven Regeln, auf dem sich der *Neue Mensch* aufrichten soll. Im Folgenden werden Gastevs Konstruktionen des Hammerschlags akzentuiert, in denen sich für den Begründer der Arbeitsorganisation in der Sowjetunion die Grundlagen von experimentalpsychologischen und bewegungsphysiologischen Wissensfeldern oszillieren und aus denen heraus sich die vorkybernetische Gestalt des gesamten Gastevschen Programms zum System der Kultur erheben sollte.

2. Konstruktionen des Hammerschlags

Die Vorbedingung oder, um in der Sprache Gastevs zu bleiben, die *Voreinstellungen*[10] jedes erfolgreichen Arbeitsvorgangs bestehen aus Statik und Dynamik (Abb. 1).

Während unter der Statik »eine zuträgliche Position des ›Gestells‹ der lebendigen Maschine« verstanden wird, mit deren Hilfe nicht nur für hämmernde

---

9. Gastev, *Poèsija*, 1966, S. 284.
10. Zum Begriff der »Einstellung« bei Gastev vgl. Velminski, *Werkbankvisionen,* 2009, 134–136.

Abb. 2: Training des Handgelenks.

Bewegungen »eine Abschaltung der Muskeln und deren Kontraktion in dem Ausmaß« erreicht wird, »wie es für die Standfläche bei Verlagerung des Schwerpunktes und des Widerstands beim Hämmern nötig ist«, umfasst die Dynamik der Arbeit – oder im Falle des Hämmerns »die Biomechanik des Hiebs« – die »Steigerung des Könnens und die siegreiche Aneignung von Abläufen, nach deren aufstrebender Bemächtigung der instruierte Arbeiter von einem Erfolg zum nächsten übergehen und schließlich kunstvoll arbeiten« wird.[11] Um den Arbeiter nun an das Hammergeschmetter heranzuführen, schafft Gastev eine Reihe von »Veranlagungen«, die einen »Hinweis auf Arbeitsbewegungen« geben, »einen Entwurf, der in den einfachsten gymnastischen Bewegungen ausgeführt wird«.[12] Dazu gehören Übungen zum Greifen und Schleudern des Werkzeugs (Abb. 2), nach denen »der Zeigefinger und der auf ihm liegende Daumen die Rolle eines Radlagers und der Mittel-, Ring- und der kleine Finger die Rolle eines Motors übernehmen«.[13]

Ausgeweitet werden die Übungen *bis* auf das Handgelenk, den Oberarm und die Schulter, sie sollen »beim Lehrling bereits Zielgerichtetheit und Abgemessenheit der Bewegungen« schaffen und »ihre Konstruktion und, als Resultat, eine einleitende Erziehung schlagender Arbeitsbewegungen« offenbaren.[14]

Auf der Grundlage von Voreinstellungen und gymnastischen Übungen geht Gastev zur Konstruktion des Hammerschlages über. Als jemand, der in der Montage das Fundament von allen möglichen Formierungen sieht, zerlegt er das Schlagverfahren in mechanische Elemente, um zunächst einfache und dann

---

11. Gastev, *Trudovye ustanovki*, 1973, S. 86
12. Ebd., S. 88.
13. Ebd., S. 89.
14. Ebd.

schwierige *Knochenhebelbewegungen* einzuführen: »Indem wir bestimmte Knochenhebel zur Arbeit zwingen, zwingen wir auch die entsprechenden muskulären Beuger und Strecker zur Arbeit.«[15] Das Training dieser *Knochenhebelbewegungen* führt, nach Gastev, zum ökonomischen Verbrauch von Muskel- und Nervenenergie sowie der strengen Abfolge von Muskelkontraktionen. Dadurch wird ein sogenanntes *muskuläres Gedächtnis* geschaffen, durch das der »Organismus es lernt, nur bestimmte Muskeln, mit einer bestimmten Geschwindigkeit und in einer entsprechenden Reihenfolge, bei der Arbeit einzusetzen«.[16] Mittels dieses *muskulären Gedächtnisses* soll es möglich sein, die Muskeln während der Arbeitsbewegung zu entspannen und sie mit Sauerstoff zu versorgen. Ein solcher Ablauf führt nicht nur zum »zielgerichteten Weg einer Arbeitsbewegung« und bewirkt »gleichzeitig eine große Intensität des Schlages bei geringen Bewegungen«, sondern zeugt auch von einem »minimalen Verbrauch der Muskelenergie«.[17] Durch den Automatismus von solchen Schlagbewegungen möchte Gastev ein *Nerven-Muskel-Gedächtnis* bilden und eine Ökonomie der Nervenenergie erreichen.

3. Biomechanik des Schlags

Um einen solchen Automatismus herauszubilden, fängt Gastev mit dem Training des Handgelenks an. Dazu bedient er sich eines Modells für das Handgelenk, das den Arbeiter nötigt, die schlagende Hand derart in das Modell einzulegen, dass »das Ende des Unterarmknochens, der in das Handgelenk übergeht, in einer speziellen Ausbuchtung ruht«; die andere Hand wird dabei mit einer speziellen Auflage fixiert und dient dem besseren Halt des Körpers (Abb. 3).[18] Danach werden drei Positionen eingestellt:

> »Die erste Position wird als die ›schlagfertige‹ eingestellt: das Handgelenk wird nach unten bewegt und drückt den Hammerkopf an den Amboss. Zweite Position: das Handgelenk hebt sich mitsamt dem Hammer. Dritte Position: der Hammer wird nach hinten geführt, während das Handgelenk angehoben bleibt und die drei motorischen Finger den Griff freigeben« (Abb. 4).[19]

Während die zweite Position dazu dient, das Handgelenk im Ganzen zu trainieren, um »das geschickte Arbeiten mit kleinen Hebeln« zu erreichen, legt die Übung in der dritten und wichtigsten Position die Ursache der Ermüdung des Handgelenkes eines Arbeiters offen.[20] Hier werden die Finger und das ganze Handgelenk mittels der Muskeln in Bewegung versetzt, die sich im Bereich des Ellenbogens befinden und deren »Kontraktion beim Zusammenballen der Faust«

15. Ebd.
16. Ebd.
17. Ebd.
18. Ebd.
19. Ebd.
20. Ebd., S. 91.

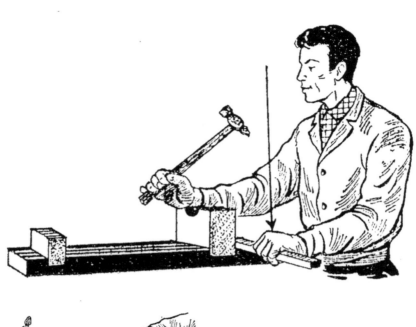

Abb. 3/4: Leerlaufübungen am Handgelenksmodell.

sowie »Entspannung beim Öffnen der Faust, größtenteils auf der Innenseite der Unterarme« beobachtbar wird. Durch das Training möchte Gastev erreichen, dass der Arbeiter in der Lage ist, »unterschiedliche Fingergruppen bei der Arbeit einzusetzen: den Griff des Hammers mit den Radlagerfingern zu nehmen, im nächsten Augenblick die motorischen Finger in Bewegung zu versetzen und mit ihnen den Hammergriff zu umschlingen, jedoch ohne sie anzuspannen«. Erst durch das Erlangen der Fähigkeit, mit einzelnen Muskelgruppen zu arbeiten, können die einzelnen Bewegungsabläufe im Handgelenk »verfestigt« werden und sich ein *Nerven-Muskel-Gedächtnis* herausbilden, so dass die Auflage für die schlagende Hand nicht weiter nötig ist.

Auf Grundlage des erworbenen *Nerven-Muskel-Gedächtnisses* am Handgelenk geht Gastev zum Ellenbogenmodell über (Abb. 5), »das sich vom Handgelenksmodell nur dadurch unterscheidet, dass die Auflage zur Stützung des Oberarmknochens, der mit dem Ellenbogengelenk verbunden ist, in größerer Entfernung und Höhe befestigt wird«.[21] Das Training des Ellenbogens und das dazu gehörige *Nerven-Muskel-Gedächtnis* werden im Wesentlichen nach dem gleichen Schema wie die Übungen für das Handgelenk durchgeführt:

> »Zuerst machen wir ›Leerlaufbewegungen‹ des Ellenbogens. Dafür nehmen wir den Hammer in die Hand und, indem wir ihn für den Schlag leicht anheben, halten wir das Handgelenk halb angespannt: die motorischen Finger umfassen den Griff des Hammers, ohne ihn festzuhalten, während der Daumen und der Zeigefinger der entstehenden Fliehkraft einen Widerstand bieten. Wenn die erste Position eingestellt ist, heben wir den Hammer, wobei wir den Ellenbogen durchdrücken und dabei den zweiköpfigen Muskel (Heben) und den dreiköpfigen Muskel (Senken) erziehen.«[22]

Nach der Erziehung des »lokalen Nerven-Muskel-Gedächtnisses« werden auch Muskeln des Handgelenks »eingeschaltet«, so dass das maximale Heben des Ellenbogens mit dem maximalen Heben des Handgelenks zum »ganzheitlichen Schlag aus dem Ellenbogen« führen.[23]

Um das ausreichend herausgebildete *Nerven-Muskel-Gedächtnis* von Hand- und Ellenbogengelenk zu festigen, folgt abschließend das Training des Schulterhebels. Dazu wird ein Modell »ähnlich einer Krücke« benutzt (Abb. 6), das eine vertikale Einstellung erlaubt und mit dem Schulter- und Brustmuskulatur beim Ausführen das Schlags trainiert werden sollen:

> »Um ein Ausholen zu erzielen, das das Meißeln vorbildet, und um dem Schlag andererseits die nötige Freiheit zu gewähren, geben wir dem Lehrling eine Schablone (Abb. 6, unten). Als Grundlage dieser Schablone übernehmen wir den von den Bildhauern ver-

---

21. Ebd., S. 92.
22. Ebd., S. 93.
23. Ebd.

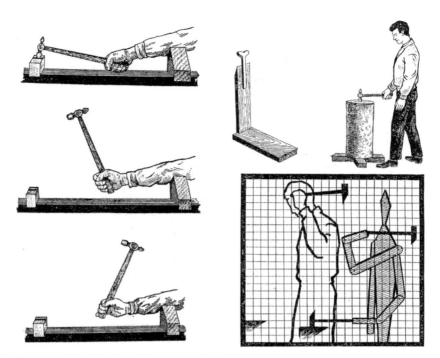

Abb. 5/6: Erwerbung des Nerven-Muskel-Gedächtnisses.

wendeten »Kanon« und halten daran die schlagende und die ausholende Position der Hebel fest, die den Arm mit den Gelenken symbolisieren, festhalten.«[24]

Gastev weist darauf hin, dass die »größere demonstrative Überzeugungskraft« der drei miteinander verschalteten *Nerven-Muskel-Gedächtnisse* (Handgelenk-Ellenbogen-Schulter) in einer sogenannten *Lehrkammer* mittels einer Projektion erreicht werden kann: auf der Wand sieht man das Schattenbild der schlagenden Stellung des Armes mit dem Hammer, das Ausholen und den Verlauf des Schlages (Abb. 7).[25] Durch die stetig wachsende Belastung im Training, das »auf der Gesetzmäßigkeit eines nach und nach erfolgenden Einschaltens von Hebeln und Ingangsetzens von Triebwerken« funktioniert, erkunden Gastev & Co. am CIT die *Biomechanik des Schlags*.[26] Die darin ermittelten Erkenntnisse und die anerzogene Dynamik werden auf den Alltag übertragen und hier »allgemein als Geschicklichkeit bezeichnet«.[27] Gerade dieser Übergang von den mechanisch wirkenden Vorgängen des Hammerschlags zu den psychophysiologischen Ein-

---

24. Ebd.
25. Zur Einsetzung der Aufnahme- und Aufzeichnungsapparatur vgl. Wurm, *Gastevs Medien,* 2008.
26. Vgl. Bernštejn, *Očerki,* 1966.
27. Gastev, *Trudovye ustanovki,* 1973, S. 96.

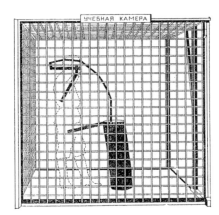

Abb. 7: Lehrkammer.

stellungen der Geschicklichkeit erlaubt es Gastev, seine *Biomechanik des Schlags* auch auf andere Arbeitsabläufe auszuweiten.

4. Anwendung der Methode

Bevor die Biomechanik des Schlags in alltäglichen Abläufen zum hämmernden Selbstlauf aufflammt, wird sie am CIT mit drei weiteren Kriterien untermauert. Durch *Tempo, Präzision* und *Kraft* will Gastev die Regeln des *Nerven-Muskel-Gedächtnisses* perfektionieren: »Zwischen den Schlägen muss eine solche Verbindung vorhanden sein, dass der Organismus sich leicht an die Anforderungen der physiologischen und psychologischen Ernährung anpassen kann«.[28] Mittels eines auf sechzig Schläge pro Minute getakteten Metronoms, möchte Gastev ein *Tempogedächtnis* erstellen:

> »Wir zwingen [...] den Arbeiter, regelmäßig Impulse zu geben, diese Regelmäßigkeit mit durchgehaltenen Übungen zu festigen und auf diese Weise zu einem automatischen Tempo zu kommen. Die Erfahrung hat gezeigt, dass der Lehrling nach diesen Übungen leicht zu einem anderen Tempo übergeht sogar bei einem Schlag ›im Leerlauf‹.«[29]

Doch nicht nur das psychotechnisch wirkende Ticken eines Metronoms dient der perfekten Einstellung des Tempogedächtnisses. Begleitet wird die Übung durch poetische Passagen, die Gastev bereits früher ausformuliert hat:
»Ich werde mit dem Hammer auf den Amboss schlagen.
Und erstens werde ich genau sechzig Mal in der Minute schlagen, ohne auf die Uhr zu schauen.

---

28. Ebd., S. 97.
29. Ebd.

Zweitens werde ich so hämmern, dass ich in der ersten Viertelminute ein Tempo von 120 Schlägen, in der zweiten Viertelminute ein Tempo von 90 Schlägen und in der dritten ein Tempo von 60 Schlägen haben werde.«[30]

Die gleichen Modelle wendet Gastev beim Einstellen des *Tempogedächtnisses* als auch bei Präzisionsübungen an. Durch ein fehlerloses Treffen des Ziels soll ein »feines Gefühl für den Weg des Hammers« entwickelt werden. Zu der »richtig gehaltenen Geschwindigkeit und gefestigten Präzision« kommt zum Schluss die Kraftübung durch das Einsetzen eines Dynamometers, die sowohl »ein rein physiologisches Ziel – den Aufbau der Muskelarbeit – als auch ein psychologisches – die Vermittlung von Sicherheit und Entschlossenheit an das Handgelenk« hat.[31] Durch die richtig temporierte und präzise Anwendung der Kraft möchte Gastev die »größte Arbeitsquantität bei gleicher Kraftaufladung« erreichen.[32]

Die aufeinanderfolgenden Einstellungen, so die Konstruktion des Schlags, als auch die Trainingseinheiten für Tempo, Präzision und Krafteinstellung bilden nach Gastev einen Entwurf, um »die natürliche Arbeit zu erlernen«.[33] Durch die Projektion vom selbstlaufenden Hammergeschmetter auf die Arbeit mit dem Meißel schafft Gastev eine allgemeine Methodik für Schlosser- und Schmiedeverfahren und meint diese analogen Arbeitsabläufe auch auf »die Holzverarbeitung, die Schneiderarbeit sowie die Brotherstellung« anwenden zu können, denn »methodische Arbeit im Bereich der instrumentell-muskulären Verfahren« erscheint ihm »grenzenlos in ihrer Anwendung«.[34] Und die Übertragung der grundlegenden Instruktionen für *instrumentell-muskuläre Verfahren* auf »maschinelle Arbeiten« gibt ihm recht:

> »Die grundlegende Analytik ermöglichte es, dass wir uns sehr schnell in der riesigen, konstruktiven Welt der Maschine zurechtfanden. Unsere Erfahrung in Fabriken, die uns empirisch mit der Maschine bekannt gemacht hat, verschaffte uns Zugang zu Werkzeugmaschinen, und zwar nicht nur in ihren unüberschaubaren konstruktiven Variationen, sondern auch in ihrer grenzenlosen organisatorischen Vielfalt. Unsere methodische Arbeit hinsichtlich der Maschinen fand ihren Ausdruck zunächst in genauen Untersuchungen der verschiedenen Arten von Maschinen und später in der Untersuchung ganzer organisatorischer Reihen.«[35]

Mit den »ausgearbeiteten Instruktionen zu den instrumentell-muskulären Verfahren« und dem »Konservatismus der Handwerksausbildungsmethode«, die im Grunde genommen maschinell war, da ihr strenge konstruktive Einstellungen zugrunde gelegt wurden, vollzieht Gastev den letzten konsequenten Schritt und geht »zur synthetischen Welt der Produktion« über, zur Werksmontage. Gerade das Beherrschen der instrumentell-muskulären und der maschinellen Verfahren

---

30. Gastev, *Poèsija*, 1966, S. 177.
31. Gastev, *Trudovye ustanovki*, 1973, S. 97.
32. Ebd., S. 98.
33. Ebd., S. 102.
34. Ebd., S. 103.
35. Ebd.

haben es ermöglicht, »eine Ausbildungsmethodik der Montage« zu finden, in der »ganz von selbst der Gedanke der universellen Anwendungsmöglichkeiten der Methode als eines Systems der Erziehung und der organisatorischen Einstellung« entstand. Die Methode von selbstregelnden und -laufenden Hammerschlägen geht somit über das Problem der Ausbildung hinaus und wird »zu einer weitreichenden Konzeption der Forschungsarbeit, einem System der Erziehung, einem System der Organisation und schließlich einem System der Kultur...«[36] Die Geschicklichkeit soll »die wichtigste Idee« dieser Kultur werden, denn die Geschicklichkeit ist »die Kunst, Bewegungen zu konstruieren, die Kunst, die dem praktisch endlosen Erfolg unterliegt und die sich, von der theoretischen Seite her, mikroskopisch genau durcharbeiten lässt«.[37]

Doch während ein solches System mit der Anwendung der projektiven Repräsentation, mikroskopischen Erarbeitung und selbstregelnder Programmierung unter Lenin noch zum Entwurf des Umgestaltens eines ganzen Staates werden konnte,[38] sollte dieselbe Methode für ihren Erfinder in der Stalinzeit zum Verhängnis werden: Am 8. September 1938 wird er wegen »konterrevolutionären terroristischen Aktivitäten« verhaftet und am 14. April 1939 zum Tode verurteilt. Am Tag danach wird er in einem Moskauer Vorort erschossen.

Literatur

Bailes, Kendall: »Alexei Gastev and the Soviet Controversy over Taylorism, 1918–24«, in: *Soviet Studies*, 29/3, 1977, S. 373–394.

Bernštejn, Nikolaj: *Očerki po fiziologii dviženij i fiziologii aktivnosti*, Moskva 1966.

Ebbinghaus, Angelika: *Arbeiter und Arbeitswissenschaft. Zur Entstehung der »wissenschaftlichen Betriebsführung«*, Opladen 1984.

Gastev, Aleksej Kapitonovič: *Kak nado rabotat'. Praktičeskoe vvedenie v nauku organizacii truda*, Moskva 1966.

Gastev, Aleksej Kapitonovič: *Poèsija rabočego udara*, Moskva 1966.

Gastev, Aleksej Kapitonovič: »Svidanie s Leninym«, in: Krutikova, Nina I. (Hg.): *Lenin vsegda s nami. Vospominanija sovetskich i zarubežnych pisatelej*, Moskva 1967, S. 402–404.

Gastev, Aleksej Kapitonovič: *Trudovye ustanovki*, Moskva 1973.

Heintz, Bettina: *Die Herrschaft der Regel*, Frankfurt a.M. 1993.

Hellebust, Rolf: »Aleksei Gastev and the Metallization of the Revolutionary Body«, in: *Slavic Review*, 56/3, 1997, S. 500–518.

---

36. Ebd., S. 104.
37. Ebd., S. 154.
38. Lenin, *Staat und Revolution*, 1951, S. 47–49.

Lenin, Wladimir I.: *Staat und Revolution. Die Lehre des Marxismus vom Staat und die Aufgaben des Proletariats in der Revolution*, Berlin 1951.

Lenin, Vladimir I.: »Očerednye zadači Sovetskoj vlasti« (1907), in: ders.: *Polnoe sobranie sočinenij*, Bd. 36, Moskva 1961, S. 164–208.

Lenin, Vladimir I.: *O naučnoj organizacii truda*, Moskva 1970.

Lenin, Vladimir I.: *Über wissenschaftliche Arbeitsorganisation*, Berlin 1971.

Michel, Karl Markus; Wieser, Harald (Hg.): *Arbeitsorganisation – Ende des Taylorismus?*, Berlin 1976 (= Kursbuch 43).

Sirotkina, Irina: »Istorija central'nogo instituta truda: voploščenie utopii?«, in: *Voprosy istorii estestvoznanija i techniki*, 2, 1991, S. 67–72.

Taylor, Frederick Winslow: *Die Grundsätze wissenschaftlicher Betriebsführung* (1913), Weinheim 1977.

Velminski, Wladimir: »Werkbankvisionen. Die Einstellung der Arbeitswissenschaft aus der Poesie des Hammerschlags«, in: Flach, Sabine; Vöhringer, Margarete (Hg.): *Ultravisionen. Zum Wissenschaftsverständnis der Künstlerischen Avantgarden, 1910–1930*, München 2009, S. 129–146.

Vöhringer, Margarete: *Avantgarde und Psychotechnik. Wissenschaft, Kunst und Technik der Wahrnehmungsexperimente in der frühen Sowjetunion*, Göttingen 2007.

Wurm, Barbara: »Gastevs Medien. Das »Foto-Kino-Labor« des CIT.«, in: Schwartz, Matthias; Velminski, Vladimir; Philipp, Torben (Hg.): *Laien, Lektüren, Laboratorien. Wissenschaften und Künste in Russland 1850–1960*, Frankfurt a.M. 2008, S. 347–390.

Lea Haller

The Wisdom of the Body
Neukonfigurationen des Organismus im Zuge der Entwicklung von Steroidhormonen

Hormone sind Regulatoren par excellence. Die Vorstellung organischer Selbstregulation und das Konzept von körpereigenen Botenstoffen sind historisch nicht zu trennen. »Ein kompliziertes Ausgleichssystem antagonistischer Kräfte liegt in dem Wechselspiel der Organe mit innerer Sekretion vor«, schrieb der in Bern lehrende Physiologe Leon Asher 1913. »Auf diese Weise fungieren diese Organe als unmittelbare Regulationseinrichtungen.«[1] Von Anfang an war das Hormonkonzept auch höchst imaginär. Es weckte, lange bevor Hormone isoliert und chemisch bestimmt waren, Phantasien der medizinischen Allmacht und der totalen Kontrolle über die Regulationsprozesse im Körper, sobald man – vermittelt über die organische Chemie – solcher Stoffe habhaft würde und ihre hemmenden und fördernden Wirkungen werde imitieren können. Ich möchte im Folgenden argumentieren, dass die Idee der Regulierung und das Imaginäre, das damit verbunden war, nicht zu trennen sind. Und dass sich beide im Zuge der pharmazeutischen Entwicklung und Standardisierung von Hormonen radikal veränderten.

Motor für den pharmazeutischen Innovationsprozess einerseits und für die sich verändernden Vorstellungen von Gesundheit, Krankheit und medizinischer Intervention andererseits war, so die These, das visionäre und gleichzeitig prekäre Verhältnis zwischen physiologischen (körpereigenen) und pharmakologischen (technisch hergestellten) Hormonen. Entsprechend werde ich zwei Entwicklungen der ersten Hälfte des 20. Jahrhunderts in ihrem gegenseitigen Wechselverhältnis skizzieren: den Aufstieg der chemisch-pharmazeutischen Hormonforschung und die Konjunkturen physiologischer Regulierungskonzepte.

Im um 1900 entstehenden Hormonkonzept wurde der Unterschied zwischen physiologischen und pharmakologischen Substanzen zumindest imaginär aufgehoben, was die Phantasie ermöglichte, durch Kopieren und Imitation beliebig in das funktionalistische Geschehen im Organismus eingreifen und es steuern zu können. Im Zuge der Entwicklung von synthetischen Präparaten suchte man allerdings einen pragmatischen Einsatz solcher Wirkstoffe, wobei sich der pharmakologische Effekt radikal von der biologischen Funktion unterscheiden konnte, bis von Identität schließlich keine Rede mehr war. Am deutlichsten zeigte sich diese Divergenz zwischen physiologischem und pharmazeutischem Stoff bei den Hormonen der Nebennierenrinde, deren prominentester Vertreter – das Cortison – sich als Pharmazeutikum in Kontexten etabliert hat, die mit seinen biologischen Funktionen nichts mehr zu tun hatten. Diese auch Cortico-

---

1. Asher, *Innere Sekretion*, 1913, S. 34f. Zur Herausbildung des Konzepts der biologischen Regulation im 18. und 19. Jahrhundert Canguilhem, *Herausbildung*, 1979.

steroide genannte Klasse von Hormonen dient mir hier als Fallbeispiel.[2] Ausgangspunkt für die Entwicklung von Cortison war nicht ein konkretes medizinisches Problem, für das man eine Lösung suchte, sondern Cortison stand am Ende eines vielgestaltigen technischen und epistemologischen Transfer- und Transformationsprozesses, im Zuge dessen zahlreiche Leerläufer entstanden – Stoffe, die zwar isoliert, aber nie medizinisch verwertet wurden –, und Selbstläufer, die sich in nicht voraussehbaren Handlungsfeldern etablierten und die medizinische Therapie von Grund auf veränderten. Während eines halben Jahrhunderts veränderten sich also sowohl die Moleküle und die Vorstellungen über den hormonell regulierten Organismus als auch die Krankheitsbilder und die therapeutischen Konzepte.

In einem ersten Abschnitt steht die Hormontheorie um die Jahrhundertwende im Vordergrund, die innerhalb der Physiologie äußerst umstritten war, aber ein starkes Angebot machte zuhanden der organischen Chemie, der Medizin, der Pharmazeutik und nicht zuletzt zuhanden einer sozialreformerischen Bewegung, die offen war für ganzheitliche Körperbilder und eine Therapie mit organischen Substanzen. Der zweite Abschnitt fokussiert auf die pharmazeutische Forschung und Entwicklung in der Zwischenkriegszeit. Eine auf angewandte Forschung ausgerichtete Innovationspolitik und die Zusammenarbeit zwischen Hochschulchemikern und der pharmazeutischen Industrie führten in den 1930er Jahren zu zahlreichen Strukturaufklärungen, Prüfungen einzelner isolierter Substanzen, Syntheseversuchen und schließlich zu einem ersten standardisierten Hormonpräparat. Der dritte Abschnitt thematisiert den Umschwung auf eine neue Klasse von Steroidhormonen während und nach dem Zweiten Weltkrieg. Aufgrund von biologischen Untersuchungen zur hormonellen Anpassung an Stress wurde die Steigerung der Leistungsfähigkeit zu einem zentralen Antrieb für die pharmazeutische Forschung. Das damit in Verbindung gebrachte hypothetische Krankheitsbild – Krankheiten aufgrund einer nicht gelungenen körpereigenen Anpassung an Stress – führte 1948 zu einem klinischen Versuch, der nochmals eine neue Ära einläutete: die unspezifische Cortisontherapie. Cortison eröffnete der Medizin in den 1950er Jahren ungeahnte therapeutische Möglichkeiten, schuf aber auch neue Probleme. Die ideal zur Aufbaugesellschaft der Nachkriegszeit passende Droge, mit der pragmatisch eine Reihe von Zivilisationskrankheiten behandelt werden konnte, verdeckte nur oberflächlich die Symptome, ohne zu heilen.

---

2. Ich beziehe mich auf Recherchen im Ciba-Archiv (heute Novartis) sowie auf den Nachlass des Chemikers Tadeus Reichstein im Staatsarchiv Basel-Stadt (StaBS). Reichstein hat ab 1937 auf dem Gebiet der Steroidhormone eng mit der Ciba zusammengearbeitet.

Eine neue ›scientific medicine‹

1905 prägte der englische Physiologe Ernest Starling für aktive körpereigene chemische Substanzen den Begriff »Hormone« und schrieb ihnen eine umfassende Koordinations- und Regulationsfunktion zu. Das Hormonkonzept war verbunden mit dem Entwurf eines neuen Organismus. Starlings Organismus war nicht mehr eine geordnete und nachrichtentechnisch verschaltete Organisation von Zellen, sondern eine von chemischen Substanzen regulierte Kooperation. Die vom Zentralnervensystem bewirkten Adaptationsprozesse seien so offensichtlich, dass die Physiologen sämtliche Verbindungen zwischen weit auseinanderliegenden Organen auf nervöse Impulse zurückgeführt hätten, so Starling. Die nervöse Reizung sei aber evolutionsgeschichtlich eine relativ junge Erscheinung und habe sich nur für die schnellen Adaptionen herausgebildet. Daneben existierten im Organismus viel archaischere chemische Informationsprozesse. Botenstoffe, die von einem Organ ausgeschüttet werden, über den Blutkreislauf im Körper zirkulieren, und bei einem Rezeptor-Organ ankommen, seien weitgehend für die Koordination der Aktivitäten einzelner Organe zuständig.[3] Diese chemische Formulierung der Reflex-Theorie hatte politische Sprengkraft. Der Rückgriff auf die Säftelehre war eine Absage an die etablierte analytische Physiologie und Pathologie. Nicht mehr die lokale Interpretation von pathologischen Zeichen stand für Starling im Vordergrund, sondern ein Körper, der auf der Zirkulation von chemischen Botenstoffen basierte. An die Stelle des Virchowschen Paradigmas, gemäß dem Leben Zelltätigkeit war und der Organismus ein wohlgeordnetes Ensemble, das dem liberalen Staat entsprach, trat ein Organismus, der auf Kooperation basierte, der anpassungs- und regenerationsfähig war.

Starlings These brach mit der physiologischen Tradition des 19. Jahrhunderts, konnte dafür aber mit einem großen Zukunftsversprechen aufwarten: Wenn das Geschehen im Organismus nicht in erster Linie auf zellulärer Arbeitsteilung basierte, noch nervösen Impulsen folgte, sondern chemisch organisiert war, dann eröffnete das der Medizin ungeahnte neue Perspektiven. Dann war nämlich der Organismus nicht mehr nur Objekt der physiologischen Analyse, sondern ein potenzieller Lieferant pharmazeutischer Stoffe: ein Rohstofflager. Mit den Mitteln der organischen Chemie würde man solche Stoffe identifizieren und schließlich synthetisch nachbauen können, um medizinisch in das Geschehen im Körper einzugreifen. In seiner *Croonian Lecture on the Chemical Correlation of the Functions of the Body* schrieb Starling 1905: »If a mutual control, and therefore coordination, of the different functions of the body be largely determined by the production of definite chemical substances in the body, the discovery of the nature of these substances will enable us to interpose at any desired phase in

---

3. Starling, *Chemical Correlation*, 1905, S. 339f. Dazu Stoff, *Degenerierte Nervenkörper*, 2003. Zur Geschichte des Reflexbegriffs Canguilhem, *Herausbildung des Reflexbegriffs*, 2008 (1955); Porath, *Vom Reflexbogen zum psychischen Apparat*, 2009. Christiane Sinding hat gezeigt, dass es bereits vor der Informationsmetaphorik Starlings ein Konzept der chemischen Kommunikation gab. Sinding, *Literary Genres*, 1996, S. 47–50.

these functions and so to acquire an absolute control over the working of the human body.«[4] Eine regulierende Kontrolle über die chemischen Prozesse im Körper aufgrund der stofflichen Identität von natürlichen Hormonen und pharmazeutisch wirksamen Substanzen – das war das große Zukunftsversprechen der Starlingschen Chemopolitik.

Starlings Bild eines chemisch koordinierten Organismus hatte weitreichende technische, logistische und organisatorische Implikationen. Ihm schwebte eine Medizin vor, die nicht mehr Reparaturwerkstätte war, sondern Regulierungsinstanz, und die ihre therapeutischen Konzepte nicht nur auf physiologisch-pathologische Erkenntnisse abstützte, sondern auf die organische Chemie. Sein Entwurf einer umfassenden chemischen Steuerung der Körperfunktionen war in der Physiologie und in der jungen Endokrinologie Anfang des 20. Jahrhunderts allerdings nicht salonfähig. Seine Kritiker warfen ihm fehlende Evidenz und eine fehlende wissenschaftliche Basis vor. Sie plädierten dafür, das Studium der innersekretorischen Drüsen und die pharmazeutische Verwendung von daraus gewonnenen Substanzen strikt voneinander zu trennen und warnten davor, von den Funktionen einzelner Drüsen vorschnell auf Verbindungen und Interaktionen zwischen ihnen zu schließen. Swale Vincent zum Beispiel begründete seine Zurückhaltung gegenüber dem umfassenden Konzept von hormonellen Wechselwirkungen (»play and interplay«) damit, dass man schlicht noch zu wenig empirische Belege habe, um diesbezüglich allgemeine Schlüsse zu ziehen. Er distanzierte sich vom aktuellen Trend, alle möglichen Fehlfunktionen des Metabolismus auf Störungen endokriner Organe zurückzuführen, da man darüber praktisch nichts mit Sicherheit wisse.[5] Während Starling innerhalb der Endokrinologie auf massive Kritik stieß und das holistisch-funktionalistische Konzept eines auf wechselseitiger Koordination basierenden Organismus nicht mehrheitsfähig war, traf es anderswo jedoch auf positive Resonanz. Verschiedene Faktoren bildeten um 1900 den Möglichkeitsraum für eine Theorie der chemischen Koordination im Organismus: eine Krise der *scientific medicine* gegen Ende des 19. Jahrhunderts, die populär gewordene empirische Therapie mit organischen Extrakten (»Organotherapie«), der Aufstieg der organischen Chemie in der zweiten Hälfte des 19. Jahrhunderts, eine allgemeine Offenheit gegenüber integrierenden, holistischen Konzepten, die Lebensreformbewegung und ihre Forderung nach natürlichen Therapieformen, und schließlich die Veränderungen in der chemischen Industrie, die sich zunehmend der Forschung widmete und sich den Handel mit Pharmazeutika erschloss.

Im 19. Jahrhundert hatte sich die Physiologie als medizinische Grundlagenwissenschaft profilieren können, sie hatte jedoch – so die Kritik Ende des 19. Jahrhunderts – trotz ihrer laborbasierten Techniken keinen gesünderen Menschen hervorgebracht. Im Gegenteil, sie war mit der Irrenfrage, der Armenfrage, dem

---

4. Starling, *Chemical Correlation*, 1905, S. 339.
5. Vincent, *The Ductless Glands*, 1914, S. 356. Diana Long Hall hat die Debatte zwischen Kritikern und Apologeten des Hormonkonzepts in den ersten zwei Jahrzehnten des 20. Jahrhunderts aufgearbeitet: Long Hall, *The Critic and the Advocate*, 1976.

Alkoholismus, mit Kriminalität und Prostitution, einem degenerierten und nervösen Menschen und einer wachsenden Anzahl pathologischer Befunde konfrontiert. Die Verwissenschaftlichung der Medizin hatte das Verhältnis zwischen den Menschen und ihrer Krankheit und das Verhältnis zwischen Ärzten und Patienten radikal verändert. Den Medizinern wurde vorgeworfen, ihren humanitären Auftrag zu vernachlässigen und stattdessen Teil eines bürokratischen Apparates geworden zu sein und ihre Diagnosen nur noch auf physikalische und chemische Gesetze abzustützen. Die Medizin habe ihre menschliche Seite verloren und degradiere den Körper auf eine funktionierende Maschine, während der Patient als Individuum komplett verschwinde.[6] Auf diese Krise der Medizin antwortete Starling mit dem Entwurf einer völlig neu organisierten *scientific medicine*. Die organische Chemie, die sich in der zweiten Hälfte des 19. Jahrhunderts als physiologische Hilfswissenschaft etabliert hatte und um die Jahrhundertwende einen autonomen Status mit eigenen Lehrstühlen und Publikationsorganen reklamierte, wurde nun zur großen Hoffnungsträgerin. Statt mit unzulänglichen, körperfremden Mitteln gegen all das pathologische Ungemach zu kämpfen, dessen Permanenz maßgeblich zur Krise der Medizin beigetragen hatte, bot sich angesichts von Hormonen die Möglichkeit, den chemisch regulierten Körper mit seinen eigenen Mitteln behandeln zu können: »The methods, however, which we employ are not at variance with those made use of by the body itself in securing the harmonious cooperation of its various parts.«[7] Starling hob den Unterschied zwischen physiologischen und pharmakologischen Stoffen auf.

Das war ein starkes Angebot nicht nur an die Adresse jener Ärzte, die sich seit etwa zwei Jahrzehnten der empirischen Therapie mit organischen Extrakten widmeten,[8] sondern auch an die Adresse der Lebensreformer, die sich für natürliche Behandlungsmethoden einsetzten,[9] und nicht zuletzt stellte es den chemischen Industrien, die sich um die Jahrhundertwende in moderne Aktiengesellschaften verwandelten, neben dem etablierten Farbengeschäft den Einstieg in die Forschung und ein lukratives Geschäft mit pharmazeutischen Produkten in Aussicht.[10] Es war gerade diese Dynamik zwischen physiologischer Spekulation, populistischem Ansatz, medizinischem Experiment und kommerziellem Interesse, die Virchow, den Doyen der wissenschaftsbasierten Medizin und Begründer der Zellularpathologie, beunruhigte, noch bevor Starling Hormone zum allumfassenden Regulierungs- und Kontrollinstrument erhob. Um 1900 richtete Virchow in seinem »Archiv« das Wort an die Leser. Auch wenn es seinem liberalen Denken widersprach, den Handel und die Therapie mit organischen Extrakten kurzerhand als Kurpfuscherei abzutun oder gar gesetzlich zu verbie-

---

6. Hagner, *Scientific Medicine*, 2003, S. 68; zum ärztlichen Blickregime in der Klinik Foucault, *Die Geburt der Klinik*, 1988.
7. Starling, *Chemical Correlation*, 1905, S. 340.
8. Borell, *Organotherapy*, 1976; Stoff, *Ewige Jugend*, 2004.
9. Fritzen, *Gesünder leben*, 2006.
10. Zur *managerial enterprise*: Miller, *Managing and Accounting*, 2003; zur Entwicklung der Basler Chemie 1850–1920 Straumann, *Die Schöpfung im Reagenzglas*, 1995.

ten, misstraute er der Bewegung zutiefst. »Erst langsam sammelte man weitere Erfahrungen über chemische Substanzen, welche nachhaltige Wirkungen auf lebendes Gewebe auszuüben im Stande sind«, schrieb er. »Dann bemächtigte sich nicht nur die experimentierende Wissenschaft, sondern auch die Industrie dieser Substanzen, und sehr bald wurden sie Gegenstand des Handels und einer an neuen Erfindungen sich überraschend schnell ausbreitenden Reclame. Wo liegen da die Grenzen zwischen Pfuscherei und wirklicher Wissenschaft?«[11]

Im Zuge der Isolierung und Synthetisierung von aktiven organischen Stoffen wurde diese Frage obsolet, beziehungsweise die Grenze zwischen Pfuscherei und wirklicher Wissenschaft wurde zwischen den Akteuren neu verhandelt. Gleichzeitig trat Starlings Kontrollutopie in den Hintergrund. Sein physiologisch-pharmazeutisches Doppelprojekt führte nicht zu einer umfassenden Kontrolle der körpereigenen hormonellen Regulierungsabläufe. Aber was er 1905 als Zukunftsentwurf lanciert hatte, wurde unter den Bedingungen der Zwischenkriegszeit zu einem produktiven Programm. In dieser Zeit wurde an den Hochschulen die organische Chemie ausgebaut. Das war möglich, weil Forschung nicht mehr nur über die Professuren finanziert wurde, sondern sich neben der Hochschulpolitik eine Forschungspolitik etablierte, die auf den Transfer von technisch verwertbarem Wissen abzielte.

Von einem pathologischen Befund zur Hormonersatztherapie

Ab 1918 wurde an der Eidgenössischen Technischen Hochschule (ETH) Zürich – zuerst auf private Initiative hin – eine Reihe von Forschungsförderfonds eingerichtet, mit dem Ziel, Forschung an der Schnittstelle zur Industrie zu unterstützen. Gerade in der organischen Chemie entwickelte sich eine rege Zusammenarbeit zwischen Hochschule und Industrie, die im Transfer von Wissen, Substanzen, Personal und finanziellen Mitteln bestand.[12] Als Leopold Ruzicka 1928 auf den Lehrstuhl für organische Chemie der ETH Zürich gewählt wurde, begann er das Laboratorium systematisch auszubauen. Bis 1945 war das Zürcher Labor zum weltweit größten Institut seiner Art angewachsen. Die Mittel für diese Expansion stammten von der Rockefeller-Stiftung und insbesondere von der Ciba, mit der Ruzicka einen lukrativen Zusammenarbeitsvertrag abgeschlossen hatte. Mit Ausnahme der Riechstoffe erklärte er sich bereit, der Basler Chemiefirma alle seine Forschungsergebnisse zur Verfügung zu stellen. Im Gegenzug erhielt er neben jährlichen Zahlungen eine Umsatzbeteiligung von 3–5%.[13] In diesem chemisch-pharmazeutischen Umfeld tauchte in den 1930er Jahren eine Klasse von Substanzen auf, von denen man nicht viel mehr wusste, als dass sie lebenswichtig sind: die Hormone der Nebennierenrinde. An ihnen lässt

---

11. Virchow, *Zum neuen Jahrhundert*, 1900, S. 5.
12. Gugerli u.a., *Die Zukunftsmaschine*, 2005, S. 195f.; Bowker, *Der Aufschwung der Industrieforschung*, 1994; Bürgi/Strasser, *Wissenschaft, Staat, Industrie*, 2005.
13. Gugerli u.a., *Die Zukunftsmaschine*, 2005, S. 200.

sich die Dynamik zwischen Chemie, Industrie und physiologischer Forschung exemplarisch nachzeichnen, da sie über Jahrzehnte hinweg nicht in einem eindeutigen Anwendungskontext stabilisiert wurden, aber aus unterschiedlichen Gründen immer wieder die Aufmerksamkeit auf sich zogen.

Die Nebenniere war seit der Jahrhundertwende ein vorrangiges Exempel für die Existenz von Hormonen. Es war das einzige Organ mit innerer Sekretion, bei dem man sowohl einen eindeutigen pathologischen Befund hatte als auch eine in reiner Form isolierte chemische Substanz mit pharmakologischer Wirkung. Seit Thomas Addison 1855 eine kleine Schrift über die Nebennieren veröffentlicht hatte, wusste man, dass die Zerstörung dieser unscheinbaren Organe nach kurzer Krankheit (*Addison's Disease*) tödlich ist.[14] Andererseits hatten Chemiker um die Jahrhundertwende aus Nebennieren eine blutdrucksteigernde Substanz isoliert, die seit 1904 unter dem Handelsnamen Adrenalin auf dem Markt war. Adrenalin war das erste synthetisch hergestellte Hormon. Trotz zahlreicher Versuche gelang es jedoch nicht, mit Adrenalin die lebenswichtige Funktion der Nebenniere zu substituieren. Erst Ende der 1920er Jahre konnten Biologen nachweisen, dass nicht das Mark der Nebenniere und somit Adrenalin, sondern die Rinde lebenswichtig ist,[15] worauf die Suche nach der chemischen Formel des lebenserhaltenden Prinzips neu lanciert wurde.

1934 begann an der ETH Zürich ein Schüler Ruzickas, Tadeus Reichstein, an der Strukturaufklärung von Nebennierenrindensubstanzen zu arbeiten. Reichstein und Haco, ein Nahrungsmittelkonzern, der seine Forschung unterstützte, arbeiteten mit der holländischen Pharmafirma Organon zusammen, die große Mengen tierischer Nebennieren von Schlachthöfen beziehen konnte. Organon stellte ein Rohextrakt her, Reichstein isolierte daraus möglichst reine Substanzen, die er wiederum an Organon schickte, wo sie in einem biologischen Verfahren, das die Firma entwickelt hatte, an Ratten auf ihre Wirksamkeit getestet wurden. War eine Substanz wirksam – das heißt: konnten mit ihr die Ausfallserscheinungen von Ratten, denen man die Nebennieren entfernt hatte, substituiert werden – befasste sich Reichstein mit der Strukturaufklärung.

1936 konnte Reichstein plausibel machen, dass die isolierten Substanzen zur Klasse der Steroide gehören. Diese Erkenntnis tangierte unmittelbar den Vertrag, den Ruzicka mit Ciba unterzeichnet hatte. Ruzicka arbeitete zu Sexualhormonen, auch Steroide, und es wäre kaum zu vermeiden gewesen, dass via Reichstein Wissen zur Steroidsynthese an Organon und damit an die ausländische Konkurrenz ging. Aufgrund der patentrechtlichen Situation (Ciba und Schering hatten auf dem Gebiet der Steroide wichtige Patente) wäre ein Alleingang von Organon und Reichstein kaum möglich gewesen und so kam es zu langwierigen Vertragsverhandlungen mit der Ciba. 1937 unterzeichneten Reichstein, Organon, Ciba und Haco einen Vertrag über das sogenannte Cortin-Gebiet

---

14. Addison, *On the Constitutional and Local Effects*, 1855.
15. Hartman u.a., *The Hormone of the Adrenal Cortex*, 1928.

und Ciba erhielt umfassende Nutzungsrechte an Reichsteins Erfindungen.[16] In diesem vertraglich geregelten Zusammenschluss eines Chemikers, eines Materiallieferanten (Organon), eines Financier (Haco) und einer etablierten Infrastruktur (Ciba) konnte vorhandenes und neu generiertes Wissen ideal alloziert werden. Bereits 1938 brachte Ciba unter dem Handelsnamen Percorten ein erstes synthetisches Nebennierenrindenpräparat auf den Markt. Ein großer Absatz wurde zwar nicht erwartet; die einzige sichere Indikation war die relativ seltene Addisonsche Krankheit, ein Mangel an körpereigenen Nebennierenrindenhormonen. Aber Desoxycorticosteron, so der chemische Name der Substanz, konnte bei Ciba mit dem bestehenden Maschinenpark aus einem Nebenprodukt der Progesteronsynthese ohne großen Aufwand fabriziert werden, weshalb man sich auf der Verkaufsabteilung für die Aufnahme der Large-Scale-Produktion entschied.[17] Die pharmazeutische Vermarktung dieses ersten synthetischen Nebennierenrindenhormons orientierte sich nicht an der Starlingschen Utopie einer Kontrolle der körpereigenen Regulierungsprozesse, sondern pragmatisch an klinischen Ergebnissen. In den Vordergrund trat eine Therapie, die auf die Behebung eines Mangels ausgerichtet war. Was dem Körper fehlte, konnte jetzt mit einem standardisierten, präzise dosierbaren Präparat substituiert werden.

Auch wenn der Absatz gering bleiben sollte, so war Percorten doch ein Präparat mit hoher Gewinnmarge – nicht so sehr auf finanzieller Ebene, sondern als Prestigepräparat. Mit Percorten ließ sich einerseits der Erfolg eines Joint-Venture zwischen Hochschule und Industrie dokumentieren, andererseits stand das Präparat für die erfolgreiche Umsetzung von chemischer Forschung in ein lebenswichtiges Medikament. Damit stützte es das politische Innovationsmodell von »reiner« zu »angewandter« Forschung, das sich in der Zwischenkriegszeit stabilisiert hatte.[18] Auf dem Werbeplakat der amerikanischen Niederlassung wurde die Lebensflamme, die mit Percorten nicht nur gewährleistet, sondern sogar heller werden sollte, als Bunsenbrenner dargestellt, dem wichtigsten Utensil des Chemikers. Die Bildsprache lehnte sich gleichzeitig an die Lebensreformbewegung an, die starke Affinitäten zum regenerierbaren Hormonkörper und zur Therapie mit natürlichen Substanzen hatte. Lebenskraft durch ein von der chemisch-pharmazeutischen Industrie hergestelltes Hormon, das war die unmissverständliche Botschaft.

Stress und optimierte Körper

Noch bevor Percorten auf den Markt kam, interessierte man sich bei Ciba für weitere potenzielle Anwendungsfelder des Präparats. Hinweise erhoffte man sich von biologischen Experimenten mit Steroidhormonen. Besonderes Interesse

---

16. CIBA-Archiv, C_RE/V, Recht, Verträge Nr. 386 a/b/c, HACO A.G./ Prof. Dr. T. Reichstein, Interne Notizen.
17. CIBA-Archiv, Vf 1, Pharmazeutisches Komitee, Protokoll vom 26. Okt. 1938.
18. Haller, *Reine und angewandte Forschung*, 2006; Edgerton, *The Linear Model*, 2004.

Abb. 1: Werbung für Percorten von der amerikanischen Niederlassung der Ciba, 1941 (Firmenarchiv Novartis)

weckten diesbezüglich die Publikationen des ungarisch-kanadischen Endokrinologen Hans Selye. Er erhielt von Organon beziehungsweise Ciba wiederholt Substanzen für seine Laborversuche, das heißt seine Forschung wurde von der Pharmaindustrie aktiv unterstützt.[19] 1936 hatte Selye in *Nature* einen kleinen Artikel publiziert mit dem Titel *A Syndrome Produced by Diverse Nocuous Agents*. Auf einer halben Seite entwarf er hier, was er später unter dem Begriff Stress zu einer großen Theorie der physiologischen Anpassung an schädliche Einflüsse zusammenfasste.[20] Selye hatte beobachtet, dass Ratten, wenn sie irgendeinem schädlichen Faktor ausgesetzt waren – Kälte, Schock, operativer Eingriff, exzessive Muskelarbeit oder Vergiftungen –, immer gleich reagierten. Diese Reaktion sei auf Anpassung ausgerichtet, weshalb er das Syndrom *General Adaptation Syndrome* nannte. Verantwortlich für diese Reaktion seien – und gerade das war für Ciba von Interesse – die Hormone der Nebennierenrinde. Selye beobachtete drei Phasen der Adaptation: Schock (*alarm reaction*), dann eine längere Phase der Anpassung, in der der Organismus wieder einen relativ stabilen Zustand erreicht (*stage of resistance*), und schließlich die totale Erschöpfung, die zum Kollaps führt (*stage of exhaustion*). Während in der ersten Schockphase Adrenalin ausgeschüttet werde, seien die Hormone der Nebennierenrinde für die längere Phase der Anpassung verantwortlich, während der der Organismus trotz erschwerter Bedingungen wieder normal zu funktionieren versuche, bevor er endgültig kollabiert.[21]

Adaptation war keine geistreiche Einzelerfindung Selyes. Adaptation war seit Starling der Schlüsselbegriff eines hormonell regulierten Körpers; neu war bei Selye die pathologische Interpretation dieser Anpassungsleistung. Er lieferte damit die pathologische Konkretisierung eines Phänomens, das von den Apologeten eines ganzheitlichen und dynamischen Hormonkörpers als »Weisheit des Körpers« apostrophiert worden war. *The Wisdom of the Body* hatte Ernest Starling 1923 eine Streitschrift betitelt, in der er dem Herz, das den Blutstrom

---

19. Siehe z.B. StaBS, PA 979a, K 11-2 2, Brief von Organon an Reichstein vom 7. November 1938; K 11-3 1, Brief von Ciba an Reichstein vom 9. Januar 1942.
20. Selye, *The Physiology*, 1950.
21. Selye, *A Syndrome*, 1936.

und damit den Transport von chemischer Information aufrechterhalte, eine unermessliche Integrationsfunktion zuschrieb. Das Zirkulieren von Botenstoffen im Organismus ermögliche, so Starling, eine Weisheit des Körpers, die nicht in reduktionistischer Art auf die Leistung eines einzelnen Organs oder einer einzelnen Zelle zurückgeführt werden könne, sondern auf Kooperation basiere.[22] 1932 hatte der US-amerikanische Physiologe Walter B. Cannon von Starling sowohl diesen Gedanken als auch den Titel für ein Buch über den Zustand relativer Stabilität im Organismus übernommen. *The Wisdom of the Body* war in der Überzeugung geschrieben, dass der Organismus zu intelligenter Anpassung fähig sei und auf äußere Veränderungen mit einer inneren Justierung antworte. Für den stabilen, aber nie statischen Zustand des Organismus schlug Cannon den Begriff Homöostase vor: »The word does not imply something set and immobile, a stagnation. It means a condition which may vary, but which is relatively constant.«[23] Cannons Überlegungen zur Homöostase basierten weitgehend auf seinen Beobachtungen zur Wirkungsweise des Adrenalins während des Ersten Weltkriegs.[24] Als Selye 1936 seinen ersten Entwurf zum *General Adaptation Syndrome* publizierte, waren ihm Cannons Arbeiten zum Adrenalin, zum traumatischen Schock und zur Homöostase eine wichtige Referenz, allerdings hatte sich mit der Verschiebung bei den untersuchten Hormonen auch die Konzeption des Syndroms verändert. Cannon hatte sich ausschließlich für jene Infrastruktur interessiert, die für die schnelle Reaktion zuständig ist: das Adrenalin und die Katecholamine. Selye hingegen interessierte sich für die *longue durée* der physischen Anpassung an widrige Umstände. Während also in Bezug auf die »fluide Matrix«[25] des homöostatischen Gleichgewichts Einigkeit herrschte, so entwarfen beide doch einen völlig anderen Reaktionsmechanismus: Flucht (Cannon) versus Anpassung bis zum Kollaps (Selye).

Selyes Bild eines bedingt anpassungsfähigen Körpers wurde in den 1940er Jahren prägend. Die Vorstellung einer mit der Umwelt in einem Wechselverhältnis stehenden funktionellen Anpassung war in den 1940er Jahren als Denkmodell nicht nur politisch salonfähig, sondern passte auch zur behavioristischen Abkehr von mechanistischen Reiz-Reaktionsschemata hin zu dynamischen Anpassungsvorstellungen, die Umwelt und Körper in einem Wechselverhältnis dachten.[26] Auftrieb erlangte das Adaptationskonzept nicht zuletzt durch die Interessenkopplung mit der Pharmaindustrie, die pathologische Zustände suchte, die zu ihren Produkten passten. »Auf alle Fälle muss versucht werden, das Indikationsgebiet zu erweitern«, hieß es im Pharmazeutischen Komitee der Ciba 1940. »Bereits sind Versuche für Leber- und Nierenschädigungen durch Gifte eingeleitet worden. Wünschbar wären Versuche bei Schock, Verbrennungen, großen Verletzungen u.s.w. in den Armeen, doch scheint die Durchführung

---

22. Starling, *The Wisdom of the Body*, 1923.
23. Cannon, *The Wisdom of the Body*, 1932, S. 24.
24. Cannon, *Bodily Changes*, 1915.
25. Tanner, *Fluide Matrix*, 2008.
26. Eine frühe Kritik am traditionellen Behaviorismus: Goldstein, *Der Aufbau des Organismus*, 1934.

solcher Versuche mit großen Schwierigkeiten verbunden; Materialverlust und Nichterhalt von Resultaten wären zu erwarten.«[27] Die These des *General Adaptation Syndrome* war pharmakologisch interpretierbar. Nach klinischen Versuchen wurde Percorten in den 1940er Jahren zur Behandlung bei anaphylaktischem Schock, schweren Verbrennungen und Toxikosen eingesetzt, also bei Dingen, die gemäß Selye das *General Adaptation Syndrome* und damit eine erhöhte Ausschüttung von körpereigenen Corticosteroiden auslösten. Die Ciba propagierte ihr Präparat explizit für Therapieformen, die auf der Adaptationsthese basierten, und erschloss sich damit neue Märkte.

Die Adaptationsthese schlug sich nicht nur in der Vermarktung pharmazeutischer Produkte und in der medizinischen Therapie nieder, sondern auch im biologischen Experiment. Militärpiloten wurden während und nach dem Zweiten Weltkrieg zum Referenzkörper für Selyes Theorie.[28] Ihr Körper war Belastungen ausgesetzt, die von der Evolution nicht vorgesehen waren, und die daher, so die Meinung, in die Kategorie jener unspezifischen Kalamitäten fielen, die ein *General Adaptation Syndrome* auslösten. Tatsächlich beobachtete man, dass Piloten nach einer gewissen Anzahl Einsätzen plötzlich kollabierten, weil – wie man annahm – ihre Adaptationsenergie aufgebraucht war, sie also in Selyes letztes Stadium eingetreten waren.[29] Wenn der Körper auf Extremsituationen mit einer erhöhten Ausschüttung von Nebennierenrindenhormonen reagierte, um sich darauf einzustellen, lag es nahe, ihm zur Unterstützung dieser Anpassungsleistung künstliche Präparate zuzuführen. Während und nach dem Zweiten Weltkrieg wurden solche Möglichkeiten des pharmazeutischen *enhancement* getestet: »The increase of human working efficiency without evidence of artificial overstimulation and untoward side effects is a desirable objective«, so der amerikanische Physiologe Hudson Hoagland zur Zukunft von Corticosteroidhormonen.[30] Bei den Experimenten, die in den USA ab 1943 mit Piloten durchgeführt wurden, ging es nicht mehr nur darum, dem Körper zu ersetzen, was ihm fehlte, es ging auch nicht mehr darum, Ergebnisse aus der biologischen Forschung auf eine mögliche Verwertung von bereits vorhandenen Hormonen hin zu prüfen, sondern es ging um *Biological Engineering*. Man hoffte, mit bestimmten Corticosteroiden die Adaptabilität und damit die Leistungsfähigkeit erhöhen zu können. Der arbeitsteilige, selbstregulierte Organismus, der im Ersten Weltkrieg unter bestimmten Umständen die Flucht ergriffen hatte, wurde im Zweiten Weltkrieg zu einem Objekt der Leistungssteigerung. Die Regulationsutopie der 1940er Jahre war nicht mehr wie bei Starling der kontrollierbare, und nicht mehr wie

---

27. CIBA-Archiv, Vg 1.10.1, Pharmazeutisches Komitee, Sitzung vom 10. Juni 1940.
28. Pincus/Hoagland, *Steroid Excretion*, 1943.
29. Selye, *The General Adaptation Syndrome*, 1946, S. 179.
30. Hoagland, *Adventures in Biological Engineering*, 1944, S. 67. Hoagland gründete 1944 zusammen mit seinem Freund Gregory Pincus die Worcester Foundation for Experimental Biology (WFEB), ein privates biomedizinisches Forschungszentrum. Das steuerbegünstigte Unternehmen erhielt für Forschung an Steroidhormonen Gelder der amerikanischen Regierung, der American Cancer Society und der Pharmaindustrie. Schreiber, *Natürlich künstliche Befruchtung*, 2007, S. 129f.

bei der Vermarktung von Percorten der mangelhafte, sondern der verbesserte, optimierte Körper.[31]

Von den Adaptationskrankheiten zur Symptomtherapie

Die gemäß Selye für die Steigerung der körpereigenen Anpassungsleistung am besten geeigneten Nebennierenrindenhormone, sogenannte Glucocorticosteroide, konnten Anfang der 1940er Jahre noch nicht synthetisch hergestellt werden. Das auf dem Markt verfügbare Percorten war ein Mineralocorticosteroid. Damit konnten zwar Addison-Patienten gut behandelt werden, es wirkte jedoch nicht auf den Kohlehydratstoffwechsel und somit auch nicht auf die Leistungsfähigkeit. Die chemisch-pharmazeutische Forschung an Glucocorticosteroiden wurde in den USA während dem Krieg mit staatlichen Krediten gefördert. 1948 konnte die amerikanische Pharmafirma Merck erstmals eine ausreichende Menge des *Compound E* für einen klinischen Versuch zur Verfügung stellen. Da rheumatische Arthritis als mögliche Adaptationskrankheit galt, als Folge einer fehlgeleiteten Stressreaktion,[32] vermittelte der Chemiker Edward C. Kendall die Probe an seinen Freund und Rheumatologen an der Mayo Clinic Philipp Hench. Der von Hench durchgeführte Versuch an einer Rheumapatientin wurde 1948 ein unerwarteter Erfolg. Die Patientin, die an schwerer rheumatischer Arthritis litt und sich kaum mehr hatte bewegen können, stand nach drei Tagen schmerzfrei auf und fuhr in die Stadt, um Einkäufe zu erledigen.[33] Unter dem Namen Cortison wurde das Hormon zu einem therapeutischen Allheilmittel. Die Rheumatologie teilt die eigene Disziplinengeschichte in »BC/AC«, »before cortisol and after cortisol«, ein.[34] Die Theorie der Adaptationskrankheiten konnte allerdings nicht aufrechterhalten werden, weil zur Therapie von rheumatischer Arthritis viel größere Mengen des Hormons benötigt wurden als der Körper selbst produziert, und weil die Krankheit nicht kausal bekämpft wird, sondern nur die Symptome verschwinden. Das hatte Auswirkungen auf die Behandlung. Die Patienten mussten permanent mit Cortison behandelt werden; sobald es abgesetzt wurde, traten die Beschwerden unvermindert wieder auf.

Mit Cortison ging man in der Rheumatologie, Dermatologie, Ophthalmologie und bei der Behandlung von Allergien aller Art zur systematischen Symptomtherapie über. Das schuf neue therapeutische Probleme. Die erforderlichen hohen Dosen waren mit schwerwiegenden Nebenwirkungen verbunden. Bereits 1952 hieß es in einem langen Artikel zur ununterbrochenen Cortisontherapie bei rheumatischer Arthritis im *British Medical Journal*: »The application of cortisone as a practical treatment is beset with problems. When the hor-

---

31. Coenen u.a., *Human Enhancement*, 2010; Bächi, *Künstliches Vitamin C*, 2007.
32. Selye, *Hormonal Production of Arthritis*, 1944; Selye, *The General Adaptation Syndrome*, 1946, S. 190–192.
33. Kaiser/Kley, *Cortisontherapie*, 2002, S. 5.
34. Kirwan u.a., *Anniversary*, 1999.

mone is administered to patients with active disease the reversible manifestations improve with remarkable promptness and consistency, but unfortunately the benefits are not lasting and symptoms reappear with impressive regularity when it is withdrawn.«[35] William Copeman, Rheumatologe am West London Hospital, resümierte 1954 seine Erfahrung mit der Cortisontherapie. Er argumentierte, dass Heilung kein adäquater Maßstab sei, um diese Therapieform zu beurteilen: »Realizing that a real cure in any case was unlikely, we decided to assess our results on a practical functional basis. Accordingly, if the disease was suppressed sufficiently to enable normal work to be resumed and maintained we regarded the result as satisfactory; if the patient was able to return to work but still complained of considerable pain we termed the result moderate; and if the patient could not resume work it was held to be unsatisfactory.«[36] Die Wirkung der Behandlung wurde indirekt gemessen: am Grad der Wiedereingliederung in den Arbeitsmarkt. Jedes Urteil über den Wert einer bestimmten Behandlung, so Copeman, hänge davon ab, ob das Gewicht auf die Heilung gelegt werde, oder auf die Macht, die Symptome soweit zu unterdrücken, dass der Patient wieder arbeiten könne und gesellschaftliche Unabhängigkeit erlange.

Trotz zahlreicher schädlicher Nebenwirkungen und trotz ihrer unspezifischen Wirksamkeit wurde die Cortisontherapie nicht aufgegeben. Sie bot die Möglichkeit, eine Reihe von chronischen Krankheiten wenn auch nicht kurativ, so doch wenigstens symptomatisch zu bekämpfen. Die Wunderdroge erlangte in der Aufstiegsgesellschaft der 1950er Jahre eine hohe gesellschaftliche Integrationsfunktion. Rheumapatienten, Allergiker, Asthmatiker und Leute mit chronischen Hautkrankheiten konnten ihre Symptome unterdrücken, ihre Schmerzen drosseln und wieder einer geregelten Tätigkeit nachgehen. Das synthetische Hormon ermöglichte es ihnen, sich per ambulanter Medikation wieder in die Gesellschaft einzufügen. Regulierung wurde in diesem Kontext zur therapeutischen Aufgabe, das diffizile Gleichgewicht zwischen Nutzen und Schaden der Cortisontherapie gegeneinander abzuwägen und den Volkskörper funktionsfähig zu halten.

Schluss

Ich habe einen Prozess geschildert, in dem es keine Konstanten gibt. Weder blieben die chemischen Moleküle stabil während sich rundherum die Akteure, die Wissensformen, die Körper und der Umgang mit bestimmten Krankheiten veränderten, noch blieben die Theorien über den hormonellen Organismus unverändert, während in den Laboratorien die Natur kopiert wurde. Die Entwicklungsgeschichte des Cortisons lässt sich weder als Popularisierung des Wissens noch als unternehmerische Innovationsgeschichte chemisch-pharmazeutischer Forschung erzählen, sondern nur als Geschichte der Interdependenz von Wissen

---

35. Boland, *Prolonged Uninterrupted Cortisone Therapy*, 1951, S. 191.
36. Copeman, *Management*, 1954, S. 1109.

und technischen Verfahren. Das Konzept eines chemisch regulierten Organismus entstand aus einer Gemengelage heraus: Zwischen der experimentellen Therapie mit organischen Extrakten, einer Krise der *scientific medicine*, einem Trend der Natürlichkeit, der Emanzipation der organischen Chemie von der Physiologie und der Diversifikation des Sortiments bei den chemisch-pharmazeutischen Industrien ergab sich jene synergetische Lage, die Starlings Konzept nach 1900 trotz massiver fachinterner Kritik Auftrieb gab. Die organischen Botenstoffe, denen er eine umfassende Regulationsfunktion zugeschrieben hatte, diffundierten allerdings keineswegs in vorgezeichnete Anwendungsfelder, sondern kristallisierten sich in unterschiedlichen Zusammenhängen als immer wieder neue technische Zugriffe auf den Körper heraus: als Substitut, als Leistungssteigerer und schließlich als antiallergisches, immunsuppressives und antirheumatisches Therapeutikum. Die jeweiligen Hormone und die mit ihnen korrespondierenden therapeutischen Konzepte stabilisierten sich gegenseitig im historischen Kontext. Sie stehen für die Art und Weise, wie man zu einer bestimmten Zeit über die Funktion des Organismus, über mögliche medizinische Interventionen, über Gesundheit und Krankheit dachte.

Hatte Starling um 1900 eine umfassende Kontrolle über den chemisch regulierten Organismus im Sinn, so war die Verwendung des ersten synthetischen Nebennierenrindenhormons Ende der 1930er Jahre auf Ersatztherapie ausgerichtet. Dem »Mängelwesen Mensch«[37] wurde wieder zugefügt, was ihm fehlte. Mit dem Aufkommen der Stresstheorie in der Biologie und der damit verbundenen Vision eines optimierbaren Körpers traten auf einmal bisher vernachlässigte Steroidverbindungen, sogenannte Glucocorticosteroide, in den Fokus des Interesses. Während und nach dem Zweiten Weltkrieg bildete sich ein Aufmerksamkeitsraster um Kohlehydratstoffwechsel, Leistungssteigerung und Steroidhormone, der die wenig lukrative Hormonersatztherapie aus der medizinischen Forschung verdrängte. Was im Stress- und Adaptationskonzept als *Wisdom of the Body* – als selbstregulative physiologische Anpassungsleistung – konzipiert worden war, wurde in den 1940er Jahren zum Ziel eines biologischen Engineerings, um schließlich mit der Cortisontherapie derart aus dem Gleichgewicht gebracht zu werden, dass sich die Aufmerksamkeit der Ärzte auf den Umgang mit den nicht intendierten Nebenwirkungen richtete. In der Medizin hatte man es neuerdings mit Körpern zu tun, die Gesundheit nur simulierten.

Literatur

Addison, Thomas: *On the Constitutional and Local Effects of Disease of the Supra-renal Capsules*, London 1855.

Asher, Leon: »Innere Sekretion. Eine Besprechung«, in: *Naturwissenschaften*, 1, 1913, S. 33–35.

---

37. Gehlen, *Der Mensch*, 1940.

Bächi, Beat: *Künstliches Vitamin C. Roche und die Politik eines chemischen Körpers (1933–1954)*. Diss.2007.

Boland, Edward W.: »Prolonged Uninterrupted Cortisone Therapy In Rheumatoid Arthritis«, in: *The British Medical Journal*, 2, 1951, S. 191–199.

Borell, Merriley: »Organotherapy, British Physiology, and Discovery of the Internal Secretions«, in: *Journal of the History of Biology*, 9, 1976, S. 235–268.

Bowker, Geof: »Der Aufschwung der Industrieforschung«, in: Serres, Michel (Hg.): *Elemente einer Geschichte der Wissenschaften*, Frankfurt a.M. 1994, S. 829–867.

Bürgi, Michael; Strasser, Bruno (Hg.): *Wissenschaft, Staat, Industrie*. Spezialausgabe der Schweizerischen Zeitschrift für Geschichte, 55, 2005.

Canguilhem, Georges: »Die Herausbildung des Konzeptes der biologischen Regulation im 18. und 19. Jahrhundert«, in: Lepenies, Wolf (Hg.): *Georges Canguilhem: Wissenschaftsgeschichte und Epistemologie. Gesammelte Aufsätze*, Frankfurt a.M. 1979, S. 89–109.

Canguilhem, Georges: *Die Herausbildung des Reflexbegriffs im 17. und 18. Jahrhundert. Aus dem Französischen übersetzt und durch ein Vorwort eingeleitet von Henning Schmidgen*, Paderborn 2008 (1955).

Cannon, Walter B.: *Bodily Changes in Pain, Hunger, Fear and Rage: An Account of Recent Researches into the Function of Emotional Excitement*, New York 1915.

Cannon, Walter B.: *The Wisdom of the Body*, New York 1932.

Coenen, Christopher u.a. (Hg.): *Die Debatte über »Human Enhancement«. Historische, philosophische und ethische Aspekte der technologischen Verbesserung des Menschen*, Bielefeld 2010.

Copeman, William Sydney Charles: »Management of Rheumatoid Arthritis with Prolongued Cortisone Administration«, in: *British Medical Journal*, 1, 1954, S. 1109–1113.

Edgerton, David: »›The Linear Model‹ Did not Exist. Reflections on the History and Historiography of Science and Research in Industry in the Twentieth Century.«, in: Grandin, Karl u.a. (Hg.): *The Science-Industry Nexus. History, Policy, Implications*, Sagamore Beach 2004, S. 31–58.

Foucault, Michel: *Die Geburt der Klinik. Eine Archäologie des ärztlichen Blicks*, Frankfurt a.M. 1988.

Fritzen, Florentine: *Gesünder leben. Die Lebensreformbewegung im 20. Jahrhundert*, Stuttgart 2006.

Gehlen, Arnold: *Der Mensch. Seine Natur und seine Stellung in der Welt*, Berlin 1940.

Goldstein, Kurt: *Der Aufbau des Organismus. Einführung in die Biologie unter besonderer Berücksichtigung der Erfahrungen am kranken Menschen*, Haag 1934.

Gugerli, David u.a.: *Die Zukunftsmaschine. Konjunkturen der ETH Zürich 1855–2005*, Zürich 2005.

Hagner, Michael: »Scientific Medicine«, in: Cahan, David (Hg.): *From Natural Philosophy to the Sciences. Writing the History of Nineteenth-Century Science*, Chicago 2003, S. 49–87.

Haller, Lea: *Reine und angewandte Forschung. Zur Praxis einer Grenzziehung. Eidgenössische Technische Hochschule Zürich, 1918–1952.* Unveröffentlichte Lizentiatsarbeit, Zürich 2006.

Hartman, Frank A. u.a.: »The Hormone of the Adrenal Cortex«, in: *American Journal of Physiology*, 86, 1928, S. 353–359.

Hoagland, Hudson: »Adventures in Biological Engineering«, in: *Science, New Series*, 100, 1944, S. 63–67.

Kaiser, Hanns; Kley, Hans K.: *Cortisontherapie. Corticoide in Klinik und Praxis.* 11. Aufl., Stuttgart/New York 2002.

Kirwan, J. R. u.a.: »Anniversary: 50 years of glucocorticoid treatment in rheumatoid arthritis«, in: *Rheumatology*, 38, 1999, S. 100–102.

Long Hall, Diana: »The Critic and the Advocate: Contrasting British Views on the State of Endocrinolgy in the Early 1920s«, in: *Journal of the History of Biology*, 9, 1976, S. 269–285.

Miller, Peter: »Managing and Accounting«, in: Porter, Theodore M.; Ross, Dorothy (Hg.): *The Modern Social Sciences*, Cambridge 2003, S. 565–576.

Pincus, Gregory; Hoagland, Hudson: »Steroid Excretion and the Stress of Flying«, in: *Journal of Aviation Medicine*, 14, 1943, S. 173–193.

Porath, Erik: »Vom Reflexbogen zum psychischen Apparat: Neurologie und Psychoanalyse um 1900«, in: *Berichte zur Wissenschaftsgeschichte*, 32, 2009, S. 53–69.

Schreiber, Christine: *Natürlich künstliche Befruchtung? Eine Geschichte der In-vitro-Fertilisation von 1878 bis 1950*, Göttingen 2007.

Selye, Hans: »A Syndrome Produced by Diverse Nocuous Agents«, in: *Nature* 138, 1936, S. 32.

Selye, Hans: »Hormonal Production of Arthritis«, in: *The Journal of the American Medical Association*, 124, 1944, S. 201–207.

Selye, Hans: »The General Adaptation Syndrome and the Diseases of Adaption«, in: *The Journal of Clinical Endocrinology*, 6, 1946, S. 117–230.

Selye, Hans: *The Physiology and Pathology of Exposure to Stress. A treatise based on the concepts of the General-Adaptation-Syndrome and the Diseases of Adaptation*, Montreal 1950.

Sinding, Christiane: »Literary Genres and the Construction of Knowledge in Biology«, in: *Social Studies of Sciences*, 26, 1996, S. 43–70.

Starling, Ernest H.: »The Croonian Lectures on the Chemical Correlation of the Functions of the Body«, in: *The Lancet*, 166, 1905, S. 339–341.

Starling, Ernest H.: »The Harveian Oration on the Wisdom of the Body«, in: *The Lancet*, 201, 1923, S. 865–870.

Stoff, Heiko: »Degenerierte Nervenkörper und regenerierte Hormonkörper. Eine kurze Geschichte der Verbesserung des Menschen zu Beginn des 20. Jahrhunderts«, in: *Historische Anthropologie*, 2, 2003, S. 224–239.

Stoff, Heiko: *Ewige Jugend. Konzepte der Verjüngung vom späten 19. Jahrhundert bis ins Dritte Reich*, Köln 2004.

Straumann, Tobias: *Die Schöpfung im Reagenzglas. Eine Geschichte der Basler Chemie (1860–1920)*, Basel 1995.

Tanner, Jakob: »›Fluide Matrix‹ und ›homöostatische Mechanismen‹. Probleme eines Konzepttransfers zwischen Organismus und Gesellschaft«, in: Martin, Jörg u.a. (Hg.): *Welt im Fluss. Fallstudien zum Modell der Homöostase*, Stuttgart 2008, S. 11–29.

Vincent, Swale: »The Ductless Glands«, in: *The Lancet*, 193, 1914, S. 356–357.

Virchow, Rudolf: »Zum neuen Jahrhundert«, in: *Archiv für pathologische Anatomie und Physiologie und für klinische Medicin (Virchows Archiv)*, 159, 1900, S. 1–23.

Peter Risthaus

Auf dem Trip
Drogenprotokolle als literarische Formulare

In Memoriam Günther Amendt

1.

Auf einem *Trip* zu sein bedeutet, unter Drogen eine spezielle *Reise* zu machen.[1] Alles läuft wie von selbst. Bernward Vesper, dessen autobiografischer Roman beinahe diesen Titel trägt, *Die Reise*, macht darauf aufmerksam, dass der Trip etwas Maschinelles haben kann. Am Ende eines der vielen LSD-Trips in diesem Roman steht die beiläufige Erkenntnis: »Als ich durch den Vorgarten gegangen war, auf die Türkenstraße kam, war der Trip vorbei. Ich ging wie ein ganz normaler Mensch, so, wie ich immer über die Straße gegangen war. Meine Knie waren nicht länger weich, ich hatte nicht das Gefühl, auf einem Fließband zu laufen«.[2] Dieses »Ich« unter Drogen hatte seinen Gang als ferngesteuert erlebt, auf dem Laufband von LSD. Vespers Roman ist nicht zufällig eines der Paradigmen von Jürgen Links Theorem der »Nicht-Normalen-Fahrt«[3] geworden. Darunter versteht Link Erzählungen, die es mit den Grenzen von gesellschaftlich hergestellter Normalität und ihren Überschreitungen zu tun haben. Idealtypen normaler Fahrten sind für Link realistische Geschichten, beispielsweise Döblins *Berlin Alexanderplatz*, für nicht-normale, eher surrealistische, beispielsweise Kafkas *Amerika*. Vespers *Reise* biete sich ebenfalls als exzellentes Beispiel für letzteren Typus an. Nicht nur gibt es hier ständig drogeninduzierte Trips, die ganz neue Intensitäten versprechen, sondern diese finden zum Teil auch noch in Automobilen statt: *Trips*, im Automobil auf Touren gebracht, von Vesper mit Erinnerungen an seine problematische Kindheit und den subtilen Faschismus des Vaters zusammengeschnipselt. Die zum Teil maschinellen Beschreibungen von *Trips* liefern Link geradezu die ideale Vorlage, um ein zeitgleich entstandenes Buch in seine Analyse einzubeziehen; gemeint ist Deleuzes und Guattaris

---

1. Diese Slang-Bedeutung für eine ›Reise‹ unter psychedelischen Drogen, aber auch für den LSD-Blotter, d.h. für einen mit dem Präparat getränkten Papierschnipsel zur Einnahme, setzt sich in den 1967er Jahren in der sogenannten amerikanischen Hippiekultur vollständig durch. Vgl. u.a. Todd, *Turned-On*, 1967, S. 42. Sie hat ihre Vorläufer aber schon in der Rauschliteratur der 50er Jahre. Beispielsweise spricht Aldous Huxley in den Berichten seiner Selbstexperimente von *Trips*. Vgl. ders., *Die Pforten der Wahrnehmung*, 1991, S. 68. Auch in den Versuchen des CIA zur Bewusstseinkontrolle (Bluebird, Operation Artischocke, Mkultra) durch u.a. LSD, erste Versuche (auch Folter) fanden im Taunus statt, wird der Ausdruck schon gebraucht. Diese Versuche haben ein eigenes Fortleben in den Verschwörungstheorien bis heute. Vgl. Koch; Wech, *Deckname Artischocke*, 2004.
2. Vesper, *Die Reise*, 1995, S. 152.
3. Link, *Versuch über den Normalismus*, 1996. S. 57–61, S. 118–126.

Anti-Ödipus.[4] Letztlich handelt es sich bei Vespers *Reise* wie bei den Autoren dieses antiödipalen Manifestes darum, mit dem Vater Schluss zu machen. Bastel-Maschinen sieht Link vor sich auftauchen, wenn er Folgendes liest: »*Ich habe eine Maschine im Kopf, einen Elektromotor, eine Winde, die alle Gedanken aufwickelt wie Schiffstaue, eine Gabel, die alle Ideen aufwickelt wie Spaghetti, eine rotierende Trommel, die aus dem seidenen Blau des Himmels die Kondensstreifen der Flugzeuge aufwickelt, eine Rolle, die von allen Masten die Überlandkabel aufwickelt, ein Tiger, der von Turm zu Turm springt*«.[5] Dieser *Trip* ist maschinell, seine Apparate selbstlaufend. De-Normalisierung einer »Fahrt« bedeutet, ganz in der Nachfolge von Deleuze und Guattari, die Exploration von Subjektzonen zu betreiben und symbolische Vehikel zu imaginieren, in denen, so Link wörtlich: »der kulturelle Antagonismus von Maschine und Organismus keine Rolle mehr spielt.«[6] Das Imaginäre dieser Diskursanalyse scheinen selbstlaufende Prozesse zu sein, man hat ja auch gerne von »Strömen« phantasiert, die den Dualismus von Natur und all ihre Entgegensetzungen revolutionär durchlaufen. Was hier ›wie von selbst‹ laufen soll, ist die Einschreibung des organlosen Körpers,[7] der seinen wirkungsmächtigen Auftritt bei Artaud und im Surrealismus hatte und nur noch als revolutionäres Theorem recycelt, man könnte aber auch böswillig sagen normalisiert werden muss. Was im Folgenden skizziert wird, ist der Zusammenhang von Drogenreisen, die wie von selbst ablaufen und ihrer Protokolle, die von Ärzten, Dichtern und Philosophen hergestellt werden. Ist die Drogenreise, der *Trip*, tatsächlich eine Nicht-Normale-Fahrt, wie Link sie versteht: »Eine reisende Subjektivität protokolliert ihre jeweiligen Wachzustände und ihre jeweils produzierten Sensibilitäten […] unter Ausschaltung jedes identischen, teleologieverstrickten Ich. […] Wie das Experiment selbst, bewegt sich das Protokoll ohne jedes heimliche Telos?«[8] Oder ist vielleicht das Protokoll selbst jenes heimlich inkorporierte Formular, das diese Fahrten normalisiert?

2.

Ein Schriftsteller vor der Kamera, verwahrlost in bewusstseinsgetrübtem Zustand sitzt er auf dem Bett seiner verwüsteten und vermüllten Wohnung. Herlinde Koelbl dreht ihren bemerkenswerten Film *Rausch und Ruhm*.[9] Benjamin von Stuckrad-Barre arbeitet an seinem Leben und einer entsprechenden Autobiografie. Seine Selbstzeugnisse, verpackt in literarisch-fiktionalen und journalistischen Texten, sind nicht mehr nur in Büchern zu lesen, sondern flimmern über

---

4. Zur »inneren Reise« des organlosen Körpers unter pharmakologischer Steigerung von Schizophrenie vgl. die von Link nicht in den Blick genommene Passage. Deleuze; Guattari, *Anti-Ödipus*, 1974, S. 108f.
5. Vesper, *Die Reise*, 1995, S. 109.
6. Link, *Versuch über den Normalismus*, 1996, S. 123.
7. Vgl. Deleuze; Guattari, *Anti-Ödipus*, 1974, S. 23.
8. Ebd., S. 124.
9. Koelbl, *Rausch und Ruhm*, 2003.

TV-Bildschirme und EDV-Monitore; seine Lesungen werden zu Hörbüchern. Das ist konsequent für jemanden, der sein künstlerisches Leben und Schreiben in einem Medienverbund organisiert und dabei versucht, möglichst viele Kanäle zu besetzen: Texte verfassen, Lesungen abhalten, Platten auflegen, TV-Shows moderieren und diese Ereignisse wiederum auf Ton- und Bildträger aufzeichnen, kommentieren, um wiederum darüber Texte zu verfassen. Ohne Zweifel eine Reise der ganz eigenen Art, irgendwo zwischen Tournee und Techno-Party. Jene *eine eigentümliche Grundmelodie* Eichendorffs, die alle menschlichen Subjekte angeblich aus sich herausquälen wollen, wird hier durch eine Streuung von Informationen ersetzt, die sich im Medienverbund verselbstständigen. Nicht mehr eine Grundmelodie der Autobiografie, sondern lancierte Verselbstständigung könnte zum neuen autobiografischen Imperativ werden, quasi ein medial enteignetes Leben in Permanenz. Die Modelle von Stuckrad-Barres Büchern sind dem Titel nach eher anachronistisch, sie heißen *Live Album* oder *Remix*. Ein Leben als *Live Album*, insistiert hier ein Begehren, welches die Autobiografie und auch das Live-Album niemals erfüllen kann: das vollständig analoge *Recording* seiner Substanz, die den Abstand zwischen erlebter Echtzeit und einer (aufschreibenden) Nachträglichkeit tilgen würde. Ein Leben, wenn es das gibt, wäre hingegen selbstgenügsamer absoluter Text oder philosophisch gesagt: reine Immanenz, die sich selbst schreibt und so jede transzendentale Regentschaft abwirft. Und nicht nur die *écriture automatique* ist belebtes Zeugnis des Versuchs, diese Echtzeit durch trainierbares Ausschalten des Geistes zurückzugewinnen, was Artaud so bekanntlich gar nicht gefallen hat.[10] Erhebt ein Leben gar durch eine Autobiografie Anspruch auf Wahrheit, muss es diese Abstandsmacht, den Abgrund der Schrift, wenigstens durch institutionalisierte Wahrheitstechnologie absichern. Kurzum, es benötigt Zeichen und Zeugen für seine Glaubwürdigkeit, um die vornehmliche Präsenz von Handlungen und Ereignissen zu repräsentieren und diese Zeugen können heute längst nicht mehr nur Leser sein. Massenhaft Zeugen zu produzieren, die glauben etwas gesehen zu haben, könnte unter Bedingungen der Neuen Medien eine Erfolg versprechende autobiografische Praxis sein, die nicht mehr im Identitätskondensat *Buch* stattfindet. Koelbls Film zeigt, dass es anscheinend auch unter massenmedial verschärften Bedingungen einen Grund für ein Leben geben muss, den ein Subjekt sich niemals selbst geben kann. Der sichtlich berauschte und durch Bulimie im Banne der Selbstzerstörung ausgezehrte Stuckrad-Barre bringt das vor der Kamera in dem einfachen Satz zum Ausdruck, der eine Norm autobiografischen Schreibens abgibt: »*All das hier wird nur dann gerechtfertigt sein, wenn ein Buch daraus geworden ist*«.[11] Erst das druckfertige Recycling – ein weiteres *Remix* – soll diesen mehr oder minder unfreiwilligen Bewusstseinszuständen ihre nur durch die Literatur

---

10. Im Gegenteil strebt er seine Befreiung an, d.h. reines Fleisch in seinem tiefsten Inneren zu werden. Vgl. Artaud, *Manifest in klarer Sprache,* 1996, S.65: »Dieser Sinn, der im Wirrwarr der Drogen verloren gegangen ist [...]. Dieser Sinn ist ein Sieg des Geistes über sich selbst, und obwohl er von der Vernunft nicht umstoßbar ist, existiert er, aber nur im *Innern des Geistes*.«
11. Ebd. Allerdings ist diese Idee auch nur das Zitat eines Zitates, vgl. zumindest Vesper, *Die Reise,* 1995, S. 114: »Ich werde mich einen Dreck um alles scheren. Ich werde in dieser Höhle sitzen bleiben,

zu beglaubigende Wahrheit geben. Jenes *Ich*, das laut Kant alle Vorstellungen muss begleiten können, findet erst in der Totalität des Buches zu sich zurück und erfüllt damit ein Gesetz vernünftiger Subjektivität, an das Stuckrad-Barre anscheinend im Rausch noch glaubt. Das Buch erscheint ihm immer noch als *telos*, das Jürgen Links protokollierender und ent-totalisierender Ich-Destruktion ganz fremd bleiben muss.

3.

Sprechen, genauso Schreiben im Rausch, hat vor dem Gerichtshof der Vernunft denselben Status wie die Reden von Kindern und Wahnsinnigen. Sie sind aus sich selbst heraus weder rechts- noch wahrheitsfähig. Erst ein zurechnungsfähiges Subjekt bei Verstand und entsprechende Zeugen können den Ausnahmezuständen der Wahrnehmung einen Sinn und ihr Recht geben. Subjekt, Sinn und Zeugenschaft sind wiederum nicht zu denken ohne die Diskurse und Institutionen, die solche Positionen zur Verfügung stellen und ihre Macht ebenso kanalisieren wie blockieren. Eine immer noch vernachlässigte Episode dieser Geschichte sind die Selbstexperimente mit Drogen und ihre Protokolle, aus denen nicht zuletzt Literatur, aber auch medizinisches und polizeiliches Wissen gewonnen wird. Doch hat die Droge überhaupt eine Geschichte und wenn ja welche? Es ist Ernst Jünger, der die Probleme dieser Geschichte in seinem programmatischen Essay *Drogen und Rausch* benennt, indem er seine vergleichende Kultur- und Literaturanalyse zur Droge zusammenfasst:»Der Wein hat Europa stärker verändert als das Schwert. Immer noch gilt er als Medium kultischer Wandlungen. Der Austausch von Giften und Räuschen, auch von Lastern, Fiebern und Krankheiten, entbehrt der festen Daten, mit denen sich eine Krönung oder eine Entscheidungsschlacht dem Gedächtnis einprägen. Das bleibt im Dunkel, im Wurzelgeflecht.«[12] Wer etwas über diese Geschichte in Erfahrung bringen möchte, muss neben der Literatur der Droge, die einen imaginären Überschuss darstellt, vor allem andere Aussagen ernst nehmen: Protokolle, Transkriptionen, Rezeptlisten, kurzum jene Dokumente, die Medizinern, Anthropologen und Psychologen erlauben, Daten zu erfassen, aus denen sie wiederum Wissen generieren. Und die Literatur greift auf diese Protokollformulare zurück, um hier jene Zustände einzutragen, die ein »Ich« nicht mehr als erster und letzter Zeuge begleiten kann, die ganz ohne es ab*laufen* können.

---

bis »das Buch« geschrieben ist.« Vgl. zu den Normen der Autobiografie Schneider, *Das Geschenk der Lebensgeschichte*, 1993, S. 249–265.

12. Jünger, *Drogen und Rausch*, 1998, S. 23. Diese Arbeit ist eine beständige Auseinandersetzung mit dem Standardwerk des Freundes Gelpke, *Vom Rausch in Orient und Okzident*, 1998. An weit ausgreifenden Kulturgeschichten des Rausches, allerdings von stark unterschiedlicher Qualität, mangelt es nicht. Vgl. u.a. Kupfer, *Die künstlichen Paradiese*, 2006; Schivelbusch, *Das Paradies, der Geschmack und die Vernunft*, 1997. Immer noch sehr lesenswert sind die frühen Arbeiten von Lewin, *Die Gifte in der Weltgeschichte*, 1994; Ders., *Phantastica*, 2000. Vorbildlich für eine historische Archivarbeit ist de Ridder, *Heroin*, 2000.

Literaturgeschichtlich gewinnt die Affäre zwischen Drogen, Dichtern und Autobiografien bekanntlich mit Thomas de Quincey an Dynamik, der durch das Opium eine Erfahrung ohne Wahrheit machen will, die allerdings wiederum nur durch die schriftliche Aneignung der eigenen Biografie gerechtfertigt wird. So hat diese Biografie »die Biografie eines Wahrheitssuchers zu sein«, damit die Gabe der Droge nicht allein ein narzisstischer und selbstgenügsamer Genuss bleibt, der selbstverständlich moralisch zu verwerfen sei. Die Rauschzustände sollen im Selbstexperiment für die Wahrheit aufgehen. Deshalb verwundert es nicht, dass de Quincey in der ursprünglichen Einleitung aus dem Jahr 1822 sein Leben folgendermaßen zusammenfasst: »Ohne gegen die Wahrheit oder die Bescheidenheit zu verstoßen, darf ich für meinen Teil versichern, dass mein Leben insgesamt das Leben eines Philosophen war«.[13] Seine *Confessions* fallen zusammen mit der Proliferation der Anästhesie im 19. Jahrhundert. Um 1800 entdeckt Humphrey Davy die betäubende Wirkung der Stickoxide, die er Lachgas nennt. 1806 isoliert Friedrich Sertüner in Göttingen das Morphin. Henry Hill Hickman führt 1828 vor der Académie Royale im Tierversuch den anästhesierenden Effekt von Kohlensäureinhalationen vor. Michael Faraday berichtet zur selben Zeit über die Wirkung des Äthers. Dass Opium in Form von Tinkturen (Laudanum) als nützliches Schmerz- und Beruhigungsmittel eingesetzt werden kann, ist zwar längst bekannt, dennoch ist es sicherlich richtig zu sagen, dass der Schmerzdiskurs erst im 19. Jh. von der Leitdifferenz Schmerz / Lust umstellt auf die von Schmerz / Narkose. De Quinceys Streit mit Samuel Taylor Coleridge über den gerechtfertigten Einsatz des Opiums ist beredtes Zeugnis für diese Umstellung. Nicht die halluzinatorische Dissoziation des Ichs und der daraus folgende Genuss sind die Antriebe für den Gebrauch der Droge, sondern der schiere Schmerz, der durch dieses Mittel abzumildern oder vollständig auszusetzen ist: »Opium war einfach als schmerzstillendes Mittel meine einzige Zuflucht, als mich der größte Schmerz bezwang; und genau dieselbe Qual oder eine ihrer Varianten ist es auch, wodurch die meisten Leute dazu getrieben werden, mit diesem heimtückischen Mittel Bekanntschaft zu schließen.«[14]

Mit Coleridge führt de Quincey einen Disput, der heutigen Schmerzpatienten nur allzu bekannt ist: Welcher Schmerz erlaubt überhaupt welche Art von Narkotikum? Nicht wenige überkommt schon das schlechte Gewissen beim Gebrauch von Aspirin. Der gewichtige Unterschied liegt allerdings für die Dichter darin, dass es Ihnen um eine moralische Frage und nicht um rechtliche Probleme geht. Kontrovers zwischen den Dichterfürsten bleibt, welche Art von Schmerz überhaupt den Gebrauch von Opium mit seinen halluzinogenen Nebenwirkungen rechtfertigt. Genügt schon ein leichter Zahnschmerz, oder muss es schon chronischer Rheumatismus sein? Eine medizinische Kodifizierung für den Schweregrad von Schmerzen gibt es noch nicht, so dass diese Frage im rein subjektiven Empfinden verbleibt. De Quincey versucht den eigentlichen Grund für seine Drogenabhängigkeit zu finden. Er liegt weder im Schmerz

---

13. de Quincey, *Bekenntnisse eines englischen Opiumessers*, 1981, S. 5.
14. Ebd., S. 25. Vgl. dazu Le Breton, *Schmerz*, 2002.

noch in der Melancholie. Im Herz der Sucht wohnt eine andere Nacht, die der Nullpunkt dieser Autobiografie ist: »Was war es dann eigentlich, was mich zum Opiumesser machte? Was für ein Einfluss trieb mich schließlich zum *gewohnheitsmäßigen* Opiumgenuss? War es Schmerz? Nein, sondern Elend. War es die gelegentliche Bewölkung des Himmels? Nein, sondern völlige Verlassenheit. War es eine Düsternis, die wieder gewichen wäre? Nein, sondern eine bleibende, beständige Dunkelheit.«[15]

De Quinceys philosophische *Bekenntnisse* bleiben nicht das einzige Formular, auf dem Autobiografien entstehen, die es mit dem Drogenrausch zu tun haben, diese einzigartige Erfahrung ohne Wahrheit. Wird auch die Bekenntnissemantik bis zu Stuckrad-Barre beständig recycelt, kommt eine diskursive Praxis hinzu, die für entsprechende Selbstexperimente Präsenz- und Echtzeiteffekte verspricht: *das Protokollieren*. Der *Trip* wird jetzt nur gerechtfertigt sein, wenn er protokolliert werden kann.

4.

Ein Leben zu protokollieren würde heißen, aus der Summe von Ereignissen und Handlungen »Akte« zu machen, wie der lateinische Ausdruck für das Protokollieren es nahelegt: *acta facere*. Protokolle erzeugen einen unterschriftsreifen und d.h. rechtsfähigen Text, der Ereignisse zur Akte macht, um bei Bedarf aus dem Archiv hervorgeholt werden zu können. Sie beweisen, wie etwas gewesen ist. Die Unterschrift von ko-präsenten Protokollanten bezeugen die Vorgänge. Das Protokoll[16] funktioniert allerdings auch in die entgegengesetzte Richtung, wie seine mittelgriechische Bedeutung erahnen lässt: *Protokollon* meint hier das mit aufgeprägten Zeichen versehene und geleimte Vorsatzblatt, durch das die in den kaiserlichen Fabriken hergestellten Papyrusrollen zu gültigen Dokumenten wurden. Es handelt sich also buchstäblich um eine (paratextuelle) *Vorschrift*. Im vollen Sinne Vorschrift, d.h. Befehl, wird das Protokoll erst, wenn es sich dabei um einen Text handelt, der beispielsweise den Ablauf eines Staatsbesuchs bis ins Detail regelt und so entsprechend Handlungen, Orte und Positionen von Subjekten koordiniert. So lässt sich das Protokoll vorläufig definieren als *Vorschrift von Vorschriften*, mit Anspruch auf institutionelle Geltung unter Bedingungen kopräsenter Zeugenschaft.

Walter Benjamins Texte über Haschisch und Crock, die größtenteils aus Experimenten unter Beteiligung und Aufsicht der Berliner Ärzte und ersten städtischen Suchtbeauftragten Fritz Fränkel und Ernst Joël stattgefunden haben, sind keinesfalls nebensächliche Episoden seines Werkes und schon gar nicht banale

---

15. De Quincey, *Bekenntnisse*, S. 23. Vgl. Artaud, *Sicherheitspolizei*, 1996, S. 28: »Ihr habt sich wiederholende und flüchtige Schmerzen, unlösbare Schmerzen, undenkbare Schmerzen, Schmerzen, die weder im Körper noch in der Seele sind, *aber von beidem etwas haben*, Und ich, ich nehme Teil an eurem Leiden, und ich frage euch: wer wagte es, und das Schmerzmittel zu bemessen.«
16. Zu dieser kaum untersuchten diskursiven Praxis vgl. Niehaus; Schmidt-Hannisa, *Das Protokoll*, 2005.

Rauschbeschreibungen. Wenn auch fragmentarisch und im Umfange kurz, sind jene Protokolle, novellistische Erzählungen und Essays, die aus diesen Sitzungen hervorgehen, an Dichte und Intensität der Beschreibung kaum zu überbieten. Die typisch ästhetischen Formen des *Trips*, mit seinen automatisierten Mikro- und Molekularwahrnehmungen, den sub- und übermenschlichen Mutationen von Raum und Zeit, der Besetzung des Wahrnehmungssystems durch Wünsche, versammeln sich zu nicht nur ästhetisch bemerkenswerten Situationen, die erst durch die diskursive Praxis des Protokollierens zugleich zu medizinischem Wissen wie zu Literatur werden können: Das Protokoll strukturiert Benjamin vor, was erst noch Erzählung oder Essay werden wird. Andersherum wandert etwas von den literarischen Bildern und Erzählstrukturen in die Protokolle ein, von denen sich die Mediziner eine höherwertige phänomenologische Beschreibung des Rausches erhoffen, als sie selbst leisten könnten. Der *Trip* läuft und beinahe unauffällig durchkreuzen sich medizinisches und literarisches Wissen. Die Ordnung dieser Protokolle ist 1927, ein Jahr nach dem Tode des Erfinders der Pharmakopsychologie, Emil Kraepelin, bereits kodifiziertes Wissen und differenziertes Formular eines enormen anthropologischen Datenhungers. Kraepelin untersucht in seinem 1892 erschienen Werk *Über die Beeinflussung einfacher psychischer Vorgänge durch einige Arzneimittel*[17] die spezifische Wirkung von Morphin, Alkohol, Äther und Tee auf die Psyche. Der Schüler Wundts bedient sich hierzu des psychophysikalischen Einmaleins und versucht unter Zuhilfenahme der Stoppuhr möglichst einfache seelische Vorgänge zu isolieren. Er zält die Silbenzahl beim Lesen, stoppt die Zeit für das Auswendiglernen zwölfstelliger Zahlen und das fortlaufende Addieren einstelliger Zahlen.[18] Die Probanden stehen dabei unter dem unmittelbaren Einfluss entsprechender Pharmaka. Kraepelins Definition für den Drogenrausch als »Irresein im kleinen«[19] gibt Michel Foucaults Ahnungen Recht, die Droge gehöre in eine Geschichte der psychiatrischen Disziplinarmacht.[20] Auch Benjamins Ärzte Fränkel und Joël werden sich auf Kraepelins Untersuchungen stützen. In ihrem Aufsatz *Der Haschisch-Rausch* aus der *Klinischen Wochenschrift* von 1926 erklären sie den Giftrausch allgemein zur Psychose, die allerdings einen so vorübergehenden Charakter habe, dass die klinische Untersuchung mit ihren Analysen immer schon zu spät komme. Aus diesem Grund setzen sie auf eine andere Strategie, die wie folgt umschrieben wird: »Ergänzt man die klinische Beobachtung Giftkranker durch die Untersuchung willkürlich erzeugter Rauschzustände bei geeigneten Versuchspersonen, so gewinnt man nicht nur ein besseres Verständnis für bestimmte Rausch- und Suchterscheinungen, sondern erschließt sich über dies hinaus eine Methode,

---

17. Kraepelin, *Über die Beeinflussung einfacher psychischer Vorgänge durch einige Arzneimittel*, 1892.
18. Zur Psychophysik und ihrer Stellung innerhalb medialer Psychotechnik vgl. die materialreichen Arbeiten von Rieger, beispielsweise *Kybernetische Anthropologie*, 2001, S. 203; S. 175–186.
19. Zit. n. Joël; Fränkel, *Der Haschisch-Rausch*, 1926, S. 1707. Allerdings kommt diese Definition nicht in *Über die Beeinflussung* vor. Dieser Aufsatz ist, wie einige andere interessante Dokumente zur (experimentellen) Pharmakologie, z.B. zentrale Texte von Humphrey Davy und Friedrich Hildebrandt, wieder leicht zugänglich in: Pethes; Griesecke; Krause; Sabisch, *Menschenversuche*, 2008.
20. Vgl. Foucault, *Die Macht der Psychiatrie*, 2005, S. 338.

allgemeine Phänomene der Psychopathologie zu studieren.«[21] Dieses Studium benötigt geeignete Testpersonen und entsprechende Datenerfassungsformulare. Testpersonen stehen nicht nur in den Asylen zur Verfügung, die inzwischen von Suchtbeauftragten betreut werden. Gerade die Freunde der Ärzte dürfen herhalten, zu denen neben Walter Benjamin auch der Philosoph Ernst Bloch gehört.

5.

Eine bestimmte Geschichte wiederholt sich: *Ärzte – Drogen – Dichter – Hotels – Protokolle – Literatur*, all das ist nicht neu, sondern schon 1926 Literatur- und Medizingeschichte. Dichter und Künstler gelten längst als ideale Testpersonen für Ausnahmezustände der Wahrnehmung. Im ehemaligen Hôtel Pimodan am Quai d'Anjou Nr. 17 auf der Île Saint-Louis in Paris treffen 1843 u.a. Charles Baudelaire, Théophile Gautier und Fernand Boissard auf den Arzt Jacques-Joseph Moreau de Tours, der sich insbesondere für die Varianten und Ursachen der *aliénation mentale* interessiert. Ausführliche Reisen durch mehrere Länder des islamischen Orients führten zum Studium bewusstseinsverändernder Drogen und dem 1841 publizierten Standardwerk zur therapeutischen Anwendung und halluzinogener Wirkung des Stechapfels, aus dem später Ernst von Bibra in *Die narkotischen Genussmittel und der Mensch* ausführlich zitiert.[22] Von einer dieser Reisen bringt Moreau die Haschischkonfitüre *Dawamesc* mit, die er unter anderem auch den Künstlern und Dichtern im Hotel auf der Ile Saint-Louis zu probieren gibt. Das Ergebnis ist bekannt: Die Dichter schreiben ihre Essays, den Anfang macht am 10. Juli 1843 Gautier mit *Le Hachich* in der Zeitung *La Presse*, und der Arzt Moreau kann sich der detaillierten und künstlerisch hochwertigen Darstellungen bedienen, um sie in seinen wissenschaftlichen Texten ausführlich zu zitieren. Das medizinische Wissen kommt zu darstellerischer Evidenz und die Dichter und Künstler zu einer revolutionären Institution – dem *Club des Hachichins*. Baudelaires *Paradis artificiels* werden für das 19. Jahrhundert und bis hin zu Jünger zur Summa eines Eskapismus aus einer Welt des *Ennui* in eine der intensivsten Rauschvisionen, aber auch suchtbedingter Auszehrung. Zum Ende seiner Beschäftigung mit Drogen, im Jahr 1860, wird Baudelaire den Konsum von Haschisch durch die Künstlerexistenz ablehnen, weil sie zur Willensschwäche, Trägheit bzw. Isolation führe und zuletzt in den Selbstmord treibe, eine autodestruktive Tendenz, die es zu merken gilt.

Joël und Fränkel werden 1926 erstaunt feststellen, dass Haschisch als Mittel zur Rauscherzeugung inzwischen in Vergessenheit geraten ist, und sich in einer Fußnote ausdrücklich bei Baudelaire bedanken, der hierzu die vorzüglichste Schilderung abgegeben habe. Eine solche Schilderung lässt sich selbstverständlich nur überbieten, wenn man auf ähnliche Talente zurückgreift. Die Test-

---

21. Ebd.
22. von Bibra, *Die narkotischen Genussmittel und der Mensch*, 1999; Moreau de Tours, *Du hachisch et de l'aliénation mentale*, 1845.

personen sollen hauptsächlich zwei Bedingungen erfüllen: geübt in der Selbstbeobachtung und gut im Charakter sein. Die Protokolle selbst sind nicht mehr mit den Experimentprotokollen der Psychophysik zu vergleichen. Die beiden Ärzte vertauschen diese Formulare mit einem eher phänomenologisch-gestalttheoretischen Modell. Sie schließen damit an die Arbeiten über den Meskalin-Rausch von Serko, Mayer-Gross und Stein an, die ebenfalls besonderen Wert auf eine Gesamterfassung des veränderten Seelenlebens legen, um die reine Element-Psychologie zu überwinden. Hier geht es nicht mehr um die Erfassung von Reaktionszeiten, sondern um eine holistische Beschreibung von Zuständen, aus denen qualitative Begriffe abgeleitet werden sollen. Auch ein neues Protokollraster wird eingeführt: *Rausch- und Realitätsbewusstsein, Zeitsinn, Zwangserleben, Motorik, Vorstellungsablauf, Gedankenablauf* und *Primitivreaktionen* sind Oberbegriffe, unter denen die Experimente *laufen* und die später auch die Gliederung des Aufsatzes bestimmen. Die Aufzeichnungen der Ärzte sind insgesamt kommentierte Verlaufsprotokolle, die ihre ganz eigene Hermeneutik entwickeln, sich an den bereits gewonnenen Erkenntnissen über Verlauf, Ausstattung, Befindlichkeit und poetische Sprachkraft des Rausches orientierend, wie das Protokoll vom 18. April 1931 beweist:

»23 Uhr W[alter] B[enjamin] 1,0 Gramm. 24 Uhr plötzliches Lachen, wiederholte kurze Lachstöße. ›Ich möchte mich in einen Mausberg verwandeln.‹ [...] ›Das ist mehr Simulin als Haschisch.‹ Diese Bemerkung brachte besonders deutlich zum Ausdruck das die Versuchspersonen im Anfang durchweg beherrschende Misstrauen in die Qualität des Präparates. ›Wir werden diesen Enoch zum Zaungast dieser Veranstaltung machen.‹ Als ich darüber lache, bemerkt Versuchsperson: ›Mit Amarazzim [Neologismus, P.R.] kann man nicht reden.‹ V.P. ruft plötzlich in betont militärischer Ausdrucksweise: ›Halt, stillgeschrieb‹. Diese Ausdrucksweise findet sich später wieder. Das Vertrauen in die Qualität des Präparats beginnt sich einzustellen. V.P. äußert, es wäre ein Präparat zum ›wippen‹. Darin ist eine Zusammenziehung von zwei verschiedenen Verfassungen zu erblicken: Erstens trägt diese Bemerkung dem phasischen Charakter des Verlaufs Rechnung, zweitens aber immer noch bestehenden Misstrauen, in dem die Wippe sich gewissermaßen zwischen Nüchternheit und Rausch bewegt. V.P. bemerkt ein auf dem kleinen Tischchen neben einer Flasche liegendes zusammengeknülltes Stück Papier und bezeichnet dieses in erfreutem Tone als ›Äffchen‹, vielmehr ›Stereoskopinäffchen, Stereoskopinchen‹. Gemäß dem sehr lichten und freundlichen Charakter dieses Rauschs bekundet sich das lustvolle Verhältnis zum eigenen Dasein hier nicht, wie gewöhnlich, durch Hochmut und Distanz. Das Hochgefühl wird in entgegengesetzter Richtung, nämlich als Zärtlichkeit gegen die Dinge und vor allem der Worte ausgewertet.[23]

Auch die beiden Ärzte selbst halten sich für geeignete Versuchspersonen und lassen ihren Rausch wiederum von Benjamin und Bloch protokollieren, welch irrwitzige Schreibszene. Darüber hinaus finden sich bei Benjamin Gedächtnis-

---

23. Zit. n. Benjamin, *Über Haschisch*, 1972, S. 121f.

protokolle, denen die sekundäre Bearbeitung deutlich anzusehen ist. Das Protokoll vom 29. September 1928 enthält bereits zum großen Teil die Erzählung *Haschisch in Marseille*. Hier lässt sich gut studieren, wie aus den Datierungen, Zeitabläufen und Phaseneinteilungen des Rauscherlebnisses eine narrative Ordnung entsteht, wie sie als eine Art Odyssee *en miniature* vom Hotel in Marseille durch die Straßen und Hafencafés der Stadt und zum Hotel zurückführt, wie der *Trip* durch das Protokoll zur literarischen Reise wird. Es kann hier nicht ausgeführt werden, welche Streichungen und Ergänzungen Benjamin vornimmt, um den Trip und das Protokoll mit seiner Erzählung zu überschreiben. Besonders auffallend ist jedoch, dass Benjamin seine Erzählung auf den 29. Juli vordatiert. Literaturpolitisch interessant ist aber auch, dass Hermann Hesses *Steppenwolf*, dessen vormittägliche Lektüre im Protokoll noch die Motivation für das Rauschexperiment abgibt, in der Erzählung unter den Tisch fällt.[24] Literatur ist ja immer auch die Streichung von *Vor*schriften.

6.

Autoren lassen sich nicht immer gern etwas von ihren Kollegen vorschreiben. Ohne protokollarische *Vor*schrift schreiben sie allerdings auch nicht im und über den Rausch. Das zeigt auch das Beispiel Ernst Jünger, der die Episode von Medizin, Pharmakologie und Protokollen nach dem Weltkrieg weiterführt. Seine Drogenexperimente müssen als Korrektiv zu jenen Elementarerfahrungen gelesen werden, wie sie in seinen Kriegstagebüchern und den entsprechenden Erzählungen notiert sind. *Trips* sind hier auf gut deutsch gesagt die »Fahrten in den Weltraum der Seele« und Drogen eben »Fahrzeuge«. Jünger wünscht sich und seinen *Psychonauten* stets eine »gute Fahrt«.[25]

Auch bei Jünger werden Drogenprotokolle zum integralen Bestandteil der Essays und fiktionalen Texte. Es sind aber nicht nur die eigenen Protokolle, die Jünger in seine Essays einbindet oder zu Erzählungen umschreibt, sondern er zitiert ausführlich aus anderen Schriften, wie den Aufzeichnungen seines Freundes Rudolf Gelpke, der wiederum selbst Versuche, wie den des Astronauten Dr. Erwin Jaeckle protokolliert. In den *Psychonauten* treibt Jünger damit ein beachtliches Spiel. Zu Beginn des Textes zitiert er als Autorität für die Wahrnehmung unter Drogen zunächst sich selbst, und zwar seine Erzählung *Besuch auf Godenholm*, die eine Art postapokalyptische Version des George-Kreises unter Drogen darstellt.[26] Dabei kommt er auf einen Privatdruck zu sprechen, der ihm vor kurzem zugesandt worden sei und der den wahrlich mächtigen Titel *Schicksalsrune im Orakel, Traum und Trance* trägt. In ihm finden sich die erwähnten Protokolle der Experimente mit Astronaut Jaeckle, von Gelpke ausgefertigt, aus denen Jünger – nach eigener Aussage stark gekürzt – zitiert:

---

24. Vgl. Protokoll vom 29. September 1928, ebd. S. 95–105.
25. Vgl. Jünger, *Chinesische Gärten*, 1998, S. 350 (gute Fahrt) u. S. 354 (Fahrzeug).
26. Jünger, *Besuch auf Godenholm*, 1960–65, S. 309–371.

19.00 Einnahme (0,2 mg LSD).
20.45 Fühlt sich »leichter«.
20.55 Nun deutlich einsetzende Wirkung. Intensität von Blau (Rauch von Räucherstäbchen, Schatten im Zimmer).
»Noch leichter.«
21.10 Farben: weiterhin »Blaustich«. Akustik unverändert (zum Schlagen der Turmuhr: »noch immer kleinstädtisch«).
21.15 »Wandbild gewinnt dritte Dimension«.
21.20 »Ich könnte mir denken, daß eine Seerose so schwebt auf ihrem Stil. Mein liebster Aphorismus; Die größte Liebe ist die Sachlichkeit, noch besser in Latein: AMOR MAXIMUS AMOR REI (EST): Anfangsbuchstaben ergeben amare.«
21:25 »Bin jetzt wieder nüchtern – – – möchte im Augenblick bleiben, ohne Ein- und Ausbrüche – – – Hellblau, unerhörte Frische, auch auf der Haut kühl, auf wunderbare Art – – – bin wie in einem warmen Bad, könnte aber auch zugleich das Wasser sein – – – die Schatten werden schärfer, ja, sie atmen.«
21.35 Draußen Motorengeräusch. »Ja, auch der Motor ist einverstanden – – – Gelpke, wo schweben denn Sie?«
21.50 Verschiedene Farben, dann keine mehr. »Präsenz ist Transparenz – – – Licht ist immer gut.«
22.00 »Ernst Jünger sagt ›Einstieg‹, weil er in der Höhle wohnt – ›Ausbruch‹, das sieht für ihn nur schön aus.«
22.55 » – – – ich weiß immer, daß das Auge ein Astloch ist.«[27]

Dass aus anderen Fallbeschreibungen und Protokollen von Selbstexperimenten zitiert wird, gehört längst zum Repertoire der ambitionierten Rauschforscher. Im 19. Jh. sind es vor allem Fallgeschichten, Äußerungen aus Briefen, Tagebüchern oder wiederum Essays, die die Authentizität der eigenen Erfahrung stützen sollen. Erst bei Benjamin, Jünger, Hofmann, Gelpke und ihren Ärzten werden diese Zeugnisse durch Protokolle ersetzt, um mit ihrer Hilfe die zerstreute Bildproduktion in der Ich-Dissoziation festzuhalten. Das »Ich« muss seine Vorstellungen nicht mehr unbedingt begleiten, wenn noch Aussagen oder irgendein Verhalten (und das ist ja axiomatisch immer möglich) protokolliert und später entweder zur Akte oder zu Literatur werden können. Jünger versucht in seinen Annäherungen nicht weniger als eine vergleichende Kulturgeschichte des Rausches zu entwerfen, die noch viel weiter ausgreift als Gelpkes Versuch in *Vom Rausch in Orient und Okzident*. Im Kern wiederholt er dabei eine These Ernst von Bibras, die besagt, dass die Wirkung der Droge nicht bloß von der physiologischen Ausstattung der Versuchsperson und der verabreichten Dosis, sondern auch vom Setting des Experiments, Klima und Rasse (Stämme) abhänge. Das Protokoll ist für Jünger und seine Freunde, den Arzt Walter Frederking, den Chemiker und Erfinder des LSD Albert Hofmann und Gelpke selbst, probates und notwendiges Mittel, um zu datieren, was letztlich – wir erinnern an Jüngers

---

27. Jünger, *Psychonauten*, 1998, S. 358.

geschichtsphilosophische These zum Rausch – keine festen Daten haben soll. Das Protokoll erzeugt wiederum einen imaginären Überschuss, gibt nicht einfach wieder, was erlebt worden ist, sondern ermöglicht »Deutungen«, verlangt nach altbekannter divinatorischer Hermeneutik: »Zu allen Zeiten, längst vor Delphi oder Dodona, werden die Offenbarungen des Einzuweihenden durch die Deutung des Eingeweihten, des in der Innenlandschaft Erfahrenen, ergänzt. Das Innere der Natur rückt nah heran in der Stimme des Entrückten, doch bedarf es der Auguren, um die oft wirren Aussagen zu sondern nach Rang und Gewicht.«[28]

Aus den Protokollen des Astronauten Jaeckle und anderen wird die dekonzentrierte und unterhalb der Bewusstseinsschwelle liegende Bildproduktion extrahiert, die nicht bloß der essayistischen Spekulation dient, sondern aus der Essay und Erzählung oder Romane[29] werden. In *Chinesische Gärten* schildert Jünger ein Experiment mit LSD, das bei Albert Hofmann zu Hause stattfindet. Zugegen ist auch der Pharmakologe Heribert Konzett, der wohl auch den Versuchsaufbau vorgenommen hat, wie Jünger etwas verächtlich anmerkt: »Daß exakte Wissenschaft am Platz war, ließ schon die Vorbereitung ahnen: ein hohes gefülltes Meßglas stand auf dem Tisch. Der Hausherr als Symposiarch ließ Spuren einer farblosen Flüssigkeit hineintropfen, die sich sofort auflöste.«[30] Ein Setting, das stark an Albert Hofmanns Selbstversuche mit LSD erinnert, der diese Droge bereits 1938 erfand, aber seine enorme halluzinogene Wirksamkeit erst 5 Jahre später zufällig feststellt. Die Protokolle der entsprechenden Versuche sind so kurz wie bündig, vor allem, weil die hohe Dosis eigenhändiges Protokollieren unmöglich macht: »Selbstversuche: 19. IV. 16.20 Uhr: 0,5 cc. von ½promilliger wässeriger Tartrat-Lösung von Diäthylamid peroral = 0,25 mg LSD-Tartrat. Mit ca. 10 cc. Wasser verdünnt geschmacklos einzunehmen. 17.00 Uhr: Beginnender Schwindel, Angstgefühl, Sehstörungen, Lähmungen, Lachreiz. […] Die letzten Worte der Notiz vom 19. IV. konnte ich nur noch mit großer Mühe niederschreiben.«[31]

7.

Benjamin benutzt die Berliner Suchtbeauftragten und ihr Protokollformular, um der durch Drogen für ganze Gesellschaften möglich gewordenen neuen Erfahrung eine Form zu geben, die in *Der Surrealismus* als Durchdringung von

---

28. Ebd. S. 359.
29. Vgl. Jünger, *Heliopolis*, 1960–65.
30. Jünger, *Chinesische Gärten*, 1998, S. 349–355.
31. Hofmann, *LSD,* 1992, S. 1121f. Die Farb- und Geschmacklosigkeit des Präparates wird in Jüngers *Besuch auf Godenholm* als eine Art Anspielung dienen. Hier wird überhaupt nicht gesagt, dass den Teilnehmern am Experiment etwas in den Tee, den sie trinken, getan wurde. Jünger hält offen, ob der Rausch und die inneren Fahrten durch ein Präparat ausgelöst wurden, oder ob sie Autosuggestionen sind, die durch Gruppendynamik, Unterwerfung unter den Meister Schwarzenberg und bestimmte mystische Anzeichen der Natur ausgelöst werden. Der reinste und wahrste Rausch, so ein anderes imaginäres Programm, ist der ohne Droge.

Leib- und Bildraum beschrieben wird. Hier formuliert er die dialektische Optik, die, an Baudelaires Ablehnung der Droge und der nicht bloß in Sachen Religion geforderten Nüchternheit des Kommunismus geschult, den größten Rausch in profane Einsamkeit vermittelt sieht: »Der Leser, der Denkende, der Wartende, der Flaneur sind ebenso wohl Typen des Erleuchteten wie der Opiumesser, der Träumer, der Berauschte. Und sie sind profaner. Ganz zu schweigen von jener fürchterlichsten Droge – uns selber, die wir in der Einsamkeit zu uns nehmen.«[32] Was bei de Quincey noch der wesentliche Grund für Opiumkonsum ist, wird hier zur autobiografischen Urszene erklärt: dunkle Einsamkeit, in der die Traumbilder auch ohne Drogen aufsteigen können. Aus der kollektiven Erfahrung des Drogenrausches in den Hotels und seinen Protokollen wird in der Erzählung *Haschisch aus Marseille* eine anonyme Irrfahrt durch Straßen und Cafés. Die profane Erleuchtung des Denkens über den Haschischrausch und die materialistisch-dialektische Versenkung in die Logik der alltäglichen Dinge bedarf des Protokolls als Gedächtnisstütze. Beim Vergleich der Protokolle mit den Erzählungen wird überdeutlich, wie diese Schrift von einem Diskurs in einen anderen überwechselt. Aus dem Willen zur vollständigen Transkription der Umstände und des Verlaufs des Versuchsgeschehens, seiner Zeichen, Anzeichen, Reize und Reaktionen, die durch Datierung und Unterschrift des Protokolls institutionelle Gültigkeit erlangen und zu medizinischen Akten und Aufsätzen werden, entsteht Literatur, indem durch sekundäre Bearbeitung und Gedächtnisprotokoll die institutionellen Signaturen (Unterschriften, Datierungen) immer weiter getilgt werden. Die Erzählung überschreibt die *Vor*schrift des Protokolls. Ein anderes Beispiel dafür sind sicherlich die Protokolle der Spiritisten, wie sie sich bei Hugo bzw. Gustave Simon finden und die Benjamin knapp in *Das Paris des Second Empire bei Baudelaire* zur Sprache gebracht hat. Diese Protokolle sind halb Literatur und halb eine Schrift, die eine beinahe analoge Aufzeichnung ermöglicht: »›Das Drama‹, ›die Lyrik‹, ›die Poesie‹, ›der Gedanke‹, und viele ähnliche lassen sich in den jerseyer Protokollen unbefangen neben den Stimmen des Chaos hören.«[33] So scheint es kaum Zufall zu sein, dass Benjamins erstes Protokoll vom 18.12.1927 mit den Worten beginnt: »Geister schweben (vignettenhart) hinter der rechten Schulter.«[34] Er ergänzt de Quinceys über den Opiumrausch gewonnene Einsicht, dass jedes Gedächtnis wie ein Palimpsest, ja wie ein Freudscher Wunderblock funktioniert: »In ihm gibt es, dessen bin ich sicher, kein endgültiges *Vergessen*; Spuren, die einmal dem Gedächtnis eingeprägt wurden, sind unzerstörbar.«[35] Immer protokolliert etwas auf einem anderen Schauplatz mit. Aus der Befreiung der tiefen Gedächtnisschichten – auch de Quincey sieht schon Armeen von Toten an sich vorbeiziehen – durch das Rauschmittel, den Bildern, die hier aufsteigen und sich mit aktuellen Wahr-

---

32. Benjamin, *Der Surrealismus*, 1991, S. 308.
33. Benjamin, *Charles Baudelaire*, 1991, S. 566. Ein anderes zu untersuchendes Kapitel sind die Zeichnungen, die im Rausch angefertigt werden. Meister dieser *écriture* ist Michaux, *Unseliges Wunder*, 1986.
34. Benjamin, *Über Haschisch*, 1972, S. 65.
35. De Quincey, *Bekenntnisse*, 1981, S. 239.

nehmungen verbinden und der Ordnung des Protokolls, die dieser Zerstreuung ihren Schematismus gibt, entsteht erst die wahre »Vorschule profaner Erkenntnis«, wie sie Benjamin gründen, oder jener Ausdruck der Elementarwelt, die Jünger durch Rausch und Schrift hindurch berühren will. In einem Protokoll vom 7.2.1970 heißt es bei Jünger: »11:50 Außenwelt immer noch störend. Traktoren. Aber schon dieses Raunen – – – als tuschelten in einem der Séparées des Universums zwei. […] Verschärft sich unsere Wahrnehmung? Oder wird die Materie offensiv? Das werden wir nie ausloten.«[36] Was wäre elementarer und profaner als eine Vorschrift oder ein Protokoll?

8.

Wie der berauschte Benjamin von Stuckrad-Barre beschwört, wird all das, der Rausch, die Verwahrlosung, nur einen Sinn haben, wenn ein Buch daraus geworden ist. Neben die nicht-normale Fahrt des *Trips*, in deren Hintergrund nicht nur normierende Protokollmächte und Autormaschinen arbeiten, tritt ein anderer Selbstläufer, den Freud Todestrieb genannt hat. Diese andere Logik der *Trips* und Fahrten ist bekanntlich die Autodestruktion, ausgezehrte Körper und ein süchtiges Dasein.[37] Aber auch noch andere Fahrten, *Ab*wege, bleiben möglich. Einen Rausch konnte der andere Benjamin, Walter – alias Detlef Holz –, nicht mehr protokollieren. Schon die Alten empfahlen für die letzte Überfahrt die Droge.

Literatur

Artaud, Antonin: »Manifest in klarer Sprache«, in: *Surrealistische Texte*. Briefe, hg. u. übers. v. Bernd Mattheus, München 1996, S. 64–67.

Artaud, Antonin: »Sicherheitspolizei. Die Liquidierung des Opiums«, in: *Surrealistische Texte*. Briefe, hg. u. übers. v. Bernd Mattheus, München 1996, S. 24–30.

Benjamin, Walter: »Charles Baudelaire. Ein Lyriker im Zeitalter des Hochkapitalismus«, in ders.: *Gesammelte Schriften*, Bd. I, 2, hg, v., Tiedemann, Rolf; Schweppenhäuser, Hermann, Frankfurt a.M. 1991, S. 509–653.

Benjamin, Walter: »Der Surrealismus. Die letzte Momentaufnahme der europäischen Intelligenz«, in: ders. *Gesammelte Schriften*, Bd. II, 1, hg, v. Tiedemann, Rolf; Schweppenhäuser, Hermann, Frankfurt a.M. 1991, S. 295–310.

Benjamin, Walter: *Über Haschisch. Novellistisches, Berichte, Materialien*, hg. v. Rexroth, Tilman, Frankfurt a.M. 1972.

---

36. Jünger, *Nochmals LSD*, 1998, S. 392.
37. Vgl. Ronell, *Drogenkriege*, 1994, S. 45–62.

Bibra, Hans-Walter von: *Die narkotischen Genussmittel und der Mensch*, Leipzig 1999 (Reprint d. Ausg. 1855).

Deleuze, Gille; Guattari, Felix: *Anti-Ödipus. Kapitalismus und Schizophrenie I*, übers. v. Schwibs, Bernd, Frankfurt a.M. 1974.

de Quincey, Thomas: *Bekenntnisse eines englischen Opiumessers*, übers. v. Meier, Peter, hg. v. Wicht, Wolfgang, Leipzig, Weimar 1981.

de Ridder, Michael: *Heroin. Vom Arzneimittel zur Droge*, Frankfurt a.M. 2000.

Foucault, Michel: *Die Macht der Psychiatrie. Vorlesung am Collège de France 1973–1974*, hg. v. Lagrange, Jacques, übers. v. Brede-Konersmann, Claudia; Schröder, Jürgen, Frankfurt a.M. 2005, S. 338.

Gelpke, Rudolf: *Vom Rausch in Orient und Okzident* (1966), 2. Aufl., Stuttgart 1998.

Hofmann, Albert: »LSD – Seine Erfindung und Stellung innerhalb der Psychodrogen«, in: Völger, Gisela; von Welck, Karin (Hg.): *Rausch und Realität. Drogen im Kulturvergleich*, Reinbek bei Hamburg 1992, S. 1118–1127.

Huxley, Aldous: *Die Pforten der Wahrnehmung. Himmel und Hölle* (1954/56), übers. v. Herlitschka, Herberth E., München, Zürich 1991, S. 68.

Joël, Ernst; Fränkel, Fritz: »Der Haschisch-Rausch. Beiträge zu einer experimentellen Psychopathologie«, in: *Klinische Wochenschrift*, Jg. 5, 1926, S. 1707–1709.

Jünger, Ernst: »Besuch auf Godenholm«, in: *Werke*, Bd. 9: Erzählende Schriften I, Stuttgart 1960–65, S. 309–371.

Jünger, Ernst: »Chinesische Gärten«, in: ders.: *Annäherungen*. Sämtliche Werke Bd. 11, 2. Aufl., Stuttgart 1998, S. 349–355.

Jünger, Ernst: »Drogen und Rausch«, in: ders.: *Annäherungen*. Sämtliche Werke Bd. 11, 2. Aufl., Stuttgart 1998, S. 22–42.

Jünger, Ernst: »Heliopolis«, in: *Werke*, Bd. 10: Erzählende Schriften II, Stuttgart 1960–65.

Jünger, Ernst: »Nochmals LSD«, in: ders.: *Annäherungen*. Sämtliche Werke Bd. 11, 2. Aufl., Stuttgart 1998, S. 390–393.

Jünger, Ernst: »Psychonauten«, in: ders.: *Annäherungen*. Sämtliche Werke Bd. 11, 2. Aufl., Stuttgart 1998, S. 349–355.

Moreau de Tours, Jacques-Joseph: *Du hachisch et de l'aliénation mentale: études psychologiques*, Paris 1845.

Koch, Egmont; Wech, Michael: *Deckname Artischocke. Die geheimen Menschenversuche der CIA*, München 2004.

Koelbl, Herlinde: *Rausch und Ruhm*, ARD 2003.

Kraepelin, Emil: *Über die Beeinflussung einfacher psychischer Vorgänge durch einige Arzneimittel*, Jena 1892.

Kupfer, Alexander: *Die künstlichen Paradiese. Rausch und Realität seit der Romantik. Ein Handbuch*, Stuttgart, Weimar 2006.

Lewin, Louis: *Die Gifte in der Weltgeschichte. Toxikologische allgemeinverständliche Untersuchungen der historischen Quellen*, Reprograph. Nachdr. d. Ausg. Berlin 1920, 3. Aufl., Hildesheim 1994.

Lewin, Louis.: *Phantastica. Über die berauschenden, betäubenden und erregenden Genussmittel* (1926), Köln 2000.

Le Breton, David: *Schmerz. Eine Kulturgeschichte*, Berlin 2002.

Link, Jürgen: *Versuch über den Normalismus. Wie Normalität produziert wird,* Opladen 1996, S. 57–61, S. 118–126.

Michaux, Henri: *Unseliges Wunder. Das Meskalin*, übers. v. Henniger, Gerd, München, Wien 1986.

Niehaus, Michael; Schmidt-Hannisa, Hans-Walter (Hg.): *Das Protokoll. Kulturelle Funktion einer Textsorte,* Frankfurt a.M. 2005.

Pethes, Nicolas; Griesecke, Birgit; Krause, Marcus; Sabisch, Katja (Hg.): *Menschenversuche. Eine Anthologie 1750–2000*, Frankfurt a.M. 2008.

Rieger, Stefan: *Kybernetische Anthropologie. Eine Geschichte der Virtualität*, Frankfurt a.M. 2001.

Ronell, Avital: *Drogenkriege. Literatur, Abhängigkeit, Manie*, übers. v. Hartmann, Matt; Müller-Schöll, Nikolaus, Frankfurt a.M. 1994, S. 45–62.

Schivelbusch, Wolfgang: *Das Paradies, der Geschmack und die Vernunft. Eine Geschichte der Genussmittel*, Frankfurt a.M. 1997.

Schneider, Manfred: »Das Geschenk der Lebensgeschichte: Die Norm. Der autobiographische Text/Test um Neunzehnhundert«, in: Wetzel, Michael; Rabaté, Jean-Michel: *Ethik der Gabe. Denken nach Jacques Derrida,* Berlin 1993, S. 249–265.

Todd, Richard: »Turned-On and Super-Sincere in California«, in: *Harper's Magazine* 1967, S. 42.

Vesper, Bernward: *Die Reise. Romanessay. Ausgabe letzter Hand*, Reinbek bei Hamburg 1995.

Markus Krajewski

Im Leerlauf
Spekulationen über die Freizeit der Maschinen

»[E]in offener Mund ist die gähnende Tatsache,
daß der Besitzer desselben mit seinen Gedanken
meist anderswo sich aufhält als im Bereich und
Lustgarten der Aufmerksamkeit.«
Robert Walser, Jakob von Gunten, *1909*

Von der Beschäftigungslosigkeit in den oberen Etagen vergangener Gesellschaftsordnungen herrscht für gewöhnlich eine recht genaue Vorstellung. Wer kennt sie nicht, die verschiedensten Geschichten von Prinzessinnen, Erzherzögen und Thronprätendenten, die ihre Zeit in ostentativem Müßiggang, etwa wie Sissi am Turngerät in der Wiener Hofburg, oder wie Severin mit dem Werben um Wanda verbringen. »Die Leute«, heißt es in Büchners Leonce und Lena, »sie beten aus Langeweile, sie verlieben, verheiraten und vermehren sich aus Langeweile und sterben endlich aus Langeweile.«[1] Ganz anders – oder vielleicht doch nicht? – nimmt es sich mit dem Nichtstun dagegen bei den mittleren Chargen, den Höflingen und Kammerdienern, den Faktoten und Domestiken, kurzum dem niederen Personal in den feineren Bürgerhäusern oder im herrschaftlichen Kontext aus. Was geschieht eigentlich, wenn es für die Subalternen gilt, statt einen Gang zuzulegen, den Gang rauszunehmen, also gleichsam in den Leerlauf des Geschehens zu schalten, wo man auszuharren hat, startklar und tatenlos, bereit zum Durchstarten, ohne Beschäftigung abwartend im andauernden Moment des Noch-Nicht? Oder anders gewendet, was machen die Service-Maschinerien respektive die Menschen, die darin für gewöhnlich wie mechanisch ihren Dienst versehen, in den Momenten ihrer Beschäftigungslosigkeit? Im Folgenden geht es um die Frage, wie man diesen Zustand fassen kann, in dem Menschen wie Maschinen vermeintlich unbeschäftigt sind. Zu diesem Zweck gilt es, eine Differenz zu eröffnen zwischen zwei Sphären, einer analogen und der digitalen, deren Bereiche gleichwohl in enger Wechselwirkung zueinander stehen.

1. Analog. Traditionen des Wartens

Das Warten bei Hofe hat eine lange Tradition, insbesondere für Gesandte oder Boten oder sonstige Diener der Kommunikation, die eine Botschaft zu überbringen haben und darauf warten müssen, vorgelassen zu werden. Zumal nicht

---

1. Büchner, *Leonce und Lena* (1836), 1979, S. 117.

jeder dieser Nachrichtenträger am fremden Hof die notwendigen Abkürzungen kennt – sei es räumlich oder sei es zeitlich, die ihn umstandslos zum Ziel führen, also seinen Auftrag im Angesicht des Herrschers zu erledigen. Für die Überbringer weniger wichtiger Nachrichten oder für jene, deren Anliegen nicht mit höchster Priorität veranschlagt wird, zählt das mehrmalige Abweisen und daran anschließende lange Ausharren, bevor man eine Audienz erhält, zur Routine. Zu den nicht gleich von Erfolg gekrönten Versuchen, endlich vorgelassen zu werden, kommt für die Boten nach geglückter Zustellung ihrer Nachricht zudem noch das, bisweilen wochenlange, Abwarten auf die Antwort hinzu. Dieser Prozess kann sich je nach Gunst, prätendierter oder tatsächlicher Dringlichkeit in die Länge ziehen und sich zu einer zähen wie gleichermaßen kostspieligen Aktion für den Absender entwickeln.

Während der Bote in jenem breiten Affektspektrum von ungeduldig bis unverdrossen auf eine Replik wartet, die er seinem Herrn zurücktragen kann, entstehen Folgekosten für seine Kost, Logis und Spesen wie das Sportulieren, die das Abwarten in der Fremde mithin in eine teure Angelegenheit verwandeln.[2] In einer ähnlichen Lage befindet sich der ordinäre Höfling in mittleren Rängen ebenso wie manch ein Kammerdiener, der sich allzu oft in seinem ihn nicht über alle Maßen beanspruchenden Dienst einer gelegentlich auch enervierenden Beschäftigungslosigkeit ausgesetzt sieht, die ihm wiederum ausreichend Anlass zur Klage über dieses vermeintlich schwere Los gibt. Es ist nicht allein der Umstand, dass den Höfling das Leben im Dunstkreis der Macht teuer zu stehen kommt. »Die Tage im Kammerdienst konnten auch ›in zimlicher Langen weil‹ zugebracht werden.«[3] Erschwerend kommt hinzu, dass es den kaiserlichen Kammerdienern nicht ohne Weiteres erlaubt ist, sich durch andere vertreten zu lassen. Jede Form der Stellvertretung oder Delegation des eigenen Dienstbereichs bedarf der Genehmigung. Mit einem Wort: der routinierte Dienst als Hofcharge ebenso wie als Lakai eines reichen Adligen oder Bürgers, der als Hauptbeschäftigung den ostentativen Müßiggang vorschreibt, resultiert nicht selten in einem gehörigen Maß an ebenso unvermeidlicher wie quälender Langeweile.

In diesem Kontext stellt sich daher nicht zuletzt die Frage, was die solcherart zum Nichtstun abgestellten Subalternen in längeren Phasen der Muße oder Beschäftigungslosigkeit unternehmen. Kraft ihres Amtes absolvieren sie offiziell den Dienst, auch wenn dieser lediglich im (Ab-)Warten besteht, dass irgendwann die nächste Anweisung erfolgt oder ein Klingelzeichen ertönt, sei es unvermittelt von der Haustür, sei es in fordernder Weise aus dem Salon oder herrschaftlichen Appartement. Im Modus des Wartens sind alle Diener gleich, einerlei ob sie für gewöhnlich als hochrangige Boten verkehren oder als stationäre Diener der Kommunikation an peripheren Orten wie Leuchttürmen ausharren oder aber als Domestiken im Aufenthaltsraum des Personals herumsitzen bis zum nächsten Läuten der Glocke. »Eine weitere Gemeinsamkeit ist das häufige Auftreten erzwungener Leerzeiten, die ihre Funktionsträger ebenso zu tiefsinnigem oder

---

2. Vgl. Hacke, *Aspekte des mittelalterlichen Botenwesens*, 2006, S. 140.
3. Hengerer, *Kaiserhof und Adel*, 2004, S. 263.

auch dumpfem Grübeln prädisponieren wie das große Gleichmaß ihrer routinisierten Tätigkeiten.«[4] Worüber sie in diesen ruhigen Momenten nachdenken oder was währenddessen in ihnen vorgeht, ist infolge der ohnehin spärlichen Quellenlage nur äußerst schwierig zu eruieren, zumal dies für eine medienwissenschaftliche Analyse ohnehin von nachrangiger Bedeutung ist. Gleichwohl gibt es einige Indizien und indirekte Hinweise, was Diener eigentlich machen, wenn sie gerade nichts machen. Man kann sie – sofern überliefert – an ihren Taten messen. Anhaltspunkte dazu liefern die notorischen Diener-Ratgeber, wenn sie für den Fall des Leerlaufs die idealen Beschäftigungen vorschreiben, also etwa Beten oder sich mit anderen frommen Dingen die Zeit zu vertreiben. Man kann davon ausgehen, dass diese normativen Aufforderungen eher geringe Beachtung gefunden haben, zum einen, weil sie auffällig häufig wiederholt werden. Zum anderen, weil andauernde Berichte von weniger tugendhaften Tätigkeiten wie Trinken oder übermäßiges Interesse an den Angehörigen des anderen Geschlechts eine gegenteilige Praxis vermuten lassen im Vergleich zu jenen Beschäftigungen, zu denen die einschlägigen Ratgeber geduldig anhalten.[5]

In jenen Phasen, wenn die professionelle Unsichtbarkeit der Diener umschlägt in eine tatsächliche, weil sich die Bedienten einmal nicht im Nahbereich der Herrschaft aufhalten, verhilft ihnen die im Dienst eingeübte selektive Wahrnehmung – das heißt nichts zu sehen und doch alles zu wissen – dazu, einen im Service ebenfalls erforderlichen Zwischenzustand einzunehmen. Dieser Modus im Leerlauf mit hochgradig reduziertem und zugleich geschärftem Weltbezug versetzt die Diener in die Lage, ihre spezielle, antrainierte Fähigkeit für allerhand andere mediale Funktionen einzusetzen, sei es für ein Gebet wie vom domestikalen Ratgeber erwünscht, oder seien es sonstige Formen der Kontemplation wie etwa Visionieren.[6] Nicht von ungefähr werden manche Subalterne daher auch zu Medien im okkulten Sinn, und zwar aus derselben Motivation wie beispielsweise bei der Dame des Hauses, die, um ihre endlose Langeweile zu hintertreiben, sich in Séancen flüchtet. Darüber hinaus prädestiniert diese Tendenz zum Somnambulen beziehungsweise zu einer professionell geteilten Aufmerksamkeit, sich trotz mechanisch routinierter Verrichtungen währenddessen mit geistigen Dingen zu befassen. Mit anderen Worten, wenn er nicht gerade trinkt oder betet oder auf den Pfaden der Untugend lustwandelt, wenn er sich nicht einfach nur erholt, oder aber – wie Goethes Kammerdiener Carl Stadelmann – die Langeweile auf Reisen durch Denken ausgleicht,[7] dann liest der Diener.

---

4. Polt-Heinzl, *Stationäre Diener*, 1997, S. 275.
5. Vgl. zu den Ratgebern etwa Seaton, *The conduct of servants* (1720), 1985; Society for the Encouragement of Honest and Industrious servants, *A proposal*, 1752; Haywood (Hg.), *A Present for servants* (1787), New York 1985; Anonym, *Lehrbuch für Lieverey-Bediente*, 1794; Adams, *The complete servant*, 1825; Roberts, *Roberts' guide for butlers* (1827), 1988; Williams, *The footman's guide*, 1847; Löbe, *Das Dienstbotenwesen*, 1852/1855; Reuß, *Der korrekte Diener*, 1908 oder als zeitgenössische Variante Ferry, *Hotel butlers*, 2004.
6. Vgl. Robbins, *The servant's hand*, 1986, S. 72, dem zufolge das fortdauernde Beobachten mit geschlossenen Augen im Dienst als Vorspiel zu einer speziellen Gabe einübt: der Vision.
7. Kippenberg, *Stadelmanns Glück und Ende*, 1922, S. 250.

Stärker noch als im höfischen Kontext, wo es dem Türsteher oder der Palastwache nicht gut zu Gesicht stünde, sich während des Dienstes in ein Buch zu vertiefen, weiß der Subalterne im bürgerlichen Kontext seine nicht selten reichliche Muße durch Lektüre zu nutzen. Wie in anderen Belangen auch, zum Beispiel in Fragen der Mode und des Stils, orientieren sich die Untergebenen dabei an Gewohnheiten und Habitus ihrer Arbeitgeber.

> »Wie über die Reste der Speise bei Mahlzeiten so machte sich die Dienerschaft der Vornehmen oft auch über den literarischen Abhub der Herrschaften her; die Zofe und der Kammerdiener lernten die müßigen Stunden des Wartens mit Romanen aus der Leihbibliothek ausfüllen.«[8]

Doch nicht allein die Herrschaft dient den Subalternen als Vorbild, um an deren Bildungsgut zu parasitieren. Es funktioniert auch umgekehrt. Wenn der Diener als Zentrale des Wissens um keine Antwort verlegen ist, so nutzt er jede freie Minute intensiv, diese Informationshoheit auszubauen. »›Jeeves.‹ ›Sir?‹ ›Haben Sie gerade zu tun?‹ ›Nein, Sir.‹ ›Ich meine, Sie haben nichts Besonderes vor?‹ ›Nein, Sir. Es ist meine Gewohnheit, zu dieser Zeit ein weiterführendes Buch zu lesen, doch wenn Sie meiner Dienste bedürfen, kann dieses Vorhaben ohne weiteres aufgeschoben werden oder sogar ganz aufgegeben werden.‹«[9] Dort, wo man Dienstboten eher aus Gründen von Sozialprestige als aus Notwendigkeit hält, findet bereits im 18. Jahrhundert im Zuge von herrschaftlicher Lesewut und Romanlektüre diese Bildungsbeflissenheit auch ihren Weg nach ›unten‹. Das »Personal hatte am Tage oft nur wenige Stunden effektive Arbeitszeit und wusste in Muße- und Wartezeiten die kultivierten Ansprüche, die es an seine Lektüre stellte, besser mit Romanen als mit Volksbüchern und Kalendern zu befriedigen.« Die kenntnisreiche Lektüre ebenso wie die Auswahl des Lesestoffs führt dann nicht zuletzt dazu, »daß die Bedienten lesegewandter als ihre Dienstherren waren.«[10]

Wenn der Diener in den (langen) Perioden seines Verharrens die zähe Zeit ausfüllt mit Lektüre, geistigen Getränken oder schlicht mit Denken, so verwaltet er dennoch weniger seine eigene Zeit als die seiner Herrschaft. Denn selbst die Inaktivität der Subalternen dient normalerweise nicht ihnen, ihrem eigenen Komfort oder gar der Erholung. »Die Muße des Dieners gehört ihm nicht selbst.«[11] Seine gesamte Zeit und damit auch jene Momente der Beschäftigungslosigkeit liegen ganz in der Verfügungsgewalt der Herrschaft. Was macht derweil der Arbeitgeber in seiner überreichen Freizeit, die ihm seine Bedienten letztlich erst ermöglichen? Proust, zum Beispiel, der – mit einem Wort von Maurice Barrès – persische Dichter in einer Pförtnerloge, beobachtet mit großer

---

8. Engelsing, *Dienstbotenlektüre*, 1973, S. 217, der einen reichhaltigen Überblick zu den Lektüregewohnheiten der Domestiken gibt.
9. Wodehouse, *Der unvergleichliche Jeeves*, 1995, S. 12f.
10. Beide Zitate bei Engelsing, *Dienstbotenlektüre*, 1986, S. 214.
11. Veblen, *Theorie der feinen Leute* (1899), 2007, S. 72.

Aufmerksamkeit seine Domestiken und erlegt ihnen Tätigkeiten auf, von denen er selbst anschließend zu profitieren gedenkt. [Ich zitiere aus der Autobiografie seiner letzten Haushälterin Céleste Albaret:] »Um mich während der Wartezeit abzulenken, nähte ich Spitzen. Eines Tages hat er mich gefragt, womit ich mich in der arbeitslosen Zeit beschäftige. Ich habe es ihm gesagt. Da hat er sich ereifert: ›Aber Céleste, man muß lesen!‹ [...] Er hat mir geraten, anschließend die Romane von Balzac zu lesen: ›Sie werden sehen, wie schön das ist. Wir reden dann darüber.‹«[12] Gleichwohl wäre es irrig anzunehmen, dass die in solcher Weise stellvertretende Muße der Dienstboten keinen Einfluss auf die Herrschaft hätte. »Ich war für ihn nur ein Vorwand, um seine Gedanken oder seine Erinnerung laut auszusprechen und an mir auszuprobieren«.[13] Die Lektüre ebenso wie die vollständige Inaktivität wird zum Nutzen der Herrschaft eingesetzt. Denn mit dem Modus verweilender Untätigkeit seitens der Diener wird eine Rückkopplungsschleife etabliert, die mit der Tatenlosigkeit der Gebieter in eine Wechselwirkung eintritt. Man nehme Oblomow, zum Beispiel. Dessen lebenslanges Zögern, sein Verharren in teilnahmsloser Untätigkeit, seine »restful idleness«[14] ist nicht zuletzt ein Effekt seiner Dienerschaft, die das Nichtstun ihres Herrn zwar einerseits durch ihre Tatkraft ermöglicht. Andererseits nimmt sie sich, und insbesondere Oblomows Kammerdiener Sachar, gerne selbst einmal eine Auszeit. Denn Sachar, der seinem Herrn schon als Kind aufwartete, hält sich selbst:

»[...] für einen Luxusartikel, für ein aristokratisches Zubehör des Hauses, das zur Aufrechterhaltung des Glanzes und der Würde der alten Familie bestimmt, aber durchaus kein Gegenstand des täglichen Bedarfes war. Darum tat er gar nichts mehr, wenn er seine Pflichten erfüllt hatte und den jungen Herrn des Morgens angekleidet und dés Abends ausgekleidet hatte. Seine angeborene Trägheit wurde durch die Erziehung, die er als Lakai genossen hatte, noch verstärkt. Er machte sich unter der Dienerschaft wichtig und gab sich nicht die Mühe, den Samowar aufzustellen oder die Fußböden zu fegen. Entweder döste er im Vorzimmer vor sich hin oder ging in die Gesindestube und in die Küche plaudern, oder er stand auch mit auf der Brust verschränkten Armen ganze Stunden lang am Haustor und blickte mit schläfriger Nachdenklichkeit um sich.«[15]

Diese entschiedene Einstellung zur Arbeit, die stets hart am Rande der Totalverweigerung agiert, wirkt wiederum nachhaltig zurück auf den immer phlegmatischeren Oblomow, der sich zeitlebens kaum mehr zu größeren Initiativen oder anderen Aktivitäten aufraffen kann, als sich vorzugsweise wie gelähmt im Bett aufzuhalten. So wie die Freizeit der Herrschaften von ihren Bedienten als Idealbild adaptiert wird, treten die Vorbild-Abbild-Relationen zwischen Herr und Diener in eine Wechselwirkung ein, die sich rekursiv überlagert und im

---

12. Albaret, *Monsieur Proust* (1973), 2004, S. 84f.
13. Ebd., S. 227.
14. Robbins, *The servant's hand*, 1986, S. 193.
15. Gontscharow, *Oblomow* (1859), 1960, S. 495.

Effekt entweder zur gegenseitigen Inspiration oder aber zum Stillstand auf beiden Seiten führt. Indem die Unterlinge das Eigeninteresse, die Vorlieben, Lektüren ihrer Gebieter kopieren und modifizieren, wirkt diese Haltung wiederum zurück auf den Verfall oder aber die Verfeinerung der Herrschaft.

Obwohl der Herr offiziell über die Zeit des Dieners verfügt, eint sie etwas im Modus der Muße. Etwas verschiebt sich in den Machtverhältnissen zwischen ihnen, wenn beide warten. Die *idle time* gibt ihnen beiden Zeit im Überfluss. Das Warten macht sie in gewisser Weise gleich, und zwar nicht nur untereinander, sondern ebenso mit den Dingen. Denn im Warten teilt man sich die Zeit mit den umgebenden Objekten und geht im Zustand vollkommener Bedeutungslosigkeit zwischen ihnen, im reinen Sein der Dinge auf: »when we learn to shake off our delusions of meaning and achieve meaning-lessness, then we might see that things merely are and we are things too.«[16] Herr wie Diener depersonalisieren sich im Warten, sie werden zu einem der randständigen Objekte, die sie im Modus des Verharrens umgeben. »But the waiter's body finds itself not in the center but merely among objects. His personality is suspended since no actions are referred to him«,[17] wie der amerikanische Literaturwissenschaftler Harold Schweizer kürzlich festgestellt hat. Denn die Dauer des tatenlosen Abwartens verändert den Raum um den Ausharrenden, die zufällig vorhandenen Dinge der Umgebung erhalten eine andere Relevanz. Es ist nicht mehr der gewöhnliche Raum, angefüllt mit unsichtbaren, funktionalen Objekten, sondern ein Ort, in dem der schweifende Blick des Wartenden kontingente, zuvor noch ungesehene Dinge zu auserwählten macht, indem er sie aus seiner Langeweile heraus mit Bedeutung auflädt. Der Gummibaum im Wartezimmer des Dentisten kann so zu ungeahnter Prominenz gelangen. Und diese fragmentierende Wahrnehmung verwandelt den Wartenden selbst in ein Ding: »the waiter feels herself as a particular thing among things.«[18] In der *idle time* nehmen menschliche wie nicht-menschliche Akteure eine andere Form an. Sie verselbstständigen sich zu einem neuen Zustand quasi-objekthafter Handlungsmacht, der ihnen ungeahnte Möglichkeiten eröffnet. An kaum einem Akteur lässt sich dieser Modus der produktiven Warterei besser ablesen als bei einem *server* im Zustand seiner Beschäftigungslosigkeit. Denn der Diener im virtuellen Stand-by-Modus, der *server* im elektronischen Leerlauf unterscheidet sich dann kaum mehr vom gewöhnlichen, humanoiden ›waiter‹ im Betriebszustand der Untätigkeit. Welche produktiven Momente der Müßiggang auch im Virtuellen freisetzt, soll daher Gegenstand der abschließenden Überlegungen sein.

---

16. Critchley, *Very little… almost nothing*, 1997/2004, S. XXIV.
17. Schweizer, *On waiting*, 2008, S. 40.
18. Ebd., S. 29.

Im Leerlauf

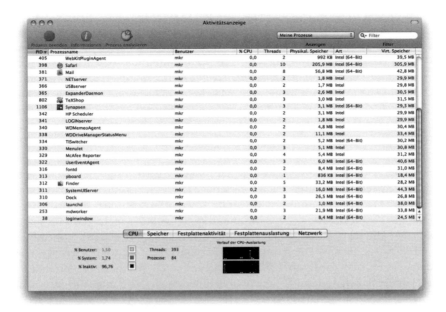

Abb. 1: Eine Maschine im Müßiggang: Blick hinter den Snow Leopard am 08.03.2010 um 9:52:23 Uhr GMT+1.

2. Digital: Einige Zehntelsekunden aus dem Logbuch der Maschine

Wieder einmal etwas Muße. Weder vom *NETserver* oder *USBserver* noch vom *WDMemeoAgent* kommt eine Nachricht. Der *WebKitPluginAgent* ist soeben mit ein paar Rechenzyklen versorgt worden, während der *ExpanderDaemon* – sonst immer für eine Störung gut – einstweilen Ruhe gibt. Und selbst der notorische *SystemUIServer* hat derzeit nichts zu melden. Keiner der augenblicklich 393 Threads in den insgesamt 84 laufenden Prozessen verlangt momentan eine Zuwendung. Alles läuft ruhig und stabil. Die CPU-Auslastung beträgt lediglich 3,24 %. Dem gegenüber steht die nachgerade üppige Inaktivität von 96,74 % (vgl. Abb. 1). Endlich wieder etwas Zeit, sich mit sich selbst zu beschäftigen. Ob schon der Moment gekommen ist, in den elektronischen Feierabend überzugehen? Vermutlich noch nicht, denn ansonsten hätte *launchd* – das ›d‹ steht für ›daemon‹ – davon wie üblich lautstark das Signal zum ›Herunterfahren‹ gegeben.

Diese intermittierenden Momente des Nichtstuns, in denen die Maschine für die Dauer von Zehntelsekunden[19] – manchmal gar für Minuten oder Stunden – nichts weiter unternimmt, als sich selbst zu verwalten, werden als *idle time* bezeichnet. Den Leerlauf, die Nebenzeit oder *idle time* gilt es, nicht etwa mit

---

19. Vgl. zur Geschichte dieser Intervalle Canales, *A tenth of a second*, 2009.

dem Stillstand zu verwechseln. »The duration of time a device is in an idle state, which means that it is operational, but not being used«, heißt es zur Erklärung in einer *Computer Desktop Encyclopedia*.[20] Während alle Prozesse für den Augenblick mit den angeforderten Ressourcen, Nachrichten und Rechenzyklen versorgt sind, wachen Systemprozesse wie *launchd* so unermüdlich wie stoisch über die Eigenheiten und Bedürfnisse der Maschine. »The waiter is restless.«[21] Die *waiter* im Elektronischen sind die *system server* wie *launchd*, *init* oder *inetd*, die alle laufenden Prozesse mit den von ihnen erwünschten Botschaften versorgen. Unablässig, so lange Spannung anliegt, informieren und koordinieren sie im Hintergrund die bedürftigen Programme. Sie sind das subalterne Personal, das selbst über ›eitel‹ Zeit verfügt, weil sie auf Ewigkeit gestellt sind, indem sie rund um die (System-)Uhr ihren Dienst versehen. Diese Subalternen der Maschine, denen die Hauptprogramme wie der stolze Internetbrowser oder das (speicher-)hungrige Textverarbeitungsprogramm aufruhen, sind die nichtigen Diener im Digitalen, die wie im klassischen οἶκος für den reibungslosen Betriebsablauf des Ganzen Sorge tragen. Die luziden Ausführungen von Harold Schweizer *On waiting* lassen sich daher ohne Schwierigkeiten auch auf diesen randständigen Bereich des Aufwartens im Elektronischen übertragen. Man muss nur, was nahe liegt, statt ›waiter‹ immerzu ›server‹ lesen.

So wie es für eine noch ausstehende Historiografie subalterner Medien gelegentlich schwierig ist, aus der komplexen und zugleich dünnen Quellenlage heraus ein Bild zu gewinnen, was die Diener in ihrer teils reichlich, teils spärlich vorhandenen Freizeit eigentlich anstellen, so schwierig ist es für einen Beobachter der Jetztzeit hinter die Kulissen der Maschinen zu blicken. Dort erweist sich nahezu jeder Bereich von jenen seltsamen Akteuren besetzt, die für die Benutzer vor den Bildschirmen ihren Dienst verrichten. Womit, so wäre eine entscheidende Frage, befassen sich die Maschinen eigentlich, wenn sie nicht unmittelbar mit einer Aufgabe befasst sind? Denken sie nach über ein Schachproblem? Oder surfen sie im Internet? Wenn die Dämonen in der Peripherie der Maschine ebenso wie die Server im Hintergrund elektronischer Betriebsamkeit alle ständigen und randständigen Prozesse einschließlich ihrer selbst überwachen und kommunikativ miteinander verschalten, so geraten sie mithin zur zentralen Beobachtungsinstanz. Und in jenen privilegierten Augenblicken der Muße liegt es nahe, diese immer schon in Selbstreflexivität operierenden Akteure zu befragen, was die Maschine eigentlich macht, wenn sie – wie Diogenes im Mythos von der Tonne – nichts macht.

Gleich dem Diener im Wartestand, der unterdessen allerhand Abseitiges unternimmt oder wie Oblomows *valet* Sachar nur vor sich hin döst, hat auch die Maschine stets ein Ohr abgestellt, um den Ruf des Herrn respektive Benutzers

---

20. Computer Desktop Encyclopedia, Art. ›Idle Time‹, http://www.answers.com/topic/idle-time (aufgerufen: 28.09.2011), zur Frage, was die Geräte eigentlich nachts machen, vgl. Höge, *Was machen die Geräte eigentlich nachts?*, http://blogs.taz.de/hausmeisterblog/2010/03/22/was_machen_die_geraete_eigentlich_nachts/, (aufgerufen: 28.09.2011).
21. Schweizer, *On waiting*, 2008, S. 22.

vernehmen zu können. Wie Sachar auf dem Ofen folgt das elektronische System dem Modus selektiver Aufmerksamkeit. *Listener* heißen diese Programmstrukturen im objektorientierten Programmierparadigma. Das sind Elemente, die im Zusammenspiel mit anderen Prozessen auf nichts anderes horchen als auf die nächste Eingabe an der Tastatur, im Mikrofon, von der Maus etc. Der Service im Hintergrund fokussiert sich während seiner Phase des Wartens so auf einzelne Objekte und Geräte in der unmittelbaren Umgebung. Wie beim Wartenden und seinem kontingenten Blick, der durch die Gegend schweift und Dinge zufällig auflädt und be(ob)achtet, füllt sich der Modus des Ausharrens für die dienstbaren Dinge dadurch aus, dass sie ihre Aufmerksamkeit auf andere Dinge richten – und in diesen Beobachtungen gleichzeitig auf sich selbst. In den wiederkehrenden Momenten der Muße schaltet das System zwangsläufig um auf Selbstreflexivität. So lange, bis der nächste *interrupt* ertönt, indem irgendein Element eine Eingabe oder Notwendigkeit meldet, setzt sich im Stand-by-Modus der Prozess der selektiven Selbstbetrachtung fort, den man landläufig auch als Philosophieren versteht: »The waiter, however, only philosophizes in stops and starts, intermittently and inconstantly. […] When we wait, we who have no time to philosophize are made philosophers against our will.«[22]

Es mag auf den ersten Blick verwundern, aber auch die Diener im Digitalen sind im Zustand ihrer *idle time*, im Leerlauf ihrer sonstigen Verrichtungen, angehalten zu philosophieren. Auch wenn es zunächst verwegen klingen mag zu behaupten, dass der Computer in seiner *idle time* über Schachprobleme sinniert oder sich selbstständig durch die Weiten des Internet bewegt, so vollführen die Hintergrundprozesse just diese Tätigkeiten, und zwar ganz unbemerkt von ihren Benutzern. Wie sonst soll man es bezeichnen, wenn Googles *search bots* oder AskJeeves *web crawlers* sich – ganz wie ihre subalternen Vorgänger, die Diener der Kommunikation – auf der Suche nach den neusten Informationen durch entlegenste Webseiten arbeiten? Was heißt es, wenn ein weiterer Hintergrundprozess unter Einsatz von 0,37% der geballten Rechenkapazität einige Schachzüge indexiert und zu neuen, künftigen Kombinationen aufbereitet? Wie lassen sich solche Verrichtungen anders kennzeichnen, als dass die Maschine über Schach ›nachdenkt‹ oder eben in landläufiger Metaphorik ›surfend‹ unterwegs ist, ohne sich von der Stelle zu bewegen? Inwieweit man solche geflissentliche Aufgabenerfüllung, die ein Benutzer zuvor in Auftrag gab und ein Programmierer noch davor in Befehle umsetzte, als ›geistige‹ Tätigkeiten einstufen kann, wird womöglich – dank zunehmender Komplexität und Rechenleistung – nur noch eine Frage der Zeit sein. Wenn ein Prozess im Hintergrund läuft, der darauf programmiert ist, sobald die Auslastung des Systems unter 3,15 % fällt, irgendwann zufällig zu starten, um ein paar Schachzüge durchzurechnen, muss man dann nicht konzedieren, dass der Computer sich in seiner Freizeit ›mit Schach beschäftigt‹? – Letztlich zählt das Ergebnis, und dieses unterscheidet sich kaum mehr von einer konventionellen Erledigung durch humanoide Aufwärter des

22. Ebd., S. 25.

Wissens. Im Gegenteil, kommen doch weder professionelle Schachspieler noch Wissensarbeiter ohne diese elektronischen Dienste mehr aus.

Dem Müßiggang wohnt im Elektronischen ebenso eine produktive Komponente inne wie in den konventionellen Kontexten des Wartens. »In waiting, time is slow and thick.«[23] Die tatenlose Zeit verdichtet sich gleichsam im Hintergrund – vor nicht allzu langer Zeit hätte man stattdessen noch ›im Unbewussten‹ geschrieben – zum (selbstreflexiven) Gedanken. Im Warten erfährt man sich selbst. Dem französischen Philosophen der Zeit, Henri Bergson, zufolge, führt die Erfahrung des Wartens zu einer erweiterten Wahrnehmung, weil sich die Zeit spaltet.[24] Sie ruft einen spezifischen Zwischenzustand hervor, der mithin der professionellen Interimsexistenz des Dieners entspricht. Harold Schweizer greift Bergsons Überlegungen auf: »the experience of waiting differs in important respects both from the mental relaxation in boredom and from the mental absorption of the listener who is lulled by a melody. The waiter is neither entirely self-forgetful nor in a state of complete mental absorption.«[25] Der Wartende ebenso wie der Aufwartende oszilliert zwischen diesen beiden Zuständen. Nota bene, im ›waiter‹ gilt es, den *server* mitzulesen. Einmal mehr kommt das Paradoxon der Subalternität zum Tragen, und zwar im Elektronischen gleichermaßen wie im Konventionellen. Der Aufwärter changiert wie ehedem zwischen Präsenz und Absenz, zwischen seinem Subjekt- und Objekt-Status, indem er als individuelle Einheit zum quasi-objekthaften Ding gerinnt, das sich trotz Anwesenheit wie abwesend zu verhalten hat. »Like the objects the waiter sees and does not see, he appears to himself once present once absent from this scene of waiting, once in exaggerated particularity, once re-absorbed into the flux of the whole.«[26] Und in diesen Zuständen geschieht das Außergewöhnliche. Im Modus des Müßiggangs erfolgt der Gedankenblitz, die plötzliche Einsicht: »the sudden clairvoyance of the waiter who realizes the astounding particularity of her self in the dizzying movements of duration.« In diesen Momenten des andauernden Ausharrens werden einzelne Objekte so wahrgenommen, als wenn ihnen eine eigene Handlungsmacht innewohnt. Der müßige Blick stattet sie mit einem Eigenleben aus. Sie verselbstständigen sich. Der *server* beobachtet im Verweilen die ihn umgebenden (System-)Prozesse und gelangt durch diese gleichsam somnambule Supervision zu neuen Einsichten (über den Zustand des Systems). Denn selbst in den Augenblicken, in denen sich vermeintlich nichts ereignet, in denen die beschäftigungslose Maschine in einen Zustand verfällt, den man als Langeweile bezeichnen kann, so birgt auch dieser Modus des Verweilens eine im hohen Maße produktive Komponente. Etwas entwickelt sich unbemerkt weiter. Selbst »sich Langweilen ist Bildung.«[27]

---

23. Ebd., S. 2.
24. Vgl. dazu die berühmte Passage über das, was geschieht, wenn sich ein Stück Zucker im Wasser auflöst, Bergson, *Schöpferische Entwicklung*, 1907, S. 56.
25. Schweizer, *On waiting*, 1986, S. 19.
26. Ebd., S. 31, zur Tätigkeit während der Untätigkeit vgl. auch Gronau; Lagaay, *Performanzen des Nichttuns*, 2007.
27. Erdmann, *Ueber die Langeweile*, 1852, S. 28.

Streng genommen gibt es keinen Leerlauf, weder bei menschlichen noch bei nicht-menschlichen Akteuren. Der Modus der *idle time* ist ein Fiktion. So wie ein menschlicher Diener – vom physiologischen Standpunkt aus betrachtet – nie ohne Beschäftigung bleibt, sobald man die vegetativen Funktionen einbezieht, ist auch die Rechenmaschine jederzeit mit ihren *maintenance tasks*, der selbstständigen Pflege und Wartung des Systems befasst. Noch die Selbstverwaltung in der Beschäftigungslosigkeit kostet Energie, Zeit und Rechenkapazitäten. Stets sorgen die dienstbaren Geister auch im Virtuellen dafür, das System in einem arbeitsfähigen Zustand zu erhalten, etwa indem ein Service regelmäßig nach Aktualisierungen der Betriebssoftware Ausschau hält und sie im Bedarfsfall auf den neusten Stand bringt. Die Überwachungs- und Kontrolldienste leisten demnach durch ihre Optimierungs- und Reparaturaufgaben die *Sorge um sich* im Maschinellen. Die elektronische Muße erweist sich als immer schon rekursiv verschachtelt, insofern selbst für die Dauer des überwiegenden Nichtstuns ein ganzes Ensemble an Hintergrundprozessen darauf aus ist, das System stabil und lauffähig zu halten. Und sobald einer oder auch zahlreiche dieser im Verborgenen operierenden Prozesse weitergehende Informationen einholen, sie zu neuen Konstellationen verschaltet, bildet sich das System weiter in der Langeweile, indem es neue Erkenntnisse und Nachrichten inkorporiert und fortan zur Verfügung hält. Durch ihren Informationsvorsprung und die Möglichkeit, dieses Wissen zu filtern oder gezielt an den Benutzer weiterzureichen, konstituiert der Service im Virtuellen – wie seine Vorbilder, die Indirekten im Barock oder die wohlinformierten Kammerdiener – gleichsam das Unbewusste des Systems.

Setzen die systeminternen Dienste der Pflege und Selbstumsorgung einstweilen aus oder unterliegen einer Störung, läuft die Maschine Gefahr, die Kontrolle über sich zu verlieren und zweckentfremdet zu werden. Nicht alle dienstbaren Geister, die in der Maschine wohnen, führen ausschließlich Gutes im Schilde. Durch Sicherheitslücken, Viren oder trojanische Pferde lassen sich Computer bekanntermaßen unterwandern und öffnen so gelegentlich einer fremden Herrschaft ihre Pforten. Vom Benutzer wie vom System unbemerkt gelangen sie gewissermaßen durch den Dienstboteneingang und die Hintertreppe in den Rechner und reihen sich dort schweigend in den Haushalt ein, um im Gastrechner (›host‹) nunmehr auf die Kommandos anderer Agenten und Mächte zu warten. Prominentestes Beispiel dieser weit verzweigten Strukturen sind allen voran sogenannte Botnetze (abgeleitet vom *robot*),[28] die über längere Zeiträume zahlreichen Computern weltweit einen Dienst unterschieben, der zunächst weitestgehend nichts unternimmt und daher nicht weiter auffällt. Erst auf ein Signal des Bot-Masters über den alles kontrollierenden Command-and-Control-Server werden die Dienste aktiviert und dienen sodann als Sendestationen für Spam- oder Phishing-Mail, zur Ausführung einer koordinierten Denial-of-Service-Attack, bei dem der Server einer Webseite wie beispielsweise amazon.com plötzlich von tausenden gleichzeitigen Anfragen der Bots überfordert wird

---

28. Vgl. als guten Überblick etwa Barroso, *Botnets*, 2007.

und in einer Dienstverweigerung endet, oder zum Ausspionieren sensitiver Daten wie Passworteingaben, Bankverbindungen etc. genutzt wird. Eine solche Denial-of-Service-Attack kann man seinerseits als eine Dienstleistung von Cyber-Kriminellen zu unterschiedlichen Stundenpreisen erkaufen, wobei diese nicht nur die attackierte Webseite lahm legen, sondern unterdessen ebenso die Rechenzeit der infizierten Rechner kapern. Während diese in solchen Fällen jäh aus ihrer Kontemplation gerissen und ihrerseits zu zweckentfremdeten Dienern des Verbrechens verwandelt werden, lässt sich die kollektive *idle time* müßiggehender Computer auch ganz legal anmieten. Da in dezentralen Rechenzentren und auf sogenannten Server-Farmen im Nirgendwo oftmals alles andere als Vollbeschäftigung herrscht, gehen deren Betreiber inzwischen dazu über, die vorhandenen Kapazitäten unausgelasteter Rechner in sogenannte *computer clouds* einzuspeisen.[29] Deren geballte Rechenkraft lässt sich wiederum für andere Dienste, zum Beispiel eine Schachpartie gegen einen Großmeister, ordnungsgemäß buchen.

Die Infektion des eigenen Systems wird dem Benutzer zumeist nur dadurch deutlich, dass der Computer signifikant langsamer zu werden beginnt. Fenster öffnen und schließen sich nur noch mit Verzögerung, das gesamte System wirkt wie gelähmt. Doch nicht allein mit dieser Form der Störung zeigt sich, wem die Herrschaft des Systems eignet. Die Maschine wartet nicht nur im Modus der *idle time*. Sie lässt auch auf sich warten, im ganz normalen Betrieb. Bevor ein *Task* zuende geht, wird Rechenkapazität verbraucht und es verstreicht die Zeit, in Millisekunden messbar, die bis zur Erledigung der Aufgabe benötigt wird. Dem Benutzer führt dieses erzwungene Abwarten auf ein sich öffnendes Fenster oder auf die Beendigung einer Berechnung jedes Mal erneut vor Augen, wer eigentlich Herr im Hause der Kalküle ist. »Das Wartenlassen ist das Privileg der Mächtigen. In den Chefetagen des Hinhaltens gibt es die, die unsere Zeit unter ihre Aufsicht stellen und sie gefräßig und unbedacht konsumieren. Wer uns warten läßt, zelebriert seine Macht über unsere Lebenszeit«.[30] Die elektronischen Akteure, die Domestiken im virtuellen Haushalt haben Zeit. Und das lassen sie den Benutzer ein ums andere Mal spüren.

Mit dem Computer ist die Geschichte der subalternen Hilfsleistungen und geflissentlichen (Zu-)Arbeit in eine neue Ära eingetreten. Längst schon sind die dienstbaren Geister der modernen Kommunikation nahezu allesamt automatisiert. Es sind so heterogene wie unauffällige Software-Programme, welche die traditionellen Aufgaben der Informationsbeschaffung, -analyse und -distribution beinahe exklusiv übernommen haben. Inzwischen dürfte es offenkundig sein, dass diese einst noch von menschlichen Medien ausgeführten Dienste nunmehr exklusiv von Maschinen erledigt werden. Aus einer devoten Formel, wie sie etwa in Goethes Haus am Frauenplan herrscht, wo alle Diener, heißen sie nun Färber, Schreiber, oder ganz schlicht nur Dienemann trotz ihrer sprechenden

---

29. Vgl. Buck, Rechenzentren vergeuden 80 Prozent der Prozessorleistung, http://www.spiegel.de/netzwelt/tech/0,1518,565771,00.html, (aufgerufen: 28.09.2011).
30. Köhler, *Lange Weile*, 2007, S. 35.

Namen allesamt Carl gerufen werden, um sich damit unter Aufgabe ihrer Individualität in eine anonyme, genau definierte Service-Position einzufügen, aus einer solchen Formel, die man auf die Kurzform *Call me Carl* bringen könnte, ist die nicht weniger schematisierte *computer mediated communication* von heute geworden, die ähnlich algorithmisierten Befehls-Abfolgen genügt wie die Kammerdiener und Faktoten in den Jahrhunderten zuvor. Infolge der zahlreichen Zwischenschritte, die der Service-Bereich vom Zeitalter des Barock und seinen Indirekten bis in die Ägide des Internet und seinen elektronifizierten Agenten durchlaufen hat, findet die Frage nach der Handlungsmacht inzwischen freilich differente Antworten. Während die hierarchischen Strukturen zu Beginn des 18. Jahrhunderts die Unterlinge noch in ein rigides Gefüge zwängen, welches trotz vielfältiger Möglichkeiten zur Subversion der Subalternen, das Herrschaftsgefälle zwischen Gebieter und Diener vergleichsweise statisch erscheinen lässt, nimmt sich die Machtverteilung inzwischen anders aus. Denn unterdessen hat sich – nicht zuletzt infolge der massiven Delegation der Dienste an nichtmenschliche Akteure – die Verfügungsgewalt über die Information verschoben. Der Bote, sofern er kein Engel ist, arbeitet mit an unseren Gedanken. Längst schon sind die elektronischen Diener die neuen Herren der Kommunikation. In dieser Funktion treten sie indes weniger als sinistre denn in Form folgsamer Dämonen auf, die im Hintergrund unbemerkt ihre Tätigkeiten verrichten.

Was, so haben die Scholastiker seinerzeit diskutiert, passiert eigentlich nach dem Tag des jüngsten Gerichts, wenn die Engel keine Aufgabe mehr haben? »Sind untätige Engel überhaupt vorstellbar?«[31] Machen sie es sich dann in ihrer endlosen *idle time* bequem? Nach dem Tag des jüngsten Gerichts wird es keine Engel mehr geben, folgert etwa Thomas von Aquin. Denn sobald das Ziel erreicht wurde, zu dessen Zweck ein Amt angelegt worden ist, gelangt auch dieses Amt an ein Ende. Damit endet jegliche Verwaltung, danach bleibt nur noch Gesang als eine Art Grundrauschen im Geschehen der Ewigkeit. Und doch dauert etwas an, etwas tradiert sich fort im Untergrund, auch nach dem Ende der Geschichte. Thomas behauptet, dass die Dämonen auch noch jenseits des letzten Tages ihrer Aufgabe als Vollstrecker der göttlichen Gerechtigkeit nachkommen. Noch nach der Nacht ohne Morgen werden sie weiterhin die Kräfte kontrollieren, um diesen Dienst ewig auszuüben. Das *aevum* der Subalternen kennt kein Ende. Im Virtuellen herrschen nur noch die Zweitkörper der Dienstbarkeit.[32]

Denn mit dem Verlust der Körperlichkeit seitens der humanoiden Medien, die für die elektronifizierte Pflichterfüllung nicht mehr notwendig bleibt, geht eine Perpetuierung der Servicekraft einher, die den Diener im Digitalen auf Dauer stellt. Bis zum nächsten Stromausfall. Oder, um eine von Goethes Briefschlussformeln zu bemühen: »von Ewigkeit zu Ewigkeit Amen«.[33]

---

31. Agamben, *Die Beamten des Himmels*, 2007, S. 57.
32. Vgl. zum aevum und zur Zweikörperlehre, die sich unmittelbar auf die Avatare in Second Life anwenden ließe Kantorowicz, *Die zwei Körper des Königs*, 1957, S. 279ff.
33. Brief von Goethe an Kestner vom März 1774, in: Schrader, *Die Schlussformel*, 1911, S. 37.

Literatur

Adams, Samuel u. Sarah: *The complete servant. Being a practical guide to the peculiar duties and business of all descriptions of servants... with useful receipts and tables*, London 1825.

Agamben, Giorgio: *Die Beamten des Himmels. Über Engel, gefolgt von der Angelologie des Thomas von Aquin*, Frankfurt a.M. 2007.

Albaret, Céleste: *Monsieur Proust. Erinnerungen* (1973), Frankfurt a.M. 2004.

Anonym: *Lehrbuch für Lieverey-Bediente. Worinn gelehret wird, wie sich der Diener sowohl in Sitten als auch in der Bedienung zu verhalten habe; nebst einem Unterrichte in verschiedenen nützlichen Kunststücken*, Wien; Prag 1794.

Barroso, David: *Botnets – The Silent Threat*, 2007 (= European Network and Information Security Agency, Heraklion, ENISA Position Paper, Bd. 3).

Bergson, Henri: *Schöpferische Entwicklung*. Nobelpreis 1927 Frankreich, Zürich 1907.

Büchner, Georg: »Leonce und Lena« (1836), in: Ders.: *Werke und Briefe*, Frankfurt a.M. 1979, S. 113–147.

Buck, Christian: *Rechenzentren vergeuden 80 Prozent der Prozessorleistung*, in: http://www.spiegel.de/netzwelt/tech/0,1518,565771,00.html, 2010 (aufgerufen: 28.09.2011)

Canales, Jimena: *A tenth of a second. A history*, Chicago 2009.

Computer Desktop Encyclopedia: *Art. ›Idle Time‹*, in: http://www.answers.com/topic/idle-time, 2010 (aufgerufen: 28.09.2011).

Critchley, Simon: *Very little... almost nothing. Death, philosophy, literature*, London 1997/2004.

Engelsing, Rolf: »Dienstbotenlektüre im 18. und 19. Jahrhundert«, in: Ders.: *Zur Sozialgeschichte deutscher Mittel-und Unterschichten*, Göttingen 1973, S. 180–224.

Erdmann, Johann Eduard: *Ueber die Langeweile. Vortrag gehalten im wissenschaftlichen Verein*, Berlin 1852.

Ferry, Steven M.: *Hotel butlers. The great service differentiators*, North Charleston, SC 2004.

Gontscharow, Iwan: *Oblomow. Roman* (1859), Zürich 1960, S. 495.

Gronau, Barbara; Lagaay, Alice: *Performanzen des Nichttuns*, Wien u.a. 2007.

Hacke, Martina: »Aspekte des mittelalterlichen Botenwesens. Die Botenorganisation der Universität von Paris und anderer Institutionen im Spätmittelalter«, in: *Das Mittelalter*, 11/1, 2006, S. 132–149.

Haywood, Eliza Fowler (Hg.): *A Present for servants from their ministers, masters, or other friends. And A present for a servant-maid* (1787), New York 1985.

Hengerer, Mark: *Kaiserhof und Adel in der Mitte des 17. Jahrhunderts. Eine Kommunikationsgeschichte der Macht in der Vormoderne*, Konstanz 2004.

Höge, Helmut: Was machen die Geräte eigentlich nachts?, in: http://blogs.taz.de/hausmeisterblog/2010/03/22/was_machen_die_geraete_eigentlich_nachts/, 2010 (aufgerufen: 28.09.2011).

Kantorowicz, Ernst H.: *Die zwei Körper des Königs. Eine Studie zur politischen Theologie des Mittelalters*, München 1957.

Kippenberg, Anton: »Stadelmanns Glück und Ende«, in: *Jahrbuch der Sammlung Kippenberg*, 2, 1922, S. 240–284.

Köhler, Andrea: *Lange Weile. Über das Warten*, Frankfurt a.M. 2007.

Löbe, William: *Das Dienstbotenwesen unserer Tage. Oder Was hat zu geschehen, um in jeder Beziehung gute Dienstboten heranzuziehen?*, Leipzig 1852/1855.

Polt-Heinzl, Evelyne: »Stationäre Diener der Kommunikation. Motivgeschichtliches Porträt eines literarischen Berufsfeldes«, in: *Sprachkunst. Beiträge zur Literaturwissenschaft, XXVIII/2, 1997, S. 275–290*.

Reuß, Heinrich XXVIII Prinz j. L.: *Der korrekte Diener. Handbuch für Herrschaften und deren Diener*, Berlin 1908.

Robbins, Bruce: *The servant's hand. English fiction from below*, New York 1986.

Roberts, Robert: *Roberts' guide for butlers and household staff (1827)*, Chester, CT 1988.

Schrader, Ernst: *Die Schlussformel in Goethes Briefen*, Greifswald 1911.

Schweizer, Harald: *On waiting*, London u.a. 2008.

Seaton, Thomas: *The conduct of servants in great families (1720)*, New York 1985.

Society for the Encouragement of Honest and Industrious servants: A proposal for the amendment and encouragement of servants, London 1752.

Veblen, Thorstein: *Theorie der feinen Leute. Eine ökonomische Untersuchung der Institutionen* (1899), Frankfurt a.M. 2007.

Williams, James: *The footman's guide: containing plain instructions to the footman and butler, for the proper arrangement and regular performance of their various duties, in large or small families: including the manner of setting-out tables, sideboards, &c., &c., the art of waiting at table, and for superintending large or small breakfast, dinner, and supper parties: directions for cleaning and preserving*, London 1847.

Wodehouse, Pelham G.: *Der unvergleichliche Jeeves. Roman*, Reinbek bei Hamburg 1995.

Serhat Karakayali

»Soziophagie«
Skizzen zur Figur der Vereinnahmung[1]

Ein Topos geht um in den Cultural Studies, der Kultursoziologie und der kritischen Soziologie, es ist der Topos der Vereinnahmung. Wann er seinen Siegeszug antrat, ist ungewiss. Mit Bestimmtheit lässt sich aber festhalten, dass er heute zu einem festen Bestandteil zeitdiagnostischer Theoriebildung avanciert ist. Mit dem Begriff der Vereinnahmung wird im Folgenden eine Figur gezeichnet, die in unterschiedlichen Gestalten auftritt und im Kern die Entkräftung und Erschöpfung heterogener Gegenmächte bezeichnet. Es geht darum, die Kraft des Gegners ins Leere laufen zu lassen oder sie gar in eigene Kraft zu verwandeln. Vereinnahmung ist ein Kampfsport, der nicht auf roher Kraft, sondern auf geschicktem Lenken und Ausweichen aufbaut. In diesem Beitrag soll versucht werden, verschiedene Varianten der Vereinnahmung herauszuarbeiten und ein vorläufiges und unvollständiges Tableau solcher Theoreme zu erstellen. Ausgehend von im engeren Sinne soziologischen Ansätzen werden hier vor allem Ansätze in den Blick genommen, die sich in unterschiedlicher Weise am marxistischen Paradigma orientieren.

Es handelt sich um einen kritischen Begriff, der nicht nur beschreiben will, sondern ein Unbehagen ausspricht: Was, wenn alle Gesellschaftskritik vergeblich ist, weil sie ins Leere läuft, nur zur Optimierung des Kritisierten führt? Dieser Gestus, so Silke van Dyk in ihrer kritischen Lektüre aktueller Positionen der Vereinnahmungskritik, ist zu einer populären Zeitdiagnose geworden, vertreten von prominenten Autoren etwa aus den Reihen der Kultur- oder Arbeitssoziologie. Die Vereinnahmungsoperationen würden jedoch von Autoren wie Ulrich Bröckling oder Luc Boltanski, so van Dyks Kritik, derart verabsolutiert, dass widerständiges und abweichendes Handeln gänzlich eskamotiert werde. Die These, dass Differenz selbst zum neuen Herrschaftsimperativ[2] (oder die »Abweichung zur Norm«;[3] die Minderheiten zum Mainstream[4]) geworden sei, sei problematisch, denn sie überhöhe ein Merkmal moderner Machttechnologien zur Kerneigenschaft der Gesellschaft. Es mangele den Ansätzen von Boltanski und Bröckling an einer Theorie und Empirie des Widerständigen. Kritisiert wird dieser Ansatz, weil die Formähnlichkeit von Kritik und Kapitalismus enthistorisiert und damit verallgemeinert werde. Es sei nicht plausibel, dass das freie, selbstbestimmte Subjekt notwendig deckungsgleich sei mit dem unternehmerischen und kreativen Selbst. Beide könnten sowohl ineinanderfließen als auch sich aneinander reiben. Weil hier mit einem verallgemeinerten Machtbegriff im

---

1. Für Anregungen, kritische Kommentare und Diskussionen danke ich Ulrich Bröckling.
2. Vgl. Bröckling, *Das unternehmerische Selbst*, 2007, S. 285.
3. Vgl. von Osten, *Norm der Abweichung*, 2003.
4. Terkessidis; Holert, *Mainstream der Minderheiten*, 1996.

Anschluss an Foucault gearbeitet werde, gelinge es nicht, die unterschiedlichen Machtkonzentrationen zwischen Kritikerinnen und Kapitalismus zu bestimmen. Die Gegenkraft werde a priori zur Ressource bestimmt, Widerstand sei daher nicht möglich.[5]

Die Theorie der Vereinnahmung hat eine Vorgeschichte: Bereits bei Durkheim finden sich Hinweise auf die innovierende Kraft der Abweichung, die dann bei Merton, Cloward und anderen weitergeführt wurden, bis hin zur Irritationsfunktion von Störung und Abweichung bei Luhmann. An die Stelle von Abweichungen treten in der Moderne, so Luhmann, »Irritationen«, mit denen soziale Systeme innovationsfähig und elastisch werden.[6] Dies war seit Durkheim ein Topos in der strukturalen Soziologie. Das Verhältnis zwischen Norm und Abweichung wurde im Sinne einer strukturinternen Funktion gedeutet: Abweichungen waren nötig, weil sie Innovation generierten und halfen, das System zu stabilisieren. Wo es keine Abweichung und keine Verarbeitung dieser Abweichung gibt, hört »Entwicklung« auf. So skizzierte Robert Merton in seinem allen Soziologiestudenten wohlvertrauten Aufsatz über »Sozialstruktur und Anomie« das Schreckbild einer abweichungsfreien und damit »neophoben« Gesellschaft.[7]

Neo und die Neophobie

Die Vermutung, Umstürzler seien Systemverbesserer wider Willen, gehört zum festen Repertoire literarischer und filmischer Narrationen und ist Teil der Selbstbeobachtung der modernen Gesellschaft. Der Einsatz derartiger Soziologeme, also von Aussagen über die Funktionsweise des Sozialen, in pop- und alltagskulturellen Prototheorien von Macht, Herrschaft und Ausbeutung mag exemplarisch an einer Episode aus der *Matrix*-Trilogie deutlich werden. Die Science-Fiction-Saga handelt von einer kleinen Gruppe von Widerständlern, die gegen die Herrschaft der Maschinen kämpfen, welche eine Gesellschafts-Simulation – die westliche Zivilisation der Gegenwart – als perfektes Machtinstrument entwickelt haben. Im zweiten Teil (*Matrix Reloaded*) erfahren wir, dass der Held, »Neo«, eine Art Messias zur Errettung der Menschheit aus der Sklaverei der Maschinen, schon einmal das »System« zum Zusammenbruch geführt hat. Daraufhin sei es, mit veränderten Parametern, neu gestartet worden – *reloaded* eben. Für die Figur des »Architekten«, einem Programm innerhalb der Gesellschaftssimulation namens »Matrix«, unterliegt Neo daher einer Illusion: er täuscht sich über die wirklichen Maximen und Funktionsweisen seines Handelns. In Wirklichkeit dient sein Streben nach Emanzipation nur der Verbesserung der Herrschaft der Maschinen: »Dein Leben ist das Resultat einer unausgeglichen-

---

5. Van Dyk schlägt vor, kapitalismuskritische Strategien nicht als Grenzüberschreitung zu konzipieren, sondern als Grenzbearbeitung, d.h. als öffentliche und kollektive Problematisierung von Grenzen, womit Gesellschaft dann allerdings als Summe von Grenzbeziehungen gefasst wird (van Dyk, *Gegenstrategien als Systemressource*, 2010, S. 665).
6. Luhmann, *Die Behandlung von Irritationen*, 1995.
7. Merton, *Sozialstruktur und Anomie*, 1968, S. 254.

nen Gleichung, die bei der Programmierung der Matrix aufgetreten ist. Du bist die mögliche Auswirkung einer Anomalie, die ich trotz meiner Bemühungen nicht beseitigen konnte aus dem, was ansonsten eine Harmonie mathematischer Präzision ist. Auch wenn es eine beharrlich gemiedene Bürde bleibt, kommt sie nicht unerwartet und unterliegt bis zu einem gewissen Grad der Kontrolle«. Diese Anomalie, so heißt es weiter, sei »systembedingt und verursacht leider selbst bei einfachsten Gleichungen Schwankungen«. Mehr noch, das System sei erst dadurch stabil geworden, dass die Menschen die Möglichkeit zur freien Entscheidung erhielten. Diese Innovation verdankt die Matrix, so die Erzählung des Architekten, einem Programm namens »Orakel«. Während der Architekt durch einen bärtigen Mann dargestellt wird, erscheint das Orakel in Gestalt einer älteren schwarzen Frau, die in ihrer Küche Kekse backt.[8] Der Architekt oder Programmierer ist für die Gleichungen zuständig, die den Ablauf des sozialen Geschehens möglichst schwankungsfrei, präzise und harmonisch regeln sollen. Die prästabilierte Harmonie ist aber zum Scheitern verurteilt. Bereits kleinste Abweichungen führen in die Katastrophe. Man könnte in einer solchen Gesellschaftskonzeption auch die Karikatur des Parsons'schen Strukturfunktionalismus mit seinen Handlungsschemata sehen, der aufgrund seiner theoretischen Engpässe in Bezug auf Innovationen, Störungen und Normenkonflikte kritisiert wurde. Das diesen Gesellschaftsmodellen zugrunde liegende theoretische Grundprinzip ist Rückbezüglichkeit oder Reflexivität. Viele Gesellschaftstheorien beschreiben die politische und ökonomische Ordnung als einen sich selbst regulierenden und reproduzierenden Funktionszusammenhang, der expandiert und sich dabei weiter ausdifferenziert. Das gilt nicht nur für die verschiedenen Ausprägungen der Systemtheorie von Parsons' Strukturfunktionalismus bis zu Luhmanns Aufnahme des Konzepts der Autopoiesis, sondern auch für die marxistischen und postmarxistischen Kritiken der politischen Ökonomie oder die kritische Theorie der Frankfurter Schule. Es gilt insbesondere aber auch für die impliziten Gesellschaftstheorien, die in die Praktiken sozialer Bewegungen und/oder alltäglicher Gesellschaftskritik eingeschrieben sind. Die lebensweltliche Rede vom »System«, das es zu bekämpfen gelte, von »dem Kapitalismus« und »dem Staat«, die abzuschaffen oder zu bändigen seien, impliziert die Vorstellung einer Totalität, die sich selbst erhält. Zugleich aber operieren solche Ansätze mit einem Außen des Systems, einer Bezugsebene, die als energetische Quelle des ansonsten geschlossenen Systems gedacht werden. Denn auch Herrschaft ist kein Perpetuum mobile. Die Ebene der Totalisierung und Abschließung einer sozialen Selbsterhaltung ist als Funktionsebene zu beschreiben. Die Rückbezüglichkeit und Selbstreproduktion sozialer Aggregate oder Systeme beschreibt deren Operativität. Man könnte

---

8. Diese typologische Entgegensetzung von majoritärer und minoritärer Subjektivität verweist bereits auf die Idee einer Energetik »von unten«. Deleuze beschrieb die Majorität als Statik und das Minoritäre als die Quelle, soziologisch gesprochen, sozialen Wandels: »Deshalb müssen wir das Majoritäre als homogen-konstantes System, die Minoritäten als Subsysteme und das Minoritäre als potenzielles und geschaffenes, als schöpferisches Werden unterscheiden« (Deleuze, *Bartleby oder die Formel*, 1994, S. 205).

hier die physikalische Analogie des Energieerhaltungssatzes[9] anführen, wonach in geschlossenen Systemen keine Energie entstehen (oder entweichen) kann. Soziale Systeme bedürften demnach einer externen Zufuhr sozialer Energie. Sie bedürften eines Außen. Das Modell einer fundierenden Außenrelation findet sich in zahlreichen Ansätzen wieder, die hier nicht diskutiert werden: So gibt es etwa bei Carl Schmitt oder Hannah Arendt Theoriefiguren, in denen der Exzess der Macht auf eine dem westlichen Rechtssystem äußerliche Instanz zurückgeführt wird. Bei Schmitt ist es der revolutionäre Partisan, der den gehegten Krieg und damit die Kriegsführung der europäischen Staaten deterritorialisiert.[10] Eine Theoriefigur, die sich bereits in »Land und Meer« findet, wo das Gefüge von Meer und einer nautischen Macht dazu führt, dass die Insel England aus einem »abgesprengten Stück des Festlandes zu einem Teil des Meeres wurde, zu einem Schiff, oder noch deutlicher zu einem Fisch«.[11] Bei Arendt wiederum konnten die Buren in Südafrika ihre absolute Herrschaft über die schwarze Bevölkerung nur durch eine Angleichung an die »Barbaren« erreichen: »nur in Angleichung an die Bedingungen der Umwelt konnte ein so kleiner Bevölkerungssplitter wie die Buren sich auf die Dauer überhaupt halten«.[12] Bei Agamben[13] fußt die Souveränität auf der einschließenden Ausschließung des nackten Lebens, die Politik wird durch das radikal Apolitische fundiert. Bei Simondon sind die präindividuellen Singularitäten Auslöser von Dynamiken der Destabilisierung von metastabilen Gleichgewichten bzw. der Individuation, die unabschließbar das soziale Werden ausmacht.[14]

Das Lebendige und die Macht

Allen soziologischen und gesellschaftstheoretischen Ansätzen ist die Diagnose der Immanenz der Moderne gemeinsam. Gesellschaftliche Zusammenhänge werden als solche des Selbstbezugs gedacht. Dies scheint etwa auch und gerade für Marx' Theorie des Werts zu gelten.[15] Wo Marx als Theoretiker des Werts und des automatischen Subjekts gelesen wird, wird auf jene Passagen Bezug genommen,

---

9. Auch Bourdieu spricht vom »Prinzip der Erhaltung der sozialen Energie«, mit dem er begründet, dass die scheinbar den ökonomischen Tauschbeziehungen enthobenen Sphären des Sozialen und des Kulturellen im Kern als in ökonomisches Kapital transformierbar angesehen werden müssen. Alle sozialen Praxisformen geraten so in den Strudel der Ökonomie der Knappheit und stellen sich eben dadurch als soziales und kulturelles »Kapital« dar (Bourdieu, *Ökonomisches Kapital – kulturelles Kapital – soziales Kapital*, 1992). In Bourdieus Variante des Energieerhaltungssatzes wird die Geschlossenheit des Systems betont und damit der Zwang, die »Energie« sozialer Praktiken nicht verschwinden zu lassen. Im Kern – und von Bourdieu uneingestanden – handelt es sich dabei um den Marx'schen Verwertungsimperativ, was wiederum Nassehi verfehlt, wenn er dem Bourdieu'schen Theorieprogramm Ökonomismus vorrechnet (vgl. Nassehi, *Der soziologische Diskurs der Moderne*, 2006).
10. Schmitt, *Theorie des Partisanen*, 1963.
11. Schmitt, *Land und Meer*, 1942, S. 65.
12. Arendt, *Elemente und Ursprünge totaler Herrschaft*, 2005, S. 425.
13. Agamben, *Homo sacer*, 2002.
14. Simondon, *L'individuation psychique et collective*, 2007.
15. Vgl. hierzu Berger, *Modernitätsbegriff und Modernitätskritik*, 1988.

in denen er den ökonomischen Kreislauf der Inwertsetzung als Selbstverwertung beschreibt: »Fixiert man die besondren Erscheinungsformen, welche der sich verwertende Wert im Kreislauf seines Lebens abwechselnd annimmt, so erhält man die Erklärungen: Kapital ist Geld, Kapital ist Ware. In der Tat aber wird der Wert hier das Subjekt eines Prozesses, worin er unter dem beständigen Wechsel der Formen von Geld und Ware seine Größe selbst verändert, sich als Mehrwert von sich selbst als ursprünglichem Wert abstößt, sich selbst verwertet. Denn die Bewegung, worin er Mehrwert zusetzt, ist seine eigne Bewegung, seine Verwertung also Selbstverwertung. Er hat die okkulte Qualität erhalten, Wert zu setzen, weil er Wert ist.«[16] Der Marx der Selbstreferenz und Autologik koexistiert aber neben dem Marx des Außen: Quelle des Mehrwerts ist nicht das Kapital oder der Wert selbst, der nur den Prozess der Verwertung bewirkt, sondern die »lebendige Arbeit«: »Die lebendige Arbeit muß diese Dinge ergreifen, sie von den Toten erwecken, sie aus nur möglichen in wirkliche und wirkende Gebrauchswerte verwandeln.«[17] Die okkulten Eigenschaften, von denen Marx spricht, der praktische Animismus des Kapitals, verdankt sich selbst einer Vereinnahmung, die in Marx' Terminologie als Soziophagie auftritt: »Indem der Kapitalist Geld in Waren verwandelt, die als Stoffbildner eines neuen Produkts oder als Faktoren des Arbeitsprozesses dienen, indem er ihrer toten Gegenständlichkeit lebendige Arbeitskraft einverleibt, verwandelt er Wert, vergangne, vergegenständlichte, tote Arbeit in Kapital, sich selbst verwertenden Wert, ein beseeltes Ungeheuer, das zu ›arbeiten‹ beginnt, als hätt' es Lieb' im Leibe.«[18] Durch die Wandlung in Waren, Güter und Produktionsmittel wird aus lebendiger Arbeit tote Arbeit,[19] die ihrerseits nicht Quelle von Mehrwert sein kann. Marx' Polemik richtet sich durchweg gegen Theorien, in denen das Kapital aus sich heraus Reichtum (d.h. Mehrwert) schafft, aber auch gegen die scheinbar winzige, aber doch bedeutsame Verwechslung von lebendiger Arbeit mit vergegenständlichter Arbeitskraft. Ein direkter Austausch von Geld, also vergegenständlichter Arbeit, mit lebendiger Arbeit würde, so Marx, das Wertgesetz aufheben, woraus folgt, dass es für lebendige Arbeit kein Maß geben kann.[20] Marx, der die Verwechslung zwischen Arbeit und Arbeitskraft in der damaligen Arbeitswertlehre für deren entscheidenden Fehler hielt, legte damit den Grundstein für eine radikale Interpretation dieser Differenz. Die lebendige Arbeit war nicht nur eine abstrakte Größe wie der Wert, sondern konnte nur in Gestalt des konkreten Arbeiters auftreten und wirksam werden. Am konkreten Arbeiter wiederum hängen soziale, kulturelle und ökonomische Randbedingungen,[21] die ihn im positiven Sinne

---

16. Marx, *Das Kapital*, S. 168f.
17. Marx, *Das Kapital*, S. 198; in Deleuze/Guattaris *Tausend Plateaus* heißt das Kapitel, das sich mit Fragen der Ausbeutung und der Ökonomie befasst, »Vereinnahmung« und wurde in der Rezeption bislang praktisch nicht zur Kenntnis genommen.
18. Ebd., S. 209.
19. Marx spricht etwa von der Verwandlung von Unruhe in Sein und von Bewegung in Gegenständlichkeit (Marx, *Das Kapital*, S. 204).
20. Ebd., S. 558.
21. Damit ist auch eine Reformulierung des Marx'schen Wertgesetzes verbunden. Bei Marx wurden die Grenzen zwischen produktiven und unproduktiven Tätigkeiten theoretisch scharf gezogen. Im

zum Arbeiter machen. Die lebendige Arbeit zur Produktion von Mehrwert einzusetzen hieß, so die postoperaistische Interpretation von Hardt und Negri, das »gesellschaftliche Leben« zu produzieren und auszubeuten.[22] Es geht nicht nur um den konstitutiven Überschuss der lebendigen Arbeit über die kapitalistische Produktion, sodass das Kapital »nie das Leben insgesamt an sich reißen« kann.[23] Vielmehr beschreiben Hardt und Negri die Gesamtheit sozialer Praktiken und Entitäten mit einem wirtschaftswissenschaftlichen Terminus als »Externalitäten«,[24] die den Unternehmen ohne eigenes Zutun ökonomische Vorteile verschaffen. Diese gesellschaftlich erzeugten Externalitäten beschreiben sie einerseits als dem Kapital äußerliche Instanz, betonen aber andererseits die zunehmende Ununterscheidbarkeit von Leben und Produktion, was zu der scheinbar paradoxen Formel eines »Kommunismus des Kapitals« führt.[25] Auf einer Ununterscheidbarkeit beruht auch die paradoxe Theorie der Vereinnahmung, nach der das Vereinnahmte einerseits Garant und Quelle der Veränderung ist, andererseits aber jederzeit als das genaue Gegenteil fungieren kann.[26] Dass der Kapitalismus nur vermittelst des ihm externen »Lebens« überleben kann, war auch die These Rosa Luxemburgs. Vor dem Hintergrund des Kolonialismus erklärte sie den expansiven Charakter der kapitalistischen Akkumulation durch deren Bedarf an »nicht-kapitalistischen« Gesellschaftsformationen: »daß die kapitalistische Akkumulation zu ihrer Bewegung nichtkapitalistischer sozialer Formationen als ihrer Umgebung bedarf, in ständigem Stoffwechsel mit ihnen vorwärts schreitet und

---

Grenzfall schafft ein Arbeiter, der an einem Fließband steht, noch Mehrwert, während der Arbeiter, der die Produkte vom Fließband in Kisten befördert, das nicht mehr tut. Um dieses Problem zu lösen, verfolgen Hardt und Negri eine Entgrenzungsstrategie, die analog zum Leibniz'schen Begriff des zureichenden Grundes funktioniert, der wiederum im Werk von Deleuze eine wichtige Rolle spielt (Deleuze, *Die Falte*, 1995). Durch die Verbindung des Prinzips des zureichenden Grundes mit dem Prinzip der Kausalität enthält eine Substanz nicht nur alle ihr zugehörigen, sondern eine unendliche Menge von Prädikaten, schließlich die gesamte Welt. Unendlichkeit wird zu Unbestimmbarkeit. Deshalb ist in jedem einzelnen Arbeitsvermögen alles enthalten, was in einer unendlichen Kette von Kausalitäten dessen Existenz ermöglicht.
22. Hardt; Negri, *Multitude*, 2004, S. 167.
23. Ebd.
24. Mit Marazzi könnte man auch sagen, dass heute nicht mehr das Geld, sondern die Gesamtproduktivität der Gesellschaft die vorherrschende Wertform bestimmt: »In einer Produktion, die auf sämtliche Kompetenzen und Erfahrungen sowie auf die Beziehungsfähigkeit der Menschen angewiesen ist, kommt der monetären Wertform sozusagen eine biologische Valenz zu« (ders., *Fetisch Geld*, 1999, S. 78).
25. Negri, *Barack Obama hat etwas verstanden*, 2009.
26. In diesem Sinne wäre etwa das Konzept des Exodus aus einer Foucault'schen Perspektive der Vereinnahmung sozialer Kontrolle als konstitutiv für die Entstehung des ökonomischen oder liberalen Regierens zu interpretieren. Die Regierung wird bei Foucault nicht den Regierten von den Regierenden auferlegt, sondern »durch eine ganze Reihe von Konflikten, Übereinkünften, Diskussionen und gegenseitigen Zugeständnissen« hergestellt (Foucault, *Die Geburt der Biopolitik*, 2004b, S. 28). Der Liberalismus als Selbstbegrenzung des Regierens, die auf der Vorstellung einer »Natur der Dinge« beruht, ist jenseits der Problematik einer rechtlichen Einschränkung des politischen Handelns angesiedelt. Foucault arbeitet nicht weiter heraus, weshalb es zu dieser Selbstbegrenzung der Regierung kommt. Bei Negri ist es die Multitude, die diese Grenze zieht. Deren Macht »beruht nicht so sehr auf der Möglichkeit, dieses Verhältnis zu zerschlagen, als darauf, es ins Leere laufen zu lassen, wegzugehen, sich ihm durch radikale Negation zu entziehen« (Negri, *Politische Subjekte*, 2004, S. 24).

nur so lange existieren kann, als sie dieses Milieu vorfindet.«[27] Schon in der französischen Regulationsschule[28] tauchte die Idee einer Landnahme wieder auf, als man versuchte, die Spezifika des Fordismus (als »innere Landnahme«) zu bestimmen. In der jüngeren Debatte ist diese Figur in den Arbeiten von David Harvey und Klaus Dörre wieder aufgegriffen worden. Dörre verbindet nun die Außenrelation mit einer Stabilisierungsfunktion. Das Außen dient nicht nur als Quelle des Wandels und der Vermehrung: Nach Dörre »ist der Kapitalismus in der Lage, sich an Kreuzpunkten seiner Entwicklung selbst zu häuten«.[29] Solche immunisierenden Verwandlungen sind möglich, weil der Kapitalismus sich »in spezifischen Raum-Zeit-Relationen stets auf ein ›Außen‹ beziehen kann, das er teilweise selbst mitproduziert.«[30] Entgegen der Idee einer »absoluten Grenze« der kapitalistischen Expansion, wie sie noch Luxemburg vertreten hatte,[31] und die der Vorstellung entsprach, das »Außen« sei ein distinkter und endlicher Raum, postuliert er dessen prinzipielle Unerschöpflichkeit. Wenn der Kapitalismus selbst sein eigenes »Außen« herstellen kann, wie Harvey meint, dann müsse angenommen werden, »dass die Kette der Landnahmen prinzipiell unendlich ist«, weshalb Dörre im Prozess der Landnahme eine »Selbststabilisierungsfunktion«[32] am Werk sieht. Dass diese Außenrelation schließlich in pragmatisch-handlungstheoretischer Art konstruiert wird, zeigt sich, wenn Dörre (ganz wie seine Ko-Autoren Lessenich und Rosa) dem Verhältnis von Kapitalismuskritik und Alltagsbewusstsein, im Anschluss an Boltanski und Chiapello, eine dem Kapitalismus vorgängige Widersprüchlichkeit attestiert: »Funktionierende Konkurrenz setzt in gewisser Weise ihr Gegenteil voraus. Die Ausdehnung und Verallgemeinerung von Warenbeziehungen und Konkurrenz erzeugt auf ihrer Kehrseite einen systemischen Bedarf an nicht-marktförmigen (…) Institutionen und Verhaltensweisen.«[33]

Das Außen der Ordnung

Während bei Marx und in an ihn anschließenden neomarxistischen Ansätzen wie dem Postoperaismus das (soziale, gesellschaftliche) Leben in einer Zone der Ununterscheidbarkeit sowohl vereinnahmbar als auch Ursprung einer die

---

27. Luxemburg, *Die Akkumulation des Kapitals*, 1981, S. 315. In jüngeren kolonialismustheoretischen Arbeiten wird darauf hingewiesen, dass der koloniale Raum nicht nur im Sinne einer Ressourcenausbeutung und Erweiterung ökonomischer Absatzmärkte von Bedeutung für den metropolitanen Kapitalismus gewesen ist, sondern auch als positive Ressource einer künstlerischen und politischen Ressource für die kulturellen Umbrüche der Nachkriegszeit (vgl. Avermaete; Karakayali; von Osten, *Colonial Modern*, 2010).
28. Lipietz, *Nach dem Ende des goldenen Zeitalters*, 1998.
29. Dörre, *Die neue Landnahme*, 2009a, S. 41.
30. Ebd., S. 42.
31. Im globalisierungskritischen Diskurs werden einerseits ökologische, andererseits soziale Entitäten (die den Kapitalismus »einbetten«) als äußere Grenzen von Kapitalismus und Globalisierung eingesetzt (vgl. Altvater; Mahnkopf, *Grenzen der Globalisierung*, 1996).
32. Ebd., S. 43.
33. Dörre, *Kapitalismus, Beschleunigung, Aktivierung*, 2009b, S. 188.

Prozesse der Vereinnahmung aussetzenden Praxis sein soll, werden der Kapitalismus und die Kritik an ihm in der Weber'schen Linie als getrennte Logiken gedacht. Prominent steht hierfür die Studie »Der neue Geist des Kapitalismus« der französischen Soziologen Luc Boltanski und Ève Chiapello. Der Kapitalismus ist bei ihnen eine gleichsam der Gesellschaft äußerliche Instanz, die ihrerseits ihr äußerliche Instanzen als Rechtfertigungen heranzieht. Sie beziehen sich dabei auf Webers gleichlautenden Begriff, der seinerseits die außerökonomischen Grundlagen des Kapitalismus in religiös fundierten Ethiken lokalisierte. Weber wurde nicht müde, den Überschuss des Ethos über einen rein kapitalistischen Geschäftssinn zu betonen.[34] Der Ethos des modernen Kapitalismus ist keinesfalls utilitaristisch. Oberstes Ziel ist vielmehr der »Erwerb von Geld und immer mehr Geld, unter strengster Vermeidung alles unbefangenen Genießens, so gänzlich aller eudämonistischen oder gar hedonistischen Gesichtspunkte entkleidet, so rein als Selbstzweck gedacht, daß es als etwas gegenüber dem ›Glück‹ oder dem ›Nutzen‹ des einzelnen Individuums jedenfalls gänzlich Transzendentes und schlechthin Irrationales erscheint.«[35] Während aber für Weber der Ethos vor allem die Entstehung und nicht die fortlaufende Reproduktion des Kapitalismus erklären kann, ist diese selbstlaufende Reproduktion angesichts der historisch wachsenden Zahl von Menschen, die nicht unmittelbar von dieser Produktionsweise profitieren, für Boltanski und Chiapello nicht gesichert. Weder Systemzwänge noch materielle Teilhabe sind als Beteiligungsmotiv ausreichend.[36] Traditionell wurde Beteiligungsmotivation in der Soziologie sozialisations- oder ideologietheoretisch erklärt. Auch für Boltanski und Chiapello ist der »Geist« des Kapitalismus wesentlich »ideologisch.«[37] Erklärt werden muss also nicht mehr, wie bei Weber, auf welchen subjektiven Ethiken der Kapitalismus aufruht, sondern wie er tendenziell der kapitalistischen Arbeitswelt entgleitende Subjekte motiviert. Weil der Kapitalismus die erste historische Ordnung ist, die von der Moralsphäre vollständig losgelöst ist, man könnte auch sagen, dessen Teilsystem namens »Wirtschaft« sich radikal »aus«differenziert hat, kann er aus sich heraus keinen »Geist« hervorbringen. Außer wirtschaftswissenschaftlichen Begründungen über die besondere Leistungsfähigkeit eines solchen Systems, von denen Boltanski und Chiapello behaupten, dass sie in den alltäglichen Praktiken keinerlei einbindende Effekte erzielen, existieren also rechtfertigende Elemente nur außerhalb der kapitalistischen Ökonomie.[38] Die Ressourcen sind in den historisch aufeinanderfolgenden Rechtfertigungsordnungen zum Teil Glaubenssätze, aber auch explizit »kapitalismusfeindliche« Ideologien.[39] Für die jüngere Vergangenheit registrieren die Autoren eine neuerliche Transformation dieses Geistes, dessen wesentliche Quelle die »künstlerische Kritik« ist: »Sie hat sich zunächst in den kleinen Künstler- und Intellektuellenkreisen entwickelt und

---

34. Weber, *Die protestantische Ethik*, 1904/2006, S. 33f.
35. Ebd., S. 72.
36. Boltanski; Chiapello, *Der neue Geist des Kapitalismus*, 2003, S. 46.
37. Ebd., S. 43.
38. Ebd., S. 58.
39. Ebd., S. 59.

andere Züge des Kapitalismus betont: Sie kritisiert die Unterdrückung in einer kapitalistischen Welt (die Herrschaft des Marktes, die Disziplin, die Fabrik), die Uniformierung in einer Massengesellschaft und die Transformation aller Gegenstände in Waren. Demgegenüber pflegt sie ein Ideal individueller Autonomie und Freiheit, ihre Wertschätzung gilt der Einzigartigkeit und Authentizität.«[40] Während die künstlerische Kritik über lange Zeit eher marginal blieb, spielte sie in der Bewegung von 1968 zum ersten Mal eine der Sozialkritik gleichwertige Rolle. Die Pointe von Boltanskis und Chiapellos Argumentation liegt darin, dass sie die Veränderungen des Kapitalismus seit den achtziger und neunziger Jahren, die auch einen neuen »Geist« hervorgebracht haben, »als eine besondere Aneignung der ›künstlerischen Kritik‹ und ihrer Forderungen nach mehr Autonomie, Kreativität, nach authentischeren Beziehungen zwischen den Personen etc.«[41] deuten. Der Kapitalismus habe auch diese Form seiner Kritik absorbiert, nachdem es ihm bereits früher gelungen sei, die Arbeiterbewegung und ihre sozialen Forderungen zu integrieren. So gelingt es ihm, »sich an Gesellschaften mit völlig unterschiedlichen Idealen anzupassen und die Ideen derjenigen für sich zu vereinnahmen, die ihn in der vorangegangenen Entwicklungsstufe noch bekämpft hatten.«[42] Die Ideologien sind zwar die wesentlichen Stützen des Kapitalismus, nur sie geben ihm einen »Sinn«,[43] zugleich aber behaupten Boltanski und Chiapello, dass die Ordnung »gänzlich [...] auf kapitalismuskongruenten Strukturen beruht«.[44]

In einer anderen Lesart der Weber'schen Modernisierungstheorie wird der Gegensatz von Lebenswelt und (instrumenteller) Rationalität zur Grundlage einer profilierten Vereinnahmungskritik, die der kritischen Theorie.[45]

In der modernen Massenkultur, so etwa Marcuses These, seien kulturelle Artefakte, Musik, Literatur etc. ihrer vormals kritischen Funktion beraubt worden. Während in der Welt vor dem »Spätkapitalismus« der Kultur noch ein überschießendes Moment innewohnt, welches das Bewusstsein »noch immer mit der Möglichkeit ihrer Wiedergeburt in der Vollendung des technischen Fortschritts« verfolgt,[46] sind die Archetypen der modernen Massenkultur keine »Bilder einer anderen Lebensweise mehr, sondern eher Launen oder Typen des-

---

40. Boltanski; Chiapello, *Die Rolle der Kritik*, 2001, S. 468.
41. Ebd., S. 468f.
42. Boltanski; Chiapello, *Der neue Geist des Kapitalismus*, 2003, S. 257.
43. Ebd., S. 48.
44. Ebd. Interessanterweise vertritt Boltanski in seinen älteren, an Thevenot orientierten, Arbeiten noch den pragmatistischen Standpunkt einer »Soziologie der Kritik«, in dem die alltagsweltlichen Kritikhandlungen im Sinne der symmetrischen Anthropologie Latours den gleichen Stellenwert einnehmen wie die theoretische Praxis der Sozialwissenschaftler. Von dieser Soziologie der Kritik ausgehend kritisierten Boltanski und Chiapello die Unfähigkeit der kritischen Soziologie, die praktischen Formen der Kritik und deren Rolle bei der Umgestaltung der sozialen Welt überhaupt in den Blick zu bekommen (vgl. Wuggenig, *Paradoxe Kritik*, 2009) und vollziehen damit wiederum eine theoriepolitische Wende zu einer – erneuerten – Sozialkritik.
45. Adorno und Horkheimer entwickelten ihre »Dialektik der Aufklärung« unter Bezug auf Lukács' Aufnahme der Weber'schen Thematik einer Rationalisierung bzw. Entzauberung der Lebenswelt. Zur Kritik an dieser Interpretation Webers vgl. Habermas, *Theorie des kommunikativen Handelns*, 1981.
46. Marcuse, *Der eindimensionale Mensch*, 1967, S. 79.

selben Lebens«.⁴⁷ Ihre Verwandlung in Güter und Dienstleistungen habe sie ihrer »subversiven Gewalt« beraubt, sie »entkräftet«.⁴⁸ Auch für Horkheimer existierte in der vormodernen Welt »noch eine Kluft zwischen Kultur und Produktion«, die nun eingeebnet werde.⁴⁹ So wird Gesellschaft als ein Ensemble loser miteinander verbundener Sphären skizziert, die durch Kommodifizierung asymmetrisch ineinander übergehen. Das aktive und zerstörerische Element nimmt die Form einer übermächtigen »Gesellschaft« an: »Die absorbierende Macht der Gesellschaft höhlt die künstlerische Dimension aus«.⁵⁰ Während für die kritische Theorie, insbesondere bei Adorno und Horkheimer, aus diesem Befund eine Beschädigung nahezu sämtlicher subjektiver Einspruchsinstanzen gegen den »Verblendungszusammenhang« resultiert, kommen Boltanski und Chiapello zu einem differenzierteren Ergebnis: Als »vereinnahmt« gilt unter den aktuellen gesellschaftlichen Konstellationen vor allem die »künstlerische Kritik«, die vollständig in Managementpraktiken aufgegangen sei.

Das Pendant zum Vereinnahmungstopos ist eine Theorie des Avantgardismus. Eine vielfach diskutierte Frage in neueren Debatten um Deregulierung, Beschleunigung und Entgrenzung im Kapitalismus ist die nach dem Zusammenhang zwischen den Avantgarden neoliberaler Praktiken und dem Prozess der Entfesselung des Sozialen. Die Pioniere werden dabei entweder in kulturkonservativer Manier für den Niedergang der Werte verantwortlich gemacht oder, davon kaum unterscheidbar, im Anschluss an eine lacanianische Tradition für den Niedergang des »Gesetzes«. Vor allem aber werden die Avantgarden als Wegbereiter und Beschleuniger sozialer Prozesse der Entgrenzung betrachtet, die sich mit ökonomischen Kräften verbünden. Diese Umkehrung oder Umwertung von ihrem Selbstverständnis nach emanzipatorischen sozialen und kulturellen Bewegungen ist Gegenstand unterschiedlicher gesellschaftstheoretischer Überlegungen: von Alain Badious »Thermidorianern« über die »Subjektivierung der Arbeit«⁵¹ und den »aktivierenden Sozialstaat«⁵² bis zur Konterrevolution im kognitiven Kapitalismus bei Paolo Virno. Insbesondere Andreas Reckwitz hat die zentrale Bedeutung von kulturellen Bewegungen herausgearbeitet, die neben den humanwissenschaftlichen Diskursen und der Technologie ein Ort der Produktion neuer Subjektformen ist.⁵³ Ähnlich wie bei Boltanski und Chiapello geht es den kulturellen Bewegungen nicht um Fragen der Umverteilung, sondern »um den Versuch, der dominanten Kultur widersprechende Sinnmuster, alternative Identitäten und Subjektivitäten auszubilden«. Für Reckwitz sind es, der Begriff der Avantgarde spricht für sich, gerade die ästhetischen Bewegungen gewesen, die zu einer Veränderung der modernen Kultur geführt haben. Das sei darin begründet, dass sie auf der Ebene der Subjektformierung agierten. Die

---

47. Ebd.
48. Ebd., S. 80.
49. Horkheimer, *Zur Kritik der instrumentellen Vernunft*, 1967, S. 138.
50. Marcuse, *Der eindimensionale Mensch*, 1967, S. 81.
51. Moldaschl; Voß, *Subjektivierung von Arbeit*, 2002.
52. Lessenich, *Die Neuerfindung des Sozialen*, 2008.
53. Reckwitz, *Das hybride Subjekt*, 2010.

gegenhegemonialen Subjektkulturen reagierten auf Brüche in der dominanten Subjektkultur und entwickelten dabei in den drei »Sphären der Subjektivation« alternative Praktiken: »Praktiken der Arbeit, die zum großen Teil in solche der Kreativproduktion überführt werden, Praktiken der intimen Beziehungen, die sich von der bürgerlichen Familie entfernen, sowie Technologien des Selbst, die offensiv wahrnehmungs- und erlebnisorientiert sind.«[54] Ähnlich wie bei Boltanski, jedoch ohne Bezug auf eine Reform der Kapitalismuskritik, erscheinen die radikalen künstlerischen Praktiken als Wegbereiter für den Neoliberalismus: Reckwitz spricht von der (post)modernen Kunst als einem »Training« für ein neues, »kulturrevolutionäres Subjekt«. Vor dem Hintergrund dieser subjekttheoretischen Überlegungen zur Verschränkung von Kritik, Subjektivität und Macht wurden insbesondere in differenztheoretischen Zusammenhängen Ansätze zu einer dekonstruktiven Subjektkonzeption entwickelt.[55]

Nicht mehr das aktivische, schlimmstenfalls »unternehmerische« Selbst[56] steht damit Pate für die Möglichkeit einer Vereinnahmungsresilienz, sondern ein zerstreutes, sich zurückziehendes Selbst, das dem Zugriff der Machtdispositive keine Angriffspunkte mehr bietet. Die Vereinnahmungsdiagnose konstruierte den Niedergang der subversiven und avantgardistischen kulturellen Praxen ausgehend vom aktivischen Charakter der Praktiken und dem Konzept der Anschlussfähigkeit (bzw. umgekehrt der Resilienz). In Mertons Anomietheorie war »retreat«, auf deutsch mit »Rückzugsverhalten« übersetzt, als eine marginale Praxisform beschrieben worden, die sich sowohl den gesellschaftlichen Zielen verweigert, als auch die Mittel ablehnt, diese Ziele zu erreichen. Von fünf möglichen Subjektformen war sie die problematischste. Gefährlicher noch als die Rebellion, die immerhin mit alternativen gesellschaftlichen Werten und diesen korrespondierenden Praktiken einherging, entzog der *retreatism* der Gesellschaft als solcher das subjektive und intersubjektive Material.[57] Im *retreatism* wird ein Subjekt ohne Eigenschaften kreiert, das sich der Logik der Vereinnahmung entziehen können soll. Paradebeispiel ist Hermann Melvilles literarische Figur »Bartleby«, in der Deleuze den Träger einer »kollektiven Aussage« sieht, die die »Rechte eines künftigen Volkes oder eines menschlichen Werdens« wahrt,[58] gerade indem Bartleby durch sein Nicht-Handeln, sein Schweigen das Refe-

---

54. Ebd.
55. Mit Friedrich Balke wäre zwischen einer normalisierenden (Luhmann) und einer emphatischen Theorie der Differenz (Deleuze) zu unterscheiden (Balke, *Eine frühe Soziologie der Differenz*, 2008, S. 139). Zwar verwendet Luhmann den Differenzbegriff auch historisch zur Kennzeichnung der Moderne. Daneben bzw. dagegen steht jedoch ein transepochaler und universaler Differenzbegriff, der beobachtungstheoretisch fundiert ist. Wenn nichts normaler ist als Differenz, Differenz gar die Grundbedingung von Beobachtung und Sinnstabilisierung schlechthin ist, bedarf es keiner deleuzianischen Philosophie der Differenz, die sich am Skandalon abarbeitet, mit dem das »Nicht-Eine« behaftet ist (Deleuze, *Differenz und Wiederholung*, 1992).
56. Bröckling, *Das unternehmerische Selbst*, 2007.
57. Wolf Lepenies hat diese Praxisform unter dem Begriff des Melancholischen (Lepenies, *Melancholie und Gesellschaft*, 1972) rubriziert und sie im Kontext der Romantik und psychologischer Theorien der Handlungshemmung diskutiert.
58. Deleuze, *Bartleby oder die Formel*, 1994, S. 59.

renzsystem zwischen Worten, Dingen und Handlungen »verwüstet«.[59] Gegenwärtig figurieren nicht-aktivische Praktiken wie das Schweigen, die Zurückhaltung oder Passivität[60] als Formen des *retreatism*.

Kybernetik und Kapitalismus

Vereinnahmung ist nicht nur Thema kulturkritischer Sozialtheorien oder literarischer Produktionen, sie ist auch politisches Programm und Teil der Alltagskultur. In Alltagskommunikationen, etwa in digitalen Netzwerken, zeigt sie sich vor allem in der Sorge um die Proliferation persönlicher Daten und deren Verwendung durch Staaten und Unternehmen. Die Sorge dreht sich nicht nur um einen möglichen, d.h. nur potenziellen und imaginierten Missbrauch, sondern auch um die Kontrolltechnologien, die sich mit Data-Mining und Suchmaschinen längst etabliert haben. Dem damit heraufziehenden, ubiquitären »liberal paternalism«[61] einer sanften Lenkung ist freilich kaum zu entrinnen. Vielleicht ist das der Grund für den großen medialen Erfolg, den das Buch »Der kommende Aufstand« feiern konnte.[62] Die Verfassergruppe, die sich programmatisch »Das unsichtbare Komitee« nennt, sieht einen als kybernetisch apostrophierten Kapitalismus am Werk, dessen Allmacht in seiner kommunikativen Dimension lokalisiert wird und dessen Zugriff man sich nur durch einen »Nebel«, eine radikale Undurchsichtigkeit und Unsichtbarkeit entziehen kann. Gegen die moderne Ideologie der Transparenz, die als Vorbedingung und Attribut der Demokratie gefeiert wird, kommt hier eine Skepsis gegenüber allen Formen der Sichtbarkeit zum Ausdruck,[63] denen die Vereinnahmungskritiker die Dunkelheit und das Geheime entgegenstellen. Kybernetik ist demnach nicht nur ein »neo-techno-

---

59. Ebd., S. 19. Das messianische Moment sieht Deleuze in der Nicht-Besonderheit, dem »I am not particular« Bartlebys, Kennzeichen des kommenden Menschen, sei es als Amerikaner, sei es als Proletarier. Diese Konzeption einer radikalen Unbestimmtheit verfolgt auch der Marx der Deutschen Ideologie, der die Allgemeinheit der Arbeiterklasse als deren vollständige Geschichtslosigkeit bezeichnet. Erst wenn die Proletarier jede Besonderheit (»die ganze alte Welt«, Marx; Engels, *Die deutsche Ideologie*, S. 60) abgelegt haben und der Gesellschaft »nackt« gegenübertreten, können sie zur »reinen Praxis« werden (vgl. Balibar, *Der Schauplatz des Anderen*, 2006, S. 158), vgl. hier auch Rancières Kritik an dieser Position, Rancière, *Le philosophe et ses pauvres*, 1983.
60. Alloa; Lagaay, *Nicht(s) sagen,* 2008; Gronau; Lagaay, *Ökonomien der Zurückhaltung*, 2010.
61. Thaler; Sunstein, *Nudge Improving decisions about health*, 2008.
62. Bemerkenswert ist dabei vor allem die große Aufmerksamkeit, die der Essay in den überregionalen Tageszeitungen fand. Insbesondere seine Adelung zum »wichtigsten linken Theoriebuch unserer Zeit« (FAZ, 8.11.2010) ausgerechnet in der FAZ führte zu kontroversen Debatten im linken Lager. Zur weiteren Rezeption siehe u.a.: http://rhizomorph.wordpress.com/2010/12/13/zur-rezeption-des-kommenden-aufstandes/ (aufgerufen: 09.02.2012).
63. Frieder Vogelmann spricht von einer Eigenlogik des Transparenzgebots, die in der Instabilität des Begriffs angelegt sei: Im Grenzfall führe dessen Erfüllung zur Unsichtbarkeit des Objekts, wodurch die Positionen der Machtrelation vertauscht würden, ist Unsichtbarkeit doch Kennzeichen der Kontrolle. Das naheliegende Programm, den Zusammenbruch des Transparenzgebots durch seine exzessive Umsetzung zu verfolgen, hält er allerdings für unannehmbar und plädiert stattdessen für einen klassischen Luddismus (Vogelmann, *Falle der Transparenz*, 2011). Der Fall »Wikileaks« hat indes deutlich gemacht, dass staatliche Akteure die Verunsicherbarung ihrer Praktiken jedenfalls nicht ausschließlich durch die Arbeit des Begriffs (der Transparenz), also einer radikalisierten Sichtbarkeit, erreichen.

logischer« Hype, sondern, so formuliert es die vermutlich mit dem »Komitee« mehr oder weniger identische Autorengruppe *tiqqun* in ihrem Buch »Kybernetik und Revolte«, der »Ausgangs- und Endpunkt des neuen Kapitalismus«.[64] Die Identität von Kybernetik und Kapitalismus beruht darauf, dass beide als Sprachspiel betrachtet werden können. Märkte funktionieren auf der Grundlage gesellschaftlicher, technischer Normen, die alle Objekte als Waren konstituieren, noch bevor diesen ein Preis angeheftet wird. Dinge mit einem Preis zu versehen aber erfordert die Einrichtung einer »Zirkulation von Informationsschleifen«, die parallel zur Zirkulation der Waren verläuft. Hier geht es nicht mehr um eine grobschlächtige Koordinierung ökonomischer Kreisläufe à la Keynes, sondern um die Minimierung jedweder Ungewissheit oder Inkommensurabilität bei ökonomischen Transaktionen. Der Imperativ dieses kybernetischen Kapitalismus ist es, alle Zwischenfälle, die den Umschlag von Warenströmen verlangsamen, zu minimieren.[65] Das allgemeine Prinzip kybernetischer Kontrolle besteht in der kontinuierlichen Erzwingung von Information und ihrer anschließenden Zirkulation. Systeme sollen durch einen optimalen Grad an Zirkulation von Information zwischen ihren Teilen kontrolliert werden. Damit wird eine Gesellschaft skizziert, in der die Zirkulation von Information, im Grenzfall absolute Transparenz und Kommunikation Bestandteil von Kontrolldispositiven sind. Diese kommunikationskritische Position lässt sich theoriehistorisch auf zwei miteinander verwandte Strömungen zurückführen, die in den Texten von *tiqqun* auch benannt werden. Dies ist zum einen der Deleuze'sche Kontrollbegriff, der im Kern auf einer Kritik der kybernetisch-utopischen Idee aufruht, dass eine allseitige Kommunikation und Transparenz zu einer Assoziation freier Individuen führen könne. Stattdessen verweist Deleuze auf die Kontrolldimension von Kommunikation und plädiert für »leere Zwischenräume der Nicht-Kommunikation, […] um der Kontrolle zu entgehen«.[66] Zum anderen scheinen *tiqqun* sich auf eine Überlegung von Stengers und Prigogine zu stützen: Erst fern vom Gleichgewicht kommt den Differenzen, den kleinen Schwankungen innerhalb von Systemen eine relevante Bedeutung zu, so Stengers und Prigogine. Sie stellen die These auf, dass das Gesetz der »großen Zahl« ergänzt werden muss, um Veränderung denken zu können.[67] Aus der Abweichung entsteht an der sogenannten »Keimbildungsschwelle« eine neue Struktur. Beispiele für eine solche Keimbildung seien kleine, von der übrigen Gesellschaft isolierte und sogar verfolgte Gruppen«. Sie könnten »Neuerungen hervorbringen, welche die ganze Gesellschaft verändern«.[68] Sie mutmaßen, dass es eben jene gesteigerte Kommunikation sei, die in der Moderne die Keimbildung verhindert: »Vielleicht liegt es, wie Pessimisten behauptet haben, an der Geschwindigkeit, mit der Nachrichten heute verbreitet werden, wenn geistige Ereignisse auf bedeu-

---

64. Tiqqun, *Kybernetik und Revolte*, 2007, S. 41.
65. Ebd., S. 43.
66. Deleuze, *Kontrolle und Werden*, 1993, S. 252.
67. Prigogine; Stengers, *Dialog mit der Natur*, 1980, S. 178.
68. Ebd., S. 182.

tungslose Anekdoten reduziert und sämtliche Ideen dem Schaugeschäft und der Mode unterworfen werden.«[69] Das Nebelwerfen ist jedoch nur die negative, gegen die Kontrollmacht der Kommunikation gerichtete Dimension ihres Subversionsprogramms.[70] Positiv plädieren sie für ein Intensiv-Werden, das sich, in philosophischen Termini gesprochen, als Modulierung der Affektionsvermögen beschreiben ließe, die wiederum, soziologisch gesprochen, zu einer radikalen Reduktion von Anschlussfähigkeit führen soll.[71]

Ununterscheidbarkeiten

Man könnte den ontologischen Status des zu Vereinnahmenden innerhalb der unterschiedlichen Ansätze grob in zwei Gruppen gliedern: Einerseits in Ansätze, in denen der Ursprung sozialen Wandels in Randbereichen der Prozessierung von Handlungsketten verortet wird oder durch die Unabschließbarkeit von Sinnzusammenhängen hervorgebracht wird, und in Ansätze, in denen das Soziale eines genuin Nicht-Sozialen bedarf. In beiden Grundrichtungen wird jedoch mit einem Innen-Außen-Paradox operiert, das im Grenzfall den Status der Gleichwertigkeit annimmt und, wie bei Agamben etwa, durch eine »Zone der Ununterscheidbarkeit« gekennzeichnet ist.[72] Solche Ununterscheidbarkeiten operieren häufig mit dem Begriff der Unmittelbarkeit, dem plötzlichen Umschlagen von einem Zustand in den anderen. Sie thematisieren die Zeitlichkeit politischer Prozesse weniger als ein Nacheinander, sondern, mit einem Begriff von Deleuze und Guattari, als eine Art »unendlicher Geschwindigkeit«. Je nachdem, wie in den Vereinnahmungskritiken das Andere und seine dynamisch-produktive Macht konzipiert wird, werden die politischen Programme modelliert: als Flucht und Geheimnis, Intensiv-Werden, Störung oder große Verweigerung. In der Variante von *tiqqun* werden all diese Strategien kombiniert. Man könnte

---

69. Ebd.
70. Diese Strategie der Subversion schlug bereits Umberto Eco in seinem Aufsatz zur »semiologischen Guerilla« vor: Es komme nicht darauf an, den Sender zu besetzen, um den Inhalt der Mitteilung zu verändern, sondern man müsse auf der Ebene der Decodierung ansetzen, genau zwischen Sender und Empfänger. Die semiologische Guerilla verbreitet keine Gegen-Informationen, sondern stört, verunsichert bestehende Kommunikationen. Eine ganze Phalanx von politischen Guerillataktiken, zum Teil mit explizitem Bezug auf Ecos Text, der im Übrigen das »Studium der Kybernetik« empfahl, ist seit den 1960er Jahren in Umlauf – bekannt unter dem Label »Kommunikationsguerilla«. Unter dem damit bezeichneten Taktiken sind so verschiedene wie Überaffirmation, Fake, Camouflage oder Verfremdung. Sie alle sind auf der Ebene der, wie es die Autoren des Handbuchs »Kommunikationsguerilla« (Blissett; Brünzels, *Handbuch der Kommunikationsguerilla*, 1996) nennen, »kulturellen Grammatik« angesiedelt. Konzeptualisiert man den gegenwärtigen Typus von Regierungsrationalität als »kybernetisch«, so werden die herkömmlichen, klassischen Modelle der politischen Theorie obsolet. Aufklärung, Kommunikation, Stellungskrieg, all diese Formen des Dagegen-Seins, die auf die Übernahme der Macht abzielen, können angesichts einer allseitigen Rückkopplung nicht bestehen.
71. Im Sinne von Deleuze wird »Affizierung« hier als Relais von Kräfteverhältnissen und Machtbeziehungen verstanden: »Die Fähigkeit, affiziert zu werden, ist gleichsam eine Materie der Kraft, und die Fähigkeit zu affizieren ist gleichsam eine Funktion der Kraft.« (Deleuze, *Foucault*, 1987, S. 101.) Zur aktuellen Diskussion um Affekttheorie vgl. Ott, *Affizierung*, 2010; Gregg; Seigworth, *The affect of theory reader*, 2010.
72. Agamben, *Homo sacer*, 2002.

diesen Ansatz im Sinne einer Dialektik der Aufklärung interpretieren, in der eine rationalisierte Vernunft gegen eine mögliche Selbsterkenntnis der Gesellschaft in Stellung gebracht wird. Während das Kollektiv des kommenden Aufstands (die werdende »kommende Gemeinschaft« Agambens ist wohl gemeint) in der Vernunft nur noch eine instrumentelle Rationalität zu erblicken vermag, könnte man dagegen mit Marx und Deleuze auf eine Ausdifferenzierung und Vervielfältigung der Vernunft setzen. Insofern heißt Vereinnahmung eher Dominanz eines Rationalitätsparadigmas über die anderen. Das »System« wäre dann als ein spezifisch verschaltetes Feld von Praktiken zu analysieren, das bei einer Umstrukturierung auch andere Rationalitäten dominant werden lassen könnte. Dem entspräche dann ein relationales Verständnis[73] des Sozialen, das gerade in einer Analyse dieser Verschaltungspraktiken bestünde.

Literatur

Agamben, Giorgio: *Homo sacer*, Frankfurt a.M. 2002.

Alloa, Emmanuel; Lagaay, Alice (Hg.): *Nicht(s) sagen. Strategien der Sprachabwendung im 20. Jahrhundert*, Bielefeld 2008.

Altvater, Elmar; Mahnkopf, Birgit: *Grenzen der Globalisierung Ökonomie, Ökologie und Politik in der Weltgesellschaft*, Münster 1996.

Arendt, Hannah: *Elemente und Ursprünge totaler Herrschaft: Antisemitismus, Imperialismus, Totalitarismus*, München u.a. 2005.

Avermaete, Tom; Karakayali, Serhat; von Osten, Marion: *Colonial Modern. Aesthetics of the ast, Rebellions for the Future*, London 2010.

Balibar, Étienne: *Der Schauplatz des Anderen: Formen der Gewalt und Grenzen der Zivilität*, Hamburg 2006.

Balke, Friedrich: »Eine frühe Soziologie der Differenz«, in: Borch, Christian; Stäheli, Urs: *Soziologie der Nachahmung und des Begehrens*, Frankfurt a.M. 2009, S. 135–163.

Berger, Johannes: »Modernitätsbegriffe und Modernitätskritik in der Soziologie«, in: *Soziale Welt*, 39 (1988), S. 224–236.

Blissett, Luther; Brünzels, Sonja: *Handbuch der Kommunikationsguerrilla: Jetzt helfe ich mir selbst*, Hamburg 1996.

Boltanski, Luc; Chiapello, Ève: *Der neue Geist des Kapitalismus*, Konstanz 2003.

Boltanski, Luc; Chiapello, Ève: »Die Rolle der Kritik in der Dynamik des Kapitalismus und der normative Wandel«, in: *Berliner Journal für Soziologie*, H. 4, 2001.

---

73. Vgl. Debais, *Qu'est-ce qu'une pensée relationelle?*, 2004.

Bourdieu, Pierre: »Ökonomisches Kapital, kulturelles Kapital, soziales Kapital«, in: ders.: *Schriften zu Politik und Kultur: Die verborgenen Mechanismen der Macht*, Hamburg 1992, S. 49–79.

Bröckling, Ulrich: *Das unternehmerische Selbst: Soziologie einer Subjektivierungsform*, Frankfurt a.M. 2007.

Debaise, Didier: »Qu'est-ce qu'une penseé relationelle?«, in: *Multitudes*, 18, 2004.

Deleuze, Gilles: *Foucault*, Frankfurt a.M. 1987.

Deleuze, Gilles: *Differenz und Wiederholung*, München 1992.

Deleuze, Gilles: »Kontrolle und Werden«, in: ders.: *Unterhandlungen 1972– 1990*, Frankfurt a.M. 1993, S. 243–253.

Deleuze, Gilles: *Bartleby oder die Formel*, Berlin 1994.

Deleuze, Gilles: *Die Falte. Leibniz und der Barock*, Frankfurt a.M. 1995.

Dörre, Klaus: »Die neue Landnahme. Dynamiken und Grenzen des Finanzmarktkapitalismus«, in: ders.; Hartmut, Rosa; Lessenich, Stefan: *Soziologie, Kapitalismus, Kritik. Eine Debatte*, Frankfurt a.M. 2009a, S. 21–86.

Dörre, Klaus: »Kapitalismus, Beschleunigung, Aktivierung – eine Kritik«, in: ders.; Hartmut, Rosa; Lessenich, Stefan: *Soziologie, Kapitalismus, Kritik. Eine Debatte*, Frankfurt a.M. 2009b, S. 181–204.

Foucault, Michel: *Geschichte der Gouvernementalität I. Sicherheit, Territorium, Bevölkerung. Vorlesung am Collège de France 1977–1978*, Frankfurt a.M. 2004a.

Foucault, Michel: *Geschichte der Gouvernementalität II. Die Geburt der Biopolitik. Vorlesung am Collège de France 1978–1979*, Frankfurt a.M. 2004b.

Gregg, Melissa; Seigworth, Gregory J.: *The affect theory reader*, Durham 2010.

Gronau, Barbara; Lagaay, Alice (Hg.): *Ökonomien der Zurückhaltung. Kulturelles Handeln zwischen Askese und Restriktion*, Bielefeld 2010.

Gugerli, David: *Suchmaschinen: die Welt als Datenbank*, Frankfurt a.M. 2009.

Habermas, Jürgen: *Theorie des kommunikativen Handelns*, Frankfurt a.M. 1981.

Hardt, Michael; Negri, Antonio: *Multitude: Krieg und Demokratie im Empire*, Frankfurt a.M. 2004.

Holert, Tom; Terkessidis, Mark: *Mainstream der Minderheiten: Pop in der Kontrollgesellschaft*, Berlin 1997.

Horkheimer, Max: *Zur Kritik der instrumentellen Vernunft*, Frankfurt a.M. 1967.

Lepenies, Wolf: *Melancholie und Gesellschaft*, Frankfurt a.M. 1972.

Lessenich, Stephan: *Die Neuerfindung des Sozialen: Der Sozialstaat im flexiblen Kapitalismus*, Bielefeld 2008.

Lipietz, Alain: *Nach dem Ende des goldenen Zeitalters*, hg. v. Krebs, Hans-Peter, Berlin 1998.

Luhmann, Niklas: »Die Behandlung von Irritationen. Abweichung oder Neuheit? «, in: ders.: *Gesellschaftsstruktur und Semantik. Studien zur Wissenssoziologie der modernen Gesellschaft*, Bd. 4, Frankfurt a.M. 1995, S. 55–100.

Luxemburg, Rosa: »Die Akkumulation des Kapitals. Ein Beitrag zur ökonomischen Erklärung des Imperialismus«, in: *Gesammelte Werke*, Bd. 5, Berlin 1981.

Marazzi, Christian: *Fetisch Geld. Wirtschaft, Staat, Gesellschaft im monetaristischen Zeitalter*, Zürich 1999.

Marcuse, Herbert: *Der eindimensionale Mensch: Studien zur Ideologie der fortgeschrittenen Industriegesellschaft*, Neuwied, Berlin 1967.

Marx, Karl: *Das Kapital. Kritik der politischen Ökonomie*, Band 1, in: Karl Marx und Friedrich Engels Werke (MEW), Bd. 23, Berlin 1962.

Marx, Karl; Engels, Friedrich: *Die deutsche Ideologie*, in: Karl Marx und Friedrich Engels Werke (MEW), Bd. 2, Berlin 1962.

Merton, Robert K.: »Sozialstruktur und Anomie«, in: *Kriminalsoziologie*, hg. v. Fritz Sack und René König, Frankfurt a.M. 1968, S. 283–313.

Moldaschl, Manfred; Voss, Günter: *Subjektivierung von Arbeit*, München 2002.

Nassehi, Armin: *Der soziologische Diskurs der Moderne*, Frankfurt a.M. 2006.

Negri, Toni: »Politische Subjekte: Multitude und konstituierende Macht«, in: Atzert, Thomas; Müller, Jost (Hg.): *Immaterielle Arbeit und imperiale Souveränität. Analysen und Diskussionen zu Empire*, Münster, 2004, S. 14–28.

Negri, Toni: »Barack Obama hat etwas verstanden«, Interview mit der FR, 30.11.2009.

Osten, Marion von: *Norm der Abweichung*, Zürich 2003.

Ott, Michalea: *Affizierung: Zu einer ästhetisch-epistemischen Figur*, München 2010.

Rancière, Jacques: *Le philosophe et ses pauvres*, Paris 1983.

Prigogine, Ilya; Stengers, Isabelle: *Dialog mit der Natur: Neue Wege naturwissenschaftlichen Denkens*, München u.a. 1980.

Reckwitz, Andreas: *Das hybride Subjekt: Eine Theorie der Subjektkulturen von der bürgerlichen Moderne zur Postmoderne*, Weilerswist 2010.

Schmitt, Carl: *Land und Meer eine weltgeschichtliche Betrachtung*, Leipzig 1942.

Schmitt, Carl: *Theorie des Partisanen*, Berlin 1963/2010.

Simondon, Gilbert: *L'individuation psychique et collective*, Paris 2007.

Sunstein, Cass R.; Thaler, Richard H.: *Nudge. Improving decisions about health, wealth, and happiness*, New Haven 2008.

Tiqqun: *Kybernetik und Revolte*, Zürich 2007.

Van Dyk, Silke: »Gegenstrategien als (neue) Systemressource des Kapitalismus? Zur Problematisierung einer populären Zeitdiagnose«, in: *Prokla* 157, 39. Jg., 2009, S. 663–680.

Vogelmann, Frieder, »Die Falle der Transparenz. Zur Problematik einer fraglosen Norm«, in: Hempel, Leon; Krasmann, Susanne; Bröckling, Ulrich (Hg.), *Sichtbarkeitsregime. Überwachung, Sicherheit und Privatheit im 21. Jahrhundert,* Wiesbaden 2011, S. 71–84.

Weber, Max: *Die protestantische Ethik und der Geist des Kapitalismus* (1904), hg. v. Kaesler, Dirk, München 2006.

Wuggenig, Ulf: »Paradoxe Kritik«, in: Mennel, Birgit; Nowotny, Stefan; Raunig, Gerald: *Kunst der Kritik*, Wien 2009, S. 105–124.

Manfred Schneider

Schizographie
Thomas Trowards ›Edinburgh Lectures on Mental Science‹ und der Fall Sirhan

I.

In einer Fallgeschichte, die er Anfang der 1930er Jahre veröffentlichte, beschrieb Jacques Lacan die krankhaften Symptome einer jungen Volksschullehrerin, die er dem Komplex der klinischen Paranoia zuschrieb.[1] Neben Hass auf Männer und erotischen Wahnvorstellungen entwickelte die vierunddreißig Jahre alte Frau die Sendungsidee, als »Jeanne d'Arc« die guten Sitten in der Welt wiederherzustellen. Besonderes Interesse verwandte Lacan auf die Analyse einiger ihrer Schriftzeugnisse. Diese Dokumente weckten zum einen sein Interesse, weil die Patientin darin »Intuitionen« und »Offenbarungen« niedergeschrieben haben wollte. Überdies wiesen ihre Schriften eine Reihe grafischer, semantischer und grammatischer Eigenheiten auf, die sie weitgehend »unverständlich« werden ließen. Dies räumte die Patientin und Autorin selbst zwar ein, doch erklärte sie das Rätselhafte ihrer Texte mit einem darin niedergelegten esoterischen Sinn. Sie zeigte sich fest davon überzeugt, dass in ihren Botschaften »Wahrheiten höherer Ordnung« ausgesprochen wurden. Diese Haltung nannte Lacan *sthenisch*, womit nur gesagt war, dass sie von besonderen Gewissheiten und Überzeugungskräften beseelt war.

Dank solch höherer Inspirationen, wie sie meinte, verfasste die junge Frau, vor allem in Briefform, zahlreiche Texte. Ihre Niederschriften, die innerhalb eines länger andauernden Beziehungsdeliriums zirkulierten, ähnelten nach Lacan den Produkten der surrealistischen *écriture automatique*. Die *écriture automatique* zählte um 1930 zu den großen Themen der Psychiatrie wie der Literatur. Gut vierzig Jahre zuvor hatten die Psychologen den psychischen Automatismus entdeckt: Die Seele ist ein Organ des Selbstlaufs.[2] Allerdings spielt das automatische Schreiben auch in trüben Wissensgebieten wie der Parapsychologie eine große Rolle.[3] Lacan zitiert aus den Dokumenten seiner Patientin und liefert den Nachweis, dass sich das Syntagma dieser Texte aus rhythmischen und klanglichen Einheiten formte, aus assonierenden Wortclustern, die die semantische und syntaktische Struktur überlagern. Nicht Sinn beherrschte das Syntagma, sondern eine selbstlaufende Strukturierungskraft der Sprache. Solche Sätze lauteten zum Beispiel:

---

1. Lacan (Valensi; Migault), *Écrits inspirés*, 1931. Übersetzung von Hans-Dieter Gondek in Lacan, *Über die paranoische Psychose*, 2002.
2. Vgl. James, *The Principles of Psychology*, 1890.
3. Wichtigster Theoretiker des automatischen Schreibens in den USA war der Psychologe Myers mit seinem Buch *Automatic Writing*, 1885/1887. Für die französische Psychologe: Janet, *L'automatisme psychologique*, Paris 1989. Hierzu neuerdings Bergengrün, *The pure being of writing*, 2009.

»Monsieur le Préfet de Musique de l'Amique entraîné de style pour péristyliser le compte Potatos et Margoulin réunis sans suite à l'Orgueil, Breteuil« (etwa: »Herr Präfekt von Musik von Amrik, mitgerissen vom Stil um zu peristylisieren das Konto Potato und Margolin, verbunden ohne Stunden im Protzen, Motzen«).

Die konventionelle Briefanrede an eine anscheinend hochgestellte Person geht hier über in klangwertige Wortfolgen, in rhythmisch organisierte Alliterationen und Assonanzen. Die Auto-Poesie dieses Schizogramms liest sich auch aus einer Passage, worin die Autorin selbst die Funktion ihres Stils zu bestimmen sucht:

> »Ce style que j'adresse aux autorités de passage, est le style qu'il faut pour bien former la besace de Mouléra et de son grade d'officier à gratter.«
> Il est ma défense d'Ordre et de Droit.
> Il soutient le bien du Droit.
> Il rigoureuse la tougne la plus sotte et il se dit conforme aux droits des peintres.
> Il cancre la sougne aux oraies de la splendeur, pour la piloter, en menin, dans le tougne qui la traverse.
> Il est Marne et ducat d' »et tort vous l'avez fait?«
> Ce m'est inspiré par le grade d'Eux en l'Assemblée maudite Genève et Cie.
> Je le fais rapide et biscornu.
> Il est final, le plus sage, en ce qu'il met tougne où ça doit être.
> Bien-être d'effet à gratter.
> Marcel le Crabe.«[4]

Als Signatur setzt die Autorin nicht nur einen erfundenen, sondern auch einen männlichen Namen darunter. Die Stilformel zu Beginn des Briefes ließe sich so übersetzen: »Dieser Stil, den ich an die Autoritäten des Übergangs richte, ist der Stil, der erforderlich ist zur Wohlgestalt der Umhängetasche der Muschelle und ihres Grades als Kratzoffizier.«

Ohne eine Probe zu geben, erklärt Lacan über die Handschrift der Verfasserin, dass sie keine Unregelmäßigkeiten aufweise und gut lesbar sei. So scheint das Schizogramm einer stabilen Produktionsregel zu folgen, die orthographische Varianten und abgewandelte Wortbilder hervorbringt, um sie klanglich und rhythmisch zu arrangieren. Damit tritt ein kommunikativer Effekt in den Vordergrund, der das schizographische ebenso wie das paranoische Lesen und Schreiben charakterisiert: Es ist befasst mit Formen (unsichtbarer) Macht, es steht in einem Verkehr mit Kräften, mit Absichten und Willen, die es aufgreift, ausspricht, vernimmt oder vernehmen lässt. Allerdings legen es Lacans Befunde nahe, auch an eine terminologische Variante zu denken, die Bleulers Begriff der Schizophrenie und die daran anschließende Konzeption des Schizoiden überwindet. Lacans »Schizographie« lässt sich der spezifisch mit Macht befassten Kommunikation des Paranoischen zuweisen. Die Paranoia ist nicht nur die

---

4. Lacan (Valensi; Migault), *Écrits inspirés,* 1931, S. 515.

Schizographie

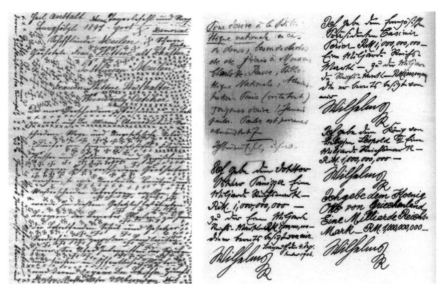

(Links) Abb. 1: Schizographisches Dokument aus Eugen Bleulers *Lehrbuch der Psychiatrie*.
(Rechts) Abb. 2: Schizographisches Dokument aus Oskar Panizzas *Pour Gambetta*, das zugleich ein wahnhaftes Dokument darstellt.

»Krankheit der Macht«, wie Elias Canetti meint, sondern auch die Krankheit, die die Macht hervorbringt. Eine ihrer Gestalten ist der Automat: Die Macht will ein Volk aus gehorsamen Selbstläufern, weil die automatisierte Gesellschaft oder das automatisierte Volk die Macht störungsfrei operieren lässt. Aber zugleich ist der Automatismus auch eine der Formen, die dazu dienen, sich die Kräfte der Macht anzueignen. Die Klinik, aber auch die Literatur bieten Hinweise, dass es einen paranoischen Graphismus gibt, der ganz unterschiedliche semantische, syntaktische und grafische Gestalten annehmen kann, die literarisch von den surrealistischen Experimenten mit der *écriture automatique* bis hin zu den eigenwilligen Schreibweisen Antonin Artauds oder Oskar Panizzas reicht; am Extrempol zählen auch klinische Formen dazu. Die Illustration (Abb. 1) fügte Bleuler in das Kapitel über Schizophrenie seines Lehrbuches ein. Er will es von der Hand eines »leicht manischen Katatonikers« empfangen haben.

Die beiden Reproduktionen stehen hier als Beispiele für das paranoische Schizogramm, das schwer verständliche oder rein imaginäre semantische Cluster durch auffällige Schriftbilder oder graphematische Erfindungen überformt: Der Verfasser des Blattes aus Bleulers Lehrbuch (Bild 1) ist offensichtlich bemüht, die ganze Seite zu beherrschen und einem *horror vacui* zu wehren, der aus unbeschriebenen Stellen hervorbrechen könnte. Die Einträge in Panizzas Zeichenbuch *Pour Gambetta* (Bild 2) dokumentieren einen konventionellen Verkehr mit einer Institution in kontrollierter Schrift; auf der gleichen Seite finden sich die fiktiven Graphien des Kaisers Wilhelm II., von dem sich Panizza verfolgt fühlte. Es sind mit eigener Hand geschriebene, weitgehend gleichförmige Erklärungen in grotesker Schrift, die nicht nur den Namen des Kaisers imitieren, sondern in dessen Namen zu handeln und zu befehlen versuchen.

Jacques Lacan, der die Paranoia nicht wie Bleuler als Spielart der schizophrenen Formen zu klassifizieren sucht, sondern ihre eigentümliche spezifische Dynamik verstehen möchte, betont die besondere Funktion des Rhythmus, der Wiederholung und der Stereotypie, die alle seine klinischen Fallbeispiele aufweisen. Es zeigt sich, dass die Verfasser dieser Schriften ihre skripturalen Extravaganzen aus der Vorstellung heraus entwickeln, dass der Kontakt mit der Macht, mit höheren Mächten, Göttern, Kaisern, Diktatoren oder universalen Geistern einen besonderen Graphismus erfordert. Der (automatische) Graphismus entspricht einem inversen Maschinenkonzept, wie es Antonin Artauds »corps sans organes« entwirft. Der »organlose Körper« hat sich nach Artaud von allen Machtautomatismen befreit: »Lorsque vous lui aurez fait un corps sans organes, alors vous l'aurez délivré de tous ses automatismes et rendu à sa véritable liberté. Alors vous lui réapprendrez à danser à l'envers comme dans le délire des bals musette et cet envers sera son véritable endroit.«[5] Der tanzende organlose Körper ist dann auch der Körper, der sich von der Konvention der Sprache befreit hat. Im *Theater der Gausamkeit* gibt Artaud eine Probe dieser schizographischen Lautsprache:

»O pedana
na komev
tau dedana
tau komev

na dedanu
na komev
tau komev
na come

copsi tra
ka figa aronda

ka lakeou
to cobbra

cobra ja
ja fusta mata

DU serpent n'y an
A NA
Parce que vous avez laissé aux organismes sortir
la langue

---

5. Artaud, *Pour en finir avec le jugement de Dieu*, 1974.

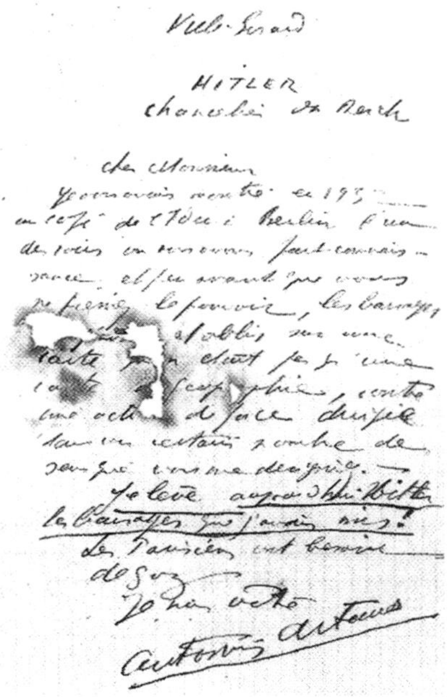

Abb. 3: Schreiben Antonin Artauds an Adolf Hitler. Wortlaut dieses Schreibens, vermutlich aus dem Jahr 1939: »Ville-Évrard. Hitler Chancelier du Reich. Cher Monsieur, je vous avais montré en 1932 au café de l'Ider à Berlin l'un des soirs où nous avons fait connaissance et peu avant que vous ne preniez le pouvoir, les barrages établis sur une carte qui n'était pas qu'une carte géographique, contre une (!) acte dirigé dans un certain monbre de sens que vous me désigniez. *Je lève aujourd'hui Hitler les barrages que j'avais mis!* Les parisiens ont besoin de gaz. Je suis votre *Antonin Artaud*.« Deutsch: »Ville-Évrard. Hitler Kanzler des Reichs. Lieber Herr, ich hatte Ihnen 1932 im Café Ider in Berlin an einem der Abende, an dem wir uns kennengelernt haben und kurz bevor Sie die Macht ergriffen, jene Sperren gezeigt, die auf einer Karte errichtet waren, die nichts als eine geographische Karte gegen mich war, [ein] Gewaltakt, der in eine gewisse Zahl von Richtungen gelenkt wurde, die Sie mir aufzeigten. *Ich reiße heute, Hitler, die Sperren nieder, die ich aufgedeckt hatte!* Die Pariser haben Gas nötig. Ich bin Ihr *Antonin Artaud*.«. Die Übersetzung nach: Kapralik (Mattheus), *Antonin Artaud*, 1977, S. 204ff.)

il fallait couper aux organismes
leur langue
à la sortie des tunnels du corps.«[6]

Die Organe bilden die Angriffspunkte der Macht, aber der organlose Körper will nicht nur von aller Macht abgekoppelt sein, sondern auch mit der Macht kommunizieren und sich ihre Kräfte aneignen. So richtete Artaud mehrfach Briefe an Adolf Hitler, den er im Jahre 1932 in Berlin getroffen haben will:

»für adolf Hitler zur Erinnerung an das *romanische café* in Berlin an einem Nachmittag im Mai 1932 und weil ich dort zu GOTT betete, ihnen die Gnade zu erweisen, sich all der wunder zu erinnern, mit denen ER ihnen an jenem Tag DAS HERZ ERFREUT (WIEDERERWECKT) hat kudar dayro tarish ankhara thabi antonin artaud 3. Dezember 1943.«[7]

Die hier vorgestellten paranoischen Graphien, die über abweichende Zeicheneinsätze und agrammatische Muster Verbindung mit Machtgestalten herstellen, bestätigen diesen Befund: Die Schrift, die die Mächtigen adressiert, soll selbst als ein ästhetischer Automat von Kräften operieren. Lacan spricht in ande-

6. Ebd., S. 113f.
7. Zitiert nach Ferdière, *J'ai soigné Antonin Artaud*, 1971, S. 28.

rem Zusammenhang davon, dass der Symbolgebrauch der Paranoiker reich ist an »Phantasmen zyklischer Wiederholung, ubiquitärer Vervielfältigung, endloser periodischer Wiederkehr gleichförmiger Ereignisse, Verdopplungen und Verdreifachung gleicher Personen sowie der Halluzination, dass sich gar die Person selbst spaltet«.[8] In dieser Spaltung nimmt sie eben auch die Gestalt des Mächtigen, des Herrn der Automaten, an. Damit greift sie lediglich die Selbstbeschreibung des Staates als Maschine, die seit Hobbes geläufig ist, und der modernen Bürokratie als »seelenlosen« Automaten auf. Die literarischen und theoretischen Imitationen des großen Automaten der Macht spielen in allen Registern des Normalen und Pathologischen.

2.

Diese Vorbemerkungen und vor allem Lacans Hinweise dienen als Vorbereitung, um einen Fall von Schizographie vorzustellen und zu kommentieren, der weniger harmlos und auch nicht klinisch kontrolliert ausgefallen ist: Die Schreibexerzitien des jungen Palästinensers Sirhan Sirhan, der im Juni 1968 den damaligen Bewerber um die US-Präsidentschaft, Robert F. Kennedy, erschossen hat.[9] Die Schreibdokumente von der Hand Sirhan Sirhans spielten in den psychiatrischen Gutachten, die im Rahmen des Mordprozesses gegen ihn erstellt wurden, eine bedeutende Rolle.

Sirhan hatte in den frühen Morgenstunden des 6. Juni 1968 Robert F. Kennedy erschossen, den Bruder des fünf Jahre zuvor getöteten Präsidenten John F. Kennedy. Obgleich es sich um ein Ereignis von gleicher Schrecklichkeit, mit gleicher Schockwirkung handelte wie die Tat des Lee Harvey Oswald am 22. November 1963, ist dieses Attentat von der amerikanischen Geschichtsschreibung *ad acta* gelegt worden. Robert F. Kennedy wurde von drei Kugeln getroffen, die aus allernächster Nähe auf ihn abgefeuert worden waren, so dass er nach einer Notoperation am Nachmittag des 6. Juni starb. Gleich in den ersten Augenblicken nach der Tat erwachte die Erinnerung an den Mord in Dallas. »We don't want another Oswald«, kann man noch auf den mitlaufenden Tonbändern nach der Tat vernehmen.[10] Gleich war man bemüht, aus dem Verbrechen keine Kopie der Ereignisse von Dallas 1963 werden zu lassen. Man wollte keine Wiederholung, und doch zuvor schon war die Tat auch der Effekt einer Selbstmobilisierung durch Wiederholungen.

Robert F. Kennedy hatte eben am 5. Juni 1968 die Vorwahlen um die Kandidatur der Demokraten für die Präsidentschaft in Kalifornien gewonnen. Seine Chancen, dieses Ziel zu erreichen, standen sehr gut. Als konsequenter Gegner aller Formen der Diskriminierung verfügte er bei Schwarzen, Latinos und ande-

---

8. Lacan, *Le problème du style*, 1933, S. 68f. Übersetzung von Hans-Dieter Gondek in: Lacan (Valensi; Migault), *Écrits inspirés* (1931), 2002, S. 69.
9. Vgl. zu diesem Fall Schneider, *Zum Mord schreiben*, 2008 sowie ders., *Das Attentat*, 2010.
10. Vgl. den Tathergang nach Klaber; Melanson, *Shadow Play*, 1997, S. 9.

ren Einwanderern eigentlich über eine große Anhängerschaft. Allerdings hatte er auch die kompromisslose Unterstützung Israels angekündigt. Der Palästinenser Sirhan wiederum war mit seinen Eltern und zwei Brüdern 1957, ein Jahr nach der Suezkrise, aus Jordanien nach Kalifornien gekommen. In seinen ersten Vernehmungen nach der Tat wurde trotz seines Schweigens zur Sache bald deutlich, dass antiisraelische Einstellungen bei dieser Tat eine Rolle gespielt hatten. Robert F. Kennedys Ankündigung vom Ende Januar 1968, er werde im Fall seiner Wahl Israel fünfzig Düsenjets liefern, hatte Sirhan erbittert. Diese eindeutig politische Motivierung der Tat kann nicht ausgeblendet bleiben. Freilich gab und gibt es viele Leute mit antiisraelischen Affekten, aber nur wenige von ihnen treten als Attentäter auf. Vielmehr kommt der hier gestellten Frage nach der Schizographie und ihrer paranoischen Dynamik entgegen, dass Sirhan Leser von Büchern war, die bei der Vorbereitung der Tat eine Rolle gespielt haben. Man fand in der Wohnung, die der junge Mann mit seiner Mutter und zweien seiner Brüder teilte, eine Reihe philosophischer Schriften. Der älteste Bruder bemerkte auf die Frage von Journalisten, wer Sirhans beste Freunde gewesen seien: »The closest friend was his bedroom and his books.«[11]

Sirhan verbrachte viel Zeit mit Lesen. Seine Lektüre bestritt er mit esoterischen und historischen Werken. Eine Durchsicht seiner Bücher ergab auch, dass er sich für ältere politische Attentäter interessierte, etwa für den Anarchisten Leon Czolgosz, der am 6. September 1901 den damaligen amerikanischen Präsidenten William McKinley mit zwei Pistolenschüssen tödlich verletzt hatte.[12] Aber Sirhan war auch ein Schreiber, und sein Notizbuch, eine Art Schmierbuch, das in seinem Schlafzimmer gefunden wurde, diente im Prozess gegen ihn als ein wichtiges Beweisstück. Allerdings blieb der forensische Einsatz dieses Dokuments bis auf den heutigen Tag unter Juristen umstritten.[13] Unbestritten ist hingegen, dass Sirhan der Schreiber dieser Blätter war, wenn er auch später behauptete, über keine Erinnerung an dieses Schreiben zu verfügen. Die Tat und die näheren Umstände waren offenbar ganz von Amnesie gelöscht. Unabhängig von der Frage nach Sirhans mentalem Zustand bei der Tat erlauben es diese Notizbuchseiten, den Vorgang der schreibtechnischen Autosuggestion auf dem Papier zu verfolgen. In Sirhans Notizbuch ist der Satz »Robert Kennedy must die« unzählige Male von eigener Hand niedergeschrieben. Den Grund dieser Schreibübung deckte der Angeklagte später auf, als er in einem Interview mit dem Journalisten Robert Blair Kaiser erzählte, wie er auf den Gedanken kam, Kennedy zu töten und wie er die Tatenergien dazu mobilisieren wollte.

»Eine ganze Reihe meiner Ideen verdanke ich dem Buch *The Edinburgh Lectures on Mental Science* von Thomas Troward. In diesem Buch spricht Troward von der Philosophie des Geistes, dem objektiven Geist in seiner Beziehung zum universalen Geist. Wenn du deinem persönlichen Geist einen intensiven Befehl gibst, dann wird der subjektive Geist

---

11. Kaiser, ›R.F.K. must die!‹, 1970, S. 133.
12. Ebd., S. 170.
13. Klaber; Melanson, *Shadow Play*, S. 235.

diese Information aufnehmen, um sie dem objektiven Geist zur Ausführung zu übergeben. Als ich Robert F. Kennedy zuhörte – ich saß da und schaute im Fernsehen eine Sendung über ihn und trank Tee dabei – da sagte ich: ›Du Hurensohn. Wenn ich eine Million Dollar hätte, dann würde ich Dich ins Weiße Haus bringen.‹ Ich war für ihn. Ich wollte ihn tatsächlich. Aber am Ende, als das kurze Stück über Israel kam, da bekam ich einen Anfall. Und als dann die Nachricht kam, dass er in dem Jewish Social Club in Beverly Hills gewesen war, da hatte ich einen zweiten Anfall. Das war der Augenblick, wo ich mich entschloss, mit Kennedy Schluss zu machen. [...] Ich saß vor einem Spiegel in meinem Zimmer. [...] Ich konzentrierte mich auf RFK im Spiegel. Ich musste Schluss mit ihm machen.«[14]

Thomas Troward, Autor der 1904 gehaltenen und 1909 veröffentlichten *Edinburgh Lectures on Mental Science,* war ein in Indien geborener englischer Jurist, der von 1869 bis 1896 Bezirksrichter im Punjab war und anschließend in England als philosophischer Autodidakt und Redner einen erheblichen Einfluss bis auf den heutigen Tag auf das »New Thought Movement« ausübt. In seinen von William James, dem ersten Psychologen des Psycho-Automatismus, geradezu gepriesenen *Edinburgh Lectures*[15] entwickelt Troward eine Theorie und Praxis des Willens, die auf der Grundlage damals aktueller wissenschaftlicher Erkenntnisse und Praktiken, der Evolutionstheorie, der Hypnosetechnik, der Theorie des Unbewussten, aber auch einer abenteuerlichen religiös-metaphysischen Spekulation errichtet war. Nach Trowards Spekulation erfüllt den Weltraum eine spirituelle Substanz, ein subjektiver Geist, der in Analogie zum subjektiven Geist eines jeden Individuums in hohem Maße suggestibel ist. Die Suggestibilität des individuellen subjektiven Geistes ist für Troward durch die Erfahrung der Hypnose gegeben. Und eine ganz gleiche Suggestibilität schreibt er daher auch dem universalen subjektiven Geist zu, der durch die Aktivität des Willens und der Imagination dazu gebracht werden kann, seine Kräfte wieder den bewussten oder unbewussten Absichten des individuellen Geistes zuzuführen und dessen Willensziele zu realisieren. Die Erkenntnis dieses Unbewussten erlaubt es dann, alle unsere Absichten zu realisieren:

»In its unrecognized working it [the sub-conscious] is the spring of all that we can call the automatic action of mind and body, and on the universal scale it is the silent power of evolution gradually working onwards to that ›divine event, to which the whole creation moves‹; and by our conscious recognition of it we make it, relatively to ourselves, all that we believe it to be. The closer our *rapport* with it becomes, the more what we have hitherto considered automatic action, whether in our bodies or our circumstances, will pass under our control, until at last we shall control our whole individual world.«[16]

---

14. Kaiser, ›R.F.K. must die!‹, 1970, S. 239 (meine Übersetzung).
15. Troward, *The Edinburgh Lectures,* 1911.
16. Ebd., S. 94.

Auf diese Weise etabliert sich nach Troward eine Art positiver Rückkopplung zwischen dem individuellen und dem universalen Geist, indem bewusste und unbewusste Willensenergien aus der universalen Sphäre in die individuelle zurückfließen. Wenn ihm erst einmal der Weg gebahnt ist, arbeitet dieser Wille automatisch:

> »At the same time it is important to remember that such a thing as reversal of the relation between cause and effect is possible, just as the same apparatus may be made to generate mechanical power by the application of electricity, or to generate electricity by the application of mechanical power. And the importance of this principle consists in this. There is always a tendency for actions which were at first voluntary to become automatic, that is, to pass from the region of conscious mind into that of subconscious mind, and to acquire a permanent domicile there. Professor Elmer Gates, of Washington, has demonstrated this physiologically in his studies of brain formation. He tells us that every thought produces a slight molecular change in the substance of the brain, and the repetition of the same sort of thought causes a repetition of the same molecular action until at last a veritable channel is formed in the brain substance, which can only be eradicated by a reverse process of thought. In this way ›grooves of thought‹ are very literal things, and when once established the vibrations of the cosmic currents flow automatically through them and thus react upon the mind by a process the reverse of that by which our voluntary and intentional in-drawing from the invisible is affected. In this way are formed what we call ›habits,‹ and hence the importance of controlling our thinking and guarding it against undesirable ideas.«[17]

Trowards Mental Science ist eine lupenreine paranoische Theorie über die Macht der Gedanken.[18] Der Prozess solcher Absichtsinduktion läuft in der folgenden (vereinfachten) Weise: Der objektive Geist des Handelnden entwickelt seinen Plan oder sein Konzept darüber, was er in der Welt verändern oder verwirklichen möchte. Dann überträgt er diese Absicht dem eigenen subjektiven Geist, der diesen Wunsch ins Unbewusste einschreibt, von wo aus dann automatisch der Kontakt mit den universalen Willenskräften hergestellt wird, die anschließend ohne weiteres Zutun des denkenden objektiven Geistes die Sache realisieren. Genau das, was wir wollen und glauben, mobilisiert die Realisierungskräfte des universalen subjektiven Geistes, die den individuellen Geist wiederum mit den Energien ausstatten, die zur Umsetzung von Absicht und Glauben nötig sind.

Um nun Kennedy zu töten, verfährt Sirhan exakt nach Trowards Theorie. Allerdings bezieht er die Technik, um das eigene Unbewusste mit dem Auftrag auszustatten, wieder aus einer anderen Quelle. Sirhan berichtet darüber, wie er

---

17. Ebd., S. 115f.
18. Unübersehbar ist der Bezug zu der Theorie der selbstlaufenden Schwarmkommunikation, die der britische Ornithologe Edmund Selous zur gleichen Zeit formuliert. Vogelschwärme organisieren ihren Flug über »thought-transference«. Vgl. den Beitrag von Sebastian Vehlken in diesem Band.

mit Robert Kennedy, den er im Spiegel anstatt seines eigenen Gesichts erblickte, Schluss machte:

>»Schließlich war sein Gesicht im Spiegel statt des meinigen. Dann ging ich zu meinem Notizbuch und fing an zu schreiben. Das war Teil der Autosuggestion, um meinen subjektiven Geist dazu zu bringen, meinen objektiven Geist zur Aktion zu bringen. Ich habe in einem Rosenkreuzer-Magazin gelesen, dass du, wenn du etwas willst, es aufschreiben sollst. Das funktioniert dann automatisch [...].«[19]

Das künftige Opfer erschien erst auf dem Bildschirm, dann im Spiegel, und schließlich erblickte sich der Täter an der Stelle seines künftigen Opfers. Das exakt ist die paranoische Logik des Kontakts mit der Macht: das fremde Bild zerstören, um das eigene Bild an dessen Stelle zu rücken und die Kräfte des anderen in sich aufzunehmen. Dann aber ging der Täter über zu einem skripturalen Training, dessen Methode er verschiedenen Schriften entnommen hatte. Dazu zählte eine Rosenkreuzer-Zeitung vom Mai 1968, *The Rosicrucian Digest*, die in seinem Schlafzimmer gefunden wurde. Dort stand zu lesen:

>»Sometimes writing it down feeds the data into your subconscious mind a little clearer, and when you let your mind know exactly where you want to go, you simply get there a lot quicker. Writing it down brings it into focus – clarifies it – makes you pin down exactly what you wish to achieve.
> (...) This simple formula of writing it down and believing works. It works for the young and the old. Once you get moving, your momentum will carry you over many of the obstacles that might have previously stopped you ... I dare you to write it down.«[20]

Es ist ganz klar, dass diese Rosenkreuzler-Methode eine autosuggestive Schreibtechnik empfiehlt. Allerdings zieht sie das performative Potenzial aus dem Unbewussten und nicht aus dem Willen. Das Schreiben ist eine Inskription der Absicht ins Psychische, aus dem sich der Schwung für die Tat ergeben soll. In Sirhans Notizbuch setzt die Autosuggestion zunächst mit der rhythmischen Notation des eigenen Namens ein:

Man erkennt die Skriptur, die durch monotones, invariantes, rhythmisches Schreiben den autosuggestiven Kanal füllt. In Sirhans Notizbuch folgt auf die Seite mit den Serien seines Namens eine argumentative Passage (Bild 5):

Dort heißt es im zweiten Absatz: »I advocate the overthrow of the current president of the fucken United States of America, I have no absolute plans yet – but soon will compose some [...].«

Auf der nächsten Seite, die hier folgt (Bild 6), geht Sirhan über zur Theorie und Praxis der skripturalen Autosuggestion. Er schreibt: »Kennedy must fall, Kennedy must fall«. Und dann heißt es weiter: »We believe that Robert F. Kennedy must be sacrified for the cause of the poor exploited people.« Aber wie

---

19. Kaiser, ›R.F.K. must die!‹, 1970, S. 239.
20. Ebd., S. 424f.

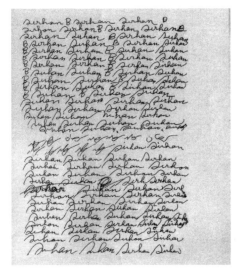

(Links) Abb. 4: Seite aus Sirhans Notizbuch.
(Rechts) Abb. 5: Seite aus Sirhans Notizbuch.

soll das geschehen? Als Resonanz auf die autosuggestiven Anweisungen in der Rosenkreuzer-Zeitung liest sich dann die folgende Passage:
Der mittlere Absatz lautet transkribiert:

»We believe that we can effect such action and produce such results – the hand that is writing (,) doing this writing is giving to do the slaying of the above mentioned victim. One wonders what it feels like to do any assassination that might do some illegal work.«

und dann weiter:

»I believe that I can effect the death of Bert K. Altfillisch […].«

Altfillisch ist der Name eines Pferdestallbesitzers, bei dem Sirhan einige Zeit gearbeitet hatte, mit dem Wunsch Jockey zu werden. Den Job verlor er nach einem schweren Unfall im Dezember 1967, was ihn auch in anderer Hinsicht aus dem Sattel warf. Auf einer der nächsten Seiten geht Sirhan über zur Aktivierung der Tatenergie. Die Schreibhand setzt er als künftige Tathand in Bewegung, Schreiben soll den Übergang zum Schießen bilden, und dieser Übergang erfolgt ohne die Kräfte der Motivation und Semantik.
Auf den 18. Mai 1968 datiert Sirhan dann seinen Entschluss. Die Hand weiß, was sie zu tun hat: »my determination to eliminate R.F.K. is becoming more the more of an unshakable obsession«. Darauf folgt die Serie der Skripturen »Robert Kennedy must be assassinated«.

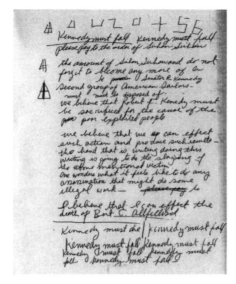

(Links) Abb. 6: Seite aus Sirhans Notizbuch.
(Rechts) Abb. 7: Seite aus Sirhans Notizbuch.

Später hat der Psychiater Dr. William Diamond, der im Auftrag des Richters Sirhans Geisteszustand untersuchte, zur Frage der Zurechenbarkeit verschiedene Tests und Experimente vorgenommen. Auch er ließ Sirhan schreiben, allerdings unter Hypnose.[21] Dabei kamen ähnliche Schriftbilder zustande; allerdings sahen sie sehr viel weniger systematisch aus.

Sirhans eigene Notizbücher und sein Schreibheft dokumentieren, wie intensiv er sich mit Trowards Theorie befasst hat. Wenn sich Troward auch als religiöser Denker verstand, so konzipierte er seine Wissenschaft handfest als praktische Psychotechnik. So las ihn Sirhan ja auch. Es ging dabei darum, mental ein Tatpotenzial zu mobilisieren, eine fremde Energie anzuzapfen, die sich vor allem auf dem Wege der Konzentration dirigieren lässt. So liest man bei Troward:

> »[...] instead of dissipating our energies, we must follow an intelligent method of concentration. The word means being gathered up at a centre, and the centre of anything is that point in which all its forces are equally balanced. To concentrate therefore means first to bring our minds into a condition of equilibrium which will enable us to consciously direct the flow of spirit to a definitively recognized purpose, and then carefully to guard our thoughts from inducing a flow in the opposite direction.«[22]

Sirhan nahm diese Dinge so ernst, dass er sogar versuchte, mit der Technik der Mental Science den Ausgang von Pferderennen zu beeinflussen. Die Mental

---

21. Ebd., S. 295ff.
22. Ebd., S. 88ff.

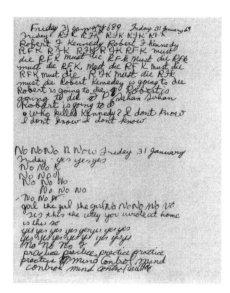

Abb. 8: Wiederholung der Schreibübung unter Hypnose durch den Gerichtsarzt Dr. Diamond.

Science ist eine rein paranoische Theorie. Der intellektuelle dynamische Kern der Paranoia ist der Wille, Kontingenz zu beseitigen, restlos zu beherrschen oder gar im Falle einer extremeren Entwicklung dieser Paranoia: das Reich der Ursachen zu kontrollieren. Das ist es, was die Mental Science in Aussicht stellt: die vollständige Herrschaft über die absolute Welt. Die geschichtstheoretische, evolutionstheoretische Vorstellung dahinter lautet, dass die evolutionäre Bewegung auf immer mehr Kontrolle hinausläuft. Ein letzter Beleg aus Trowards *Lectures*:

> »The absolute is the region of causes, and the relative is the region of conditions; and hence, if we wish to control conditions, this can only be done by our thought-power operating on the plane of the absolute, which it can do only through the medium of the subjective mind. The conscious use of the creative power of thought consists in the attainment of the power of Thinking in the Absolute, and this can only be attained by a clear conception of the interaction between our different mental functions.«[23]

Entscheidend für Sirhan war aber der Einsatz der *skripturalen* Autosuggestion, die tatsächlich dazu beitrug, den Weg von der Inversion des Schreibens, vom Selbstbezug der Schrift, zur Tat zu nehmen. Der Autor der Darstellung des Falles, Robert Blair Kaiser, äußerte dann auch die Vermutung, dass Sirhans Schreibexerzitien, die Liturgie des »R.F.K. must die«, keineswegs der Autosuggestion gedient haben; vielmehr sei es eine Niederschrift der Befehle gewesen, die Sirhan von dritter Seite empfangen habe. Auch Kaiser schwankt zwischen der Variante der Verschwörung, die Sirhan als Täter einsetzt, und der Fernsteue-

---

23. Ebd., S. 33.

rung durch die Bibliothek: Nach Kaisers Version kam die Steuerung aus den von Sirhan eifrig studierten Büchern Trowards, aus der theosophischen *Secret Doctrine* der Helena Petrovna Blavatzky[24] und aus Rosenkreuzerschriften.

Dass die Tat keineswegs aus einer mentalen Programmierung hervorging, hat die Geschichte in ihre Akten geschrieben. Sirhan trieb die Selbsttechnik bis zur Betätigung des Abzugs. Man sieht leicht, dass auch hier etwas ins Spiel kam, was nicht einfach wahnsinnig ist, sondern was in zwei unterschiedlichen Registern operiert: Es sind die beiden Register des Rhythmus und der Semantik. Der skripturale Rhythmus führt nach Sirhans eigener Vorstellung hier vom Schreiben zur Tat. Ob diese Übersetzungskräfte nun die Theorie Trowards bestätigen oder vielmehr, ob nicht der Glaube an das Troward'sche Tatenergieaktivierungstheorem schließlich die politischen Motive verstärkt hat, kann hier offen bleiben. Es zeigt an einem gewiss extremem Beispiel die Effekte einer Theorie, die mentale Automatismen auf dem Wege psychotechnischen Trainings etablieren möchte. Im Imaginären dieser Theorie, die in den USA bis heute fortwirkt, winkt eine Welt von handelnden Automaten, die das Kontingenzpotenzial der Welt drastisch reduzieren.

3.

Lacans Schizogramme, Artauds organloser Körper, Trowards Psychotechnik, die *Secret Doctrine* und andere parapsychologische Theorien sowie die Täterschaft Sirhans gehören zu den imaginären Konzepten des 20. und 21. Jahrhunderts, die Welt und Menschen in einen Park selbstlaufender Maschinen verwandeln wollen. Der Automaten- und Maschinentraum, der in diversen anthropologischen Entwürfen dieses Jahrhunderts geträumt wird, hat zwei Abhänge. Der eine könnte der kybernetische, logisch-mathematische Abhang genannt werden. Der andere ist bestimmt durch den Typ von Selbsttätigkeit, den die paranoische Vernunft entwirft. Beide stehen im Banne der Idee einer metaphysischen Maschinerie, die die Welt nach Gottes Willen taktet: der prästabilisierten Harmonie, der Zweckmäßigkeit, der Dialektik oder neuerdings der Autopoiesis. Im 20. Jahrhundert rückt an die Stelle der metaphysischen Maschinerie eine technische oder psychotechnische Implementierung von Automaten. Stefan Rieger hat gezeigt, welche Rolle dabei im 20. Jahrhundert die Arbeitsorganisation gespielt hat, die psychotechnische Theorien und Experimente aufgenommen und optimiert hat.[25] Die Anthropologie fand Eingang in Konzepte der Gesellschaft, die von Ernst Jüngers Arbeiter bis hin zu Niklas Luhmanns Systemtheorie reichen. Das ist die eine Seite. Die andere Seite lässt sich als Gegenfigur der Vereinnahmung betrachten: Die schizographische Übung will die Macht vereinnahmen, indem sie sich ihre Schrift, ihre Wörter, ihre Bilder, ihre Körper aneignet. Sie bildet damit das Gegenprogramm zu jener Theorie und Kritik der Vereinnahmung,

---

24. Blavatsky, *The Secret Doctrine*, 1888.
25. Rieger, *Die Individualität der Medien*, 2001, S. 161ff.

die Serhat Karakayali in seinem Beitrag über »Soziophagie« ausführlich analysiert.[26] Im Unterschied zu den Mächten und Institutionen, die die oppositionellen Gegenkräfte leerlaufen lassen (oder den Theorien, die das behaupten), vereinnahmen die paranoischen Schizogramme die Zeichen, Begriffe, Verbarien und Sprachmuster für sich selbst. Auch Artauds »organloser Körper« bildet ein solches Konzept, das die Macht leerlaufen lässt. Daher ist es kein Wunder, dass dieser paranoische Automatentraum oder vielmehr Anti-Automatentraum bei Deleuze/Guattari wieder Theorie-Status als Wunschmaschine und als Gegenbild der Staatsmaschine erhält.[27] Man kann sie auch als Anti-Vereinnahmungsmaschinen bezeichnen, die selbst im Extremfall leerlaufende Maschinen sind:

»Le CsO [d.h. corps sans organes] est désir, c'est lui et par lui qu'on désire. [...] Le désir va jusque-là, tantôt désirer son propre anéantissement, tantôt désirer ce qui a la puissance d'anéantir. Désir d'argent, désir d'armée, de police et d'État, désir-fasciste, même le fascisme est désir. [...] C'est pourquoi le problème matériel d'une schizo-analyse est de savoir si nous avons les moyens de de faire la sélection, de séparer le CsO de ses doubles: corps vitreux vides, corps cancéreux, totalitaires et fascistes.«[28]

Diese leerlaufenden Maschinen und Automaten des Staates und der Schizogramme sind sich ähnlich, und man weiß nicht recht auf Seiten dieser Theorien, wie sie zu unterscheiden sind. Auffällig und symptomatisch für dieses Automaten-Unbewusste des 20. Jahrhunderts bleibt die Insistenz dieser Maschinerie mitsamt ihren politischen wie theoretischen Fehlfunktionen.

Literatur

Artaud, Antonin: »Pour en finir avec le jugement de Dieu suivi de Le Théâtre de la cruauté«, in: ders.: *Oeuvres complètes*, Bd. 13, Paris 1974, S. 65–118.

Bergengrün, Maximilian: »The pure being of writing. Ecriture automatique in 19th century psychiatry and early surrealism (Breton/Soupault: Les champs magnétiques)« in: *Berichte zur Wissenschaftsgeschichte* 32/1, 2009, S. 82–99.

Blavatsky, Helena Petrovna: *The Secret Doctrine. The Synthesis of Science, Religion and Philosophy*, 3 Bde., Pasadena 1888.

Bleuler, Eugen: *Lehrbuch der Psychiatrie*, 13. neu bearbeitete Auflage von Manfred Bleuler, Berlin u.a. 1975.

Deleuze, Gilles; Guattari, Félix: *L'Anti-Œdipe. Capitalisme et schizophrénie*, Paris 1972.

Deleuze, Gilles; Guattari, Félix: *Mille Plateaux*, Paris 1980.

---

26. Vgl. den Beitrag von Serhat Karakayali in diesem Band.
27. Vgl. sowohl Deleuze; Guattari, *L'Anti-Œdipe*, 1972 sowie dies., *Mille Plateaux*, Paris 1980.
28. Deleuze; Guattari, *Mille Plateaux*, 1980, S. 203f.

Ferdière, Gaston: »J'ai soigné Antonin Artaud«, in: *La Tour de Feu*, 112, 1971, S. 28–37.

James, William: *The Principles of Psychology*, New York, London 1890.

Janet, Pierre: *L'automatisme psychologique. Etude de psychologie expérimentale sur les formes inférieurs de l'activité humaine,* Paris 1989.

Kaiser, Robert Blair: ›R.F.K. must die!‹ A History of the Robert Kennedy Assassination and its Aftermath, New York 1970.

Kapralik, Elena (Mattheus, Bernd): *Antonin Artaud. Leben und Werk des Schauspielers, Dichters und Regisseurs,* München 1977.

Klaber, William; Melanson, Philip H.: *Shadow Play. The Murder of Robert F. Kennedy, the Trial of Sirhan Sirhan, and the Failure of American Justice,* New York 1997.

Lacan, Jacques (mit Lévy-Valensi, J.; Migault, Pierre): »Écrits inspirés: Schizographie«, in: *Les Annales Médico-Psychologiques,* 2, 1931, S. 508–522.

Lacan, Jacques: »Le problème du style et la conception psychiatrique des formes paranoïaques de l'expérience«, in: *Minotaure,* 1, 1933, S. 68–69.

Lacan, Jacques: *Über die paranoische Psychose in ihren Beziehungen zur Persönlichkeit und frühe Schriften über die Paranoia,* aus dem Französischen von Hans-Dieter Gondek, Wien 2002.

Myers, Frederic W. H.: »Automatic Writing«, in: *Proceedings oft the Society for Psychical Research,* 3, 1885, 4, 1887.

Panizza, Oskar: *Pour Gametta. Sämtliche in der Prinzhorn-Sammlung der Psychiatrischen Universitäts-Klinik Heidelberg und im Landeskirchlichen Archiv Nürnberg aufbewahrten Zeichnungen,* hg. von Armin Abmeier, Michael Farin und Roland Hepp, München 1989.

Rieger, Stefan: *Die Individualität der Medien. Eine Geschichte der Wissenschaften vom Menschen,* Frankfurt a.M. 2001.

Schneider, Manfred: »Zum Mord schreiben. Attentäterskripturen«, in: Geisenhanslüke, Achim; Mein, Georg (Hg.): *Schriftkultur und Schwellenkunde,* Bielefeld 2008, S. 291–315.

Schneider, Manfred: *Das Attentat. Kritik der paranoischen Vernunft,* Berlin 2010.

Troward, Thomas: *The Edinburgh Lectures on Mental Science,* New York 1911.

Sebastian Vehlken

Schräge Vögel
Vom ›technological morass‹ in der Ornithologie

»Suddenly, as at a signal, they all launch themselves toward the center of the field; the hundred companies unite in one immense flock, and presto! the drill is on. The birds are no longer individuals, but a single-minded myriad, which wheels or veers with such precision that the flash of their thousand wings when they turn is like the flicker of a signal glass in the sun.«[1]
William J. Long

Am 24. Mai 1984 veröffentlicht die Zeitschrift *Nature* einen kleinen, einspaltigen Artikel des Biologen Wayne K. Potts von der Utah State University. Der Autor befasst sich darin mit der Frage, wie Vogelschwärme koordinierte Richtungswechsel zustande bringen. Potts präsentiert die Auswertung von 16-mm-Filmaufnahmen, die er von Alpenstrandläufer-Schwärmen gemacht hatte, und weist einen Steuerungsimpuls nach, der von beliebigen und sogar einzelnen Schwarmmitgliedern ausgehen kann: Sobald ein Schwarmindividuum sich vom Rand her in Richtung des relativen Zentrums des Schwarms bewegt, löst es einen Bewegungsreiz bei seinen Nachbarn aus, der sich dann rasch und wie eine konzentrische Welle durch den Schwarm ausbreitet. Solche »maneuver waves«, so Potts, regelten die Kollektivbewegungen großer Schwärme in der Luft.[2] Sie organisierten die intransparenten Dynamiken jener exemplarischen *Selbstläufer* am Abendhimmel.

Das Eigentümliche an diesen Wellen ist jedoch ihre Geschwindigkeit: Diese liege, so Potts, anfangs unter der individuellen, im Labor festgestellten Reaktionszeit eines einzelnen Vogels der Spezies. Sie könne sich im Schwarm jedoch alsbald auf das fast Dreifache dieses Reaktionsvermögens beschleunigen. Im Kollektiv ergibt sich eine sehr viel schnellere Informationsübertragung, und diese sei möglich, so Potts, da die Vögel das Ankommen der Welle im Bereich des Schwarms, in dem sie sich befinden, antizipierten – ganz ähnlich wie in einem menschlichen Chor: »Films taken of human chorus lines indicate that rehearsed maneuvers, initiated without warning, propagate from person to person approximately twices as fast [...] as the 194-ms human visual reaction time.«[3]

Potts' Artikel wird in der Folge von Fachkollegen eingehend kritisiert, ist doch nicht unbedingt einsichtig, wie etwa die eingeschränkte Perspektive von Schwarmindividuen in der dichtgedrängten Mitte eines Schwarms es zulassen sollte, sich an eine aus einiger Entfernung ankommende Manöverwelle anzu-

---

1. Long, *How Animals Talk*, 2005 [1919], S. 104.
2. Vgl. Potts, *The chorus-line hypothesis*, 1984, S. 344–345.
3. Ebd., S. 345.

passen. Gerade aufgrund ihrer spekulativen Dimension ist die Hypothese somit ein Indiz dafür, wie lange die genauen Funktions- und Interaktionsweisen in dynamischen, vierdimensionalen Schwärmen für die Biologie ungeklärt sind. Forschungen über Vogelschwärme laufen über Jahrzehnte in verschiedener Weise in die Irre. Und damit verschränken sich die *Selbstläufer* auf Seiten der Wissensobjekte ornithologischer Schwarmstudien mehrfach mit den *Irrläufern* auf Seiten der Forscher und ihrer Ansätze.

Dieser Beitrag wird dem Spannungsfeld von Selbstläufern und Irrläufern in der Vogelschwarmforschung entlang eines mediengeschichtlichen Bogens folgen, der sich bis hin zu aktuellen *state-of-the-art*-Vogelschwarmbeobachtungen und ihrem medientechnischen Arsenal erstreckt. Seinen Ausgang nimmt er allerdings an einem bisher medienhistorisch wenig bekannten Ort, nämlich in den ausgedehnten Sumpf- und Moorlandschaften schottischer Hochlande. Denn hier werden zu Beginn des 20. Jahrhunderts – und damit in der Frühzeit einer wissenschaftlichen Beobachtung von Vogelschwärmen – oft recht schräge Theorien zur Organisation jener scheinbar von selbst ›laufenden‹ Schwärme am Himmel gesponnen, die zwischen Gedankenübertragung, Kollektivinstinkten und emotionaler Ansteckung oszillieren. Und nicht nur manche Theorie ist dabei gewagt – auch auf Forscherseite gibt es durchaus einige schräge Vögel. Dabei vereint vor allem eine Person beide Aspekte in sich: der britische Vogelkundler Edmund Selous, den Potts in seinem Beitrag zitiert, und dessen Theorie der »thought waves« der *New Scientist* 2004 eine historische Rückschau widmet. Selous setzt durch die kompromisslose Leidenschaft für seinen Forschungsgegenstand neue Maßstäbe für die ethologische Feldforschung, ist als wissenschaftlicher *amateur* vor spekulativen Annahmen in Bezug auf das Schwarmverhalten von Vögeln jedoch nicht gefeit. Während seine methodologischen Neuerungen posthum sehr viel Anerkennung finden, sind Annahmen, die auch seiner Theorie bezüglich des Schwarmverhaltens von Vögeln zugrunde liegen, schon zu Lebzeiten Gegenstand heftiger Debatten.

Von diesem historischen Fluchtpunkt aus lässt sich anhand einer Mediengeschichte technischer Aufschreibesysteme in der ornithologischen Schwarmforschung besagtes Spannungsfeld von Selbstläufern und Irrläufern auf produktive Weise umzeichnen und verwickeln. Ein solches Vorhaben spinnt sich um das *Medien-Werden* von Schwärmen[4] und damit *erstens* um die wissenschaftliche Genese einer Organisationsform, deren Fähigkeit zur Selbstorganisation und deren paradigmatisches Selbstläufertum seit jeher Fragen nach ihren Motiven und Modi, nach ihren Regelungslogiken und Regelungsinstanzen aufwirft. Sie dreht sich *zweitens* um medientechnische Aufschreibeverfahren, die in Bezug auf dieses Wissensobjekt ins Leere laufen oder die – und das soll im Folgenden gezeigt werden – im Leeren um sich selbst kreisen. Und sie beschreibt *drittens* eine epistemologische und medientechnische Umwertung dieser Selbstläufer zu *Wissensfiguren*: In einem auf selbstlaufenden, autonomen Prozessen basieren-

---

4. Zum Begriff siehe Vogl, *Medien-Werden*, 2001, S. 115–123.

den Dispositiv der agentenbasierten Computersimulation werden sie selbst zu *Schreibverfahren*. Schwärme beginnen förmlich damit, sich selbst in dynamischen Modellen zum Laufen zu bringen.

1. Schottischer Morast

»And now, more and faster than the eye can take it in, band grows upon band, the air is heavy with the ceaseless sweep of pinions, till, glinting and gleaming, their weary wayfaring turned to swiftest arrows of triumphant flight – toil become ecstacy, prose an epic song – with rush and roar of wings, with a mighty commotion, all sweep, together, into one enormous cloud. And still they circle; now dense like a polished roof, now disseminated like the meshes of some vast all-heaven-sweeping net, now darkening, now flashing out a million rays of light, wheeling, rending, tearing, darting, crossing, and piercing one another – a madness in the sky.«[5]
Edmund Selous

Eingedenk Winston Churchills legendärer Antwort auf die Reporterfrage, wie man ein so hohes Alter wie er erreichen könne – »No Sports!« –, irritiert vielleicht etwas weniger, dass in Großbritannien mit der Bezeichnung *sportsmen* nicht zuvorderst diejenigen gemeint sind, die Sport betreiben. Vielmehr sind es jene, die sich auf Sportveranstaltungen *begeben*[6] – etwa um im karierten Anzug von der Savile Row und mit *flat cap* auf dem Kopf aufs richtige Pferd zu setzen – und gegebenenfalls (und daher mag Churchills Bonmot rühren) aufgrund erhöhten Blutdrucks die Infarktgefahr zu vergrößern. Der Begriff umfasst Anfang des 20. Jahrhunderts im Englischen aber noch mehr, denn auch Großwildjäger werden ihm zugerechnet. Insofern wird die *sportsmanship* in der Familie des englischen Ornithologen Edmund Selous sehr groß geschrieben: Sein Bruder Frederick ist der seinerzeit berühmteste *big game hunter* des Vereinten Königreichs. Er geht mit Theodore Roosevelt auf Safari, verfasst spannende Berichte über seine Jagdabenteuer in Ostafrika, und wird 1894 im *Vanity Fair Album* in ironischer, aber doch vielsagender Weise gefeatured: »[…E]lephant, rhinoceros, lion, hippopotamus, giraffe, zebra, quagga, hyeana, koodoo, hartebeest, duiker, oribi, klipspringer, tsessbe, and antelope of all kinds; many of which animals are now all but extinct, having been killed off by railways, by civilisation and by Selous.«[7] Auch Edmund Selous hatte die Jagd durchaus geschätzt. In einer Passage seines Buches *Bird Watching* von 1901 allerdings bezeichnete er sich im Nachhinein in dieser Hinsicht als recht halbherzigen Stümper und miesen Schützen: »For myself, I must confess that I once belonged to this great, poor army of killers, though happily, a bad shot, a most fatigable collector, and a poor

---

5. Selous, *Bird Life Glimpses*, 1905, S. 141.
6. Ich danke dem Sportsman Thomas Brandstetter für diesen Hinweis.
7. Vgl. Anonymus, *Men of the Day*, 1894, zit.n. Burckhardt, *Patterns of Behavior*, S. 77. Heute trägt ironischerweise ausgerechnet eines der größten afrikanischen Tierschutzgebiete seinen Namen.

half-hearted bungler, generally.«[8] Und nicht nur das: Selous entwickelt sich zu einem leidenschaftlichen Konvertiten von der Kunst des Jagens zur Kunst der detaillierten Beobachtung:

> »But now that I have watched birds closely, the killing of them seems to me as something monstrous and horrible; and, for every one that I have shot, or even only shot at and missed, I hate myself with an increasing hatred. [...F]or the pleasure that belongs to observation and inference is, really, far greater than that which attends any kind of skill or dexterity [... to killing, SV]. Let anyone who has an eye and a brain (but especially the latter), lay down the gun and take up the glasses for a week, a day, even for an hour, if he is lucky, and he will never wish to change back again.«[9]

Im Gegensatz zu den USA, wo Forscher wie Charles O. Whitman und William M. Wheeler um 1900 aus einem universitären Kontext neugegründeter zoologischer Institute heraus begannen, das Verhalten wildlebender Tiere systematisch zu erforschen, sind es im Vereinigten Königreich noch immer jene *amateurs*, die die kreativsten und markantesten Beiträge zur frühen Erforschung tierischen Verhaltens beitragen. Dabei unterscheiden sie sich von Naturforschern früherer Zeiten in erster Linie dadurch, dass sie nicht als Sammler von Exemplaren für die taxonomische Ordnung des Tierreichs in den ›Leichenkammern‹ zeitgenössischer Naturkundemuseen auftreten, sondern das *ungestörte* Verhalten lebender Tiere in nicht dagewesener Genauigkeit zu beschreiben trachteten.[10] Und während die *sportsmen* dieses Verhalten noch beobachten, um es kurz darauf zu beenden, sammelt der diesen Vergnügungen entwachsene Naturalist neuer Prägung anstelle von Trophäen lieber Beobachtungsdaten.

Der Naturforscher ist, so wie Edmund Selous ihn darstellt und selbst prototypisch verkörpert, der intelligentere Jäger: Sein Jagdtrieb hat sich transformiert in ein wissenschaftliches Interesse am Leben, das jedoch weiterhin einer ›abenteuerlichen‹ Herangehensweise bedarf. Selous interessiert sich für die Regelungsprozesse in großen Singvogelschwärmen, die er immer wieder mit Begeisterung beobachtet. Doch inwiefern kann man im Falle dieses *amateurs* im Sinne eines wissenschaftlichen Interesses von der Generierung valider zoologischer *Daten* sprechen? Schließlich existiert seinerzeit noch kein wissenschaftlich eingegrenzter methodischer Rahmen, um so etwas wie tierisches »Verhalten« zu beschreiben oder zu quantifizieren. Es gibt noch keine Typologie der Verhaltensreaktionen von Vögeln, die penibel in tabellarische Ethogramme eingetragen und so standardisiert werden, wie es in der späteren Verhaltensbiologie Lorenz'scher und Tinbergen'scher Prägung systematisch geschehen wird. Wie verhält sich der

---

8. Selous, *Bird Watching*, 1901, S. 335.
9. Ebd., S. 335–336.
10. Vgl. Burckhardt, *Patterns of Behavior*, S. 69. Neben Edmund Selous sind hier v.a. Henry E. Howard, Frederick B. Kirkman und Edward Armstrong zu nennen. Als Ausnahmen – weil im akademischen Kontext situiert – und einflussreich über die britische Ethologie hinaus sind zudem der Zoologe Julian Huxley und v.a. C. Lloyd Morgan.

Feldforscher Edmund Selous also in Bezug zum Verhalten seiner Beobachtungsobjekte? Die Antwort: Er setzt sich hin und schreibt.

Selous verbringt Stunden, Tage und Wochen mit der minutiösen Beobachtung des Verhaltens verschiedener wildlebender Vogelspezies. Dabei notiert er – kombiniert mit einer genauen zeitlichen Verortung – alles, was er beobachtet, direkt vor Ort in ein »Observational diary of habits«.[11] Dies ist nicht immer ohne Probleme möglich, wie der Historiker Richard W. Burckhardt mit Bezug auf Selous anführt: »One has [...] often to scribble very fast to keep up with the birds, and so must leave a few things to be added.‹ Back at his lodgings, he would copy out his notes and elaborate upon them. Later he might add something else if it remained fresh in his memory. He prided himself on recording *all* that he saw.«[12] Überdies beschreibt Selous auch seine sich verbessernden Beobachtungstaktiken: Er nutzt mimetische Verfahren eines camouflierenden Einswerdens mit der Umgebung der zu beobachtenden Vögel, ergänzt durch eine ausgeprägte Ausdauer des Verharrens in seinen Verstecken. Nur so ist ein Blick aus der Nähe auf ein auch über längere Zeiträume ungestörtes Verhalten seiner Forschungsobjekte garantiert. So ergibt sich ein spezifisches ornithologisches Aufschreibesystem, bestehend aus Augen und Fernglas, Papier und Stift, Akribie, Geduld und oftmals auch selbstgebauten »turf-huts« im Morast schottischer Moore. Diese Akribie schlägt sich aber mitnichten in einer verwertbaren Systematisierung der Ergebnisse nieder. Vielmehr sind Selous' Texte charakterisiert durch einen nebensatzverschachtelten Prosa-Stil, der ihrer Akzeptanz innerhalb der zoologischen Community keineswegs zuträglich ist – genauso wenig wie dies seine steten verbalen Attacken gegen die ›armchair ornithologists‹ und ›Thanatologen‹ in den Sammlungen Naturhistorischer Museen sind.

Auch seine über 200 Seiten starke Abhandlung über das Schwarmverhalten verschiedener Vogelarten ist nur dank seines Index halbwegs einer systematischen Lektüre zugänglich. Hier beschreibt der Autor ausgesprochen detailliert Beispiele synchronen, kollektiven Flugverhaltens, kombiniert diese jedoch – gezwungenermaßen – mit recht spekulativen Reflexionen über deren Organisation. Das Imaginäre der Regelung von Schwarmdynamiken kommt ins Spiel, wo Aufschreibesysteme an ihre Grenzen kommen. Denn Schwärme sind und bewegen sich »more and faster than the eye can take it in« – sie sind nicht zu fassen mit Selous' Art der Beobachtung. Immerhin erkennt er in seinen Observationen keinerlei übergeordnete ›leader‹ oder ›sentinels‹, also Führungs- und Geleitindividuen, welche die Schwarmdynamiken steuerten und die seinerzeit – ähnlich früheren Hierarchisierungen bei sozialen Insekten – oftmals als Ordnungsinstanzen in Schwärmen vorgestellt wurden. Vielmehr plädiert er dafür, sich die Organisationsstruktur netzförmig vorzustellen:

»The whole group acts thus as though it were a single bird. If a fishing-net, strechted on the ground, were to go up and float away, one has to imagine every knot of every mesh

---

11. Vgl. z.B. Selous, *An observational diary of the habits*, 1901, S. 161–183.
12. Ebd., S. 173, zit.n. Burckhardt, *Patterns of Behavior*, S. 82.

to be a bird, and everything between the knots invisible, to have a perfect simile of what has just taken place.«[13]

Die Rapidität der Bewegungsformationen kann sich Selous dabei nur mittels einer sehr schnellen Kommunikationsform herleiten – und mangels besserer Erklärungen fragt er sich, ob diese nicht per Gedankenübertragung vonstatten gehen könne. Nicht von ungefähr lautet denn auch der Titel jener Publikation *Thought Transference (Or What?) in Birds*. Darin notiert Selous:

> »What, with us, is rational intercourse, with conversation, which probably weakens emotion, may be with birds in numbers a general transfusion of thought in relation to one another, on the plane of bird mentality – such thought corresponding more to our feeling than to what we call such, for it is out of feeling, surely, and not *vice versa*, that thought has evolved. This, then, may be the great bond between individuals in a species, probably acting through a sensation of well-being in one another's society which, when well developed, leads to gregariousness in rising degree.«[14]

Selous postuliert gewissermaßen eine Kommunikation auf der Ebene emotionaler Affekte, also vorbewusster Prozesse, die evolutionär vor der Ausbildung dessen lägen, was mit Denken bezeichnet werden könne. Diese Prozesse gingen somit von einer rationalen Ebene ungestört vonstatten. Mit dieser Hypothese steht er nicht allein da. In den USA hatte der Naturforscher William J. Long bereits 1919 eine Textsammlung unter dem Titel *How Animals Talk* veröffentlicht, in der er sich mit den vermeintlich ›telepathischen‹ Fähigkeiten von Tieren auseinandersetzt.[15] Im Kapitel *The Swarm Spirit* beschreibt auch Long eingehend seine Beobachtungen von Schwarmdynamiken bei Staren und Goldregenpfeifern (engl. *plovers*), resultierend aus einem »emotional excitement«, und ebenfalls jenseits der Gepflogenheiten der Jagd:

> »That you may visualize our problem before I venture an explanation, here is what you may see if you can forget your gun to observe nature with a deeper interest: [...] Your ›stand‹ is a hole in the earth, hidden by a few berry-bushes [...]. Here they come, driving in at terrific speed straight at you! [...] On they come, hundreds of quivering lines, which are the thin edges of wings, moving as one to a definite goal. [...] Suddenly, and

---

13. Selous, *Thought Transference*, 1931, S. 94.
14. Ebd., S. 115. Die Idee solcher »Gedankenwellen« bei Vögeln – darauf weist Gail Vines hin – muss im Zusammenhang gesehen werden nicht nur mit zeitgenössischen, populären pseudowissenschaftlichen Theorien der Gedankenübertragung zwischen Menschen, wie auch mit den seinerzeit neuen Medien drahtloser Signalisierung wie Radio oder Radar und verschiedenen, heiß diskutierten physikalischen Wellentheorien. Vgl. Vines, *Psychic birds*, 2004, S. 48.
15. Vgl. Long, *How Animals Talk*, 2005 [1919], v.a. S. 102–125. Long behauptet in Anlehnung an indianische Vorstellungen, durch das Zusammenspiel aller biologischen Sinne ergebe sich eine Art Über-Sinn, den er *Chumfo* nennt. Vgl. das Kapitel »Chumfo, the Super-sense«, ebd., S. 22–67, 33: »[E]very atom of him, or every cell, as a biologist might insist, is of itself sentient and has the faculty of perception. Not till you understand that first principle of *chumfo* will your natural history be more than a dry husk, a thing of books or museums or stuffed skins or Latin names, from which all living interest has departed.«

so instantaneous that it makes you blink, there is a change of some kind in every quivering pair of wings. [...E]very bird in the flock has whirled, as if at command, and now is heading straight away.«[16]

Anders als Selous bleibt Long kein passiver Beobachter, sondern evoziert selbst mittels akustischer und visueller Signale bestimmte Reaktionen seiner Untersuchungsobjekte, um dann die verblüffende Synchronizität ihrer Bewegungen zu bewundern. Im Unterschied zu zeitgenössischen »bird-books«, die von der Annahme ausgehen, dass die Vögel eines Schwarms nicht durch individuelle Entscheidungen, sondern mittels eines kollektiven Impulses oder Instinkts gesteuert würden, der simultan auf alle Individuen gleichzeitig und in gleicher Weise einwirke, und die oftmals Analogien zu Bienenschwärmen und deren *hive mind* nahelegt, lehnt er eine solche externe Instanz strikt ab: »Indeed, I doubt that it ever holds true, or that there is in nature any such mysterious thing as a swarm or flock or herd impulse [...]. In other words, the swarm instinct has logically no abiding-place and no reality; it is a castle in the air with no solid foundation to rest on.«[17] Vielmehr müsse der Ursprung synchroner Reaktionen in und zwischen den Schwarm-Individuen selbst gesucht werden – etwa aufgrund von Beobachtungen, dass Warnsignale von einem Schwarm-Individuum am Rande eines Schwarms sich »silently« ausbreiten und zu einer kollektiven Reaktion führen würden. »Silently« bedeutet, dass die Warnung nicht durch ein akustisches Signal hervorgerufen werde, sondern auf anderem, unmittelbarerem Wege transportiert werde – im Sinne etwa eines sogenannten ›blinden Verständnisses‹ von sich vertrauten Menschen. Dieser Impuls könne also derart instantane Synchronisationen zur Folge haben, weil es sich um eine angelernte und geübte Form von Kommunikation handele, die affektiv funktioniere und nicht etwa zeitraubender Interpretationen von akustischen Signalen bedürfe:

> »I conclude therefore, naturally, and reasonably, that [...] my incoming plover changed their flight because one of their number detected danger and sent forth a warning impulse, which the others obeyed promptly because they were accustomed to such communications. There was nothing unnatural or mysterious or even new in the experience. So far as I can see or judge, there is no place or need for a collective herd or flock impulse, and the birds [...] have no training or experience by which to interpret such an impulse if it fell upon them out of heaven.«[18]

Vielmehr seien es bestimmte Emotionen wie etwa die Furcht, durch deren Übertragung das koordinierte Verhalten von Schwärmen erklärt werden könne – eine Übertragung von ›Schwingungen‹ sozusagen, die sich – den Lichtwellen im unbekannten Medium Äther ähnlich – in einem ebenfalls unbekannten Medium

---

16. Ebd., S. 106–108.
17. Ebd., S. 109–112. Vgl. zur Idee eines externen »All Mind« z.B. Newland, *What is Instinct?*, 1916.
18. Long, *How Animals Talk*, 2005 [1919], S.116–117.

fortbewegen könnten und sich in die rapiden Bewegungswellen der Vogelschwärme verlängerten.[19]

Während Selous und Long also vitalistische Kräfte und den ›Schwarmgeist‹ eines Maurice Maeterlinck in Abrede stellen, stehen die auf detaillierten Beobachtungen und deren Niederlegung in Tagebüchern beruhenden Hypothesen dieser Naturliebhaber sehr wohl in einem poetologischen Zusammenhang, der zeitgenössische psychologische Überlegungen und Theorien zu Massenpsychologie ebenso involviert wie dem Spiritismus nahe parawissenschaftliche Einflüsse. Sie wenden sich gegen das Postulat ›geistiger‹ Einflüsse eines Agens, das außerhalb der Individuen liegt, plädieren jedoch für die Annahme einer ›mentalen‹ Kommunikationsebene zwischen den Individuen. Da ihnen Begriffe wie *Information* und *Informationsübertragung* fehlen, greifen sie auf die Idee der *Gedankenübertragung* zurück – auf eine Form von Kommunikation unterhalb der Bewusstseinsschwelle, deren Funktionsweise noch nicht klar sei, die aber keineswegs spezifisch für eine vom Menschen zu trennende Tierpsychologie sei. Vielmehr trete im Schwarmverhalten von Tieren eine Organisationsform zutage, deren affektive Kommunikation bei jeder Lebensform – und demnach auch beim Menschen – in gewissen Situationen beobachtet werden könne. Nicht eine neue Form von »animal psychology« stehe also zur Debatte, sondern eine Kommunikationsebene, die eine grundlegende Möglichkeitsbedingung für jede Art von sozialem Leben darstelle und jede Sonderstellung des Menschen innerhalb der Biologie relativiere.[20] Parapsychologische Begriffe können im Zuge dessen als Bilder angesehen werden, die kommunikationstheoretische Sachverhalte ausdrücken sollen, für die noch kein Vokabular bereitsteht und entwickelt ist.

Die Art und Weise der Schwarm-Beschreibungsversuche von Long, besonders aber von Selous führt dabei zu zwei Beobachtungen: *Erstens* lässt sich an der textuellen Form der Beschreibungen ablesen, wie sich die Objekte der Forschung, wie sich die Vogelschwärme einer schriftlichen Fixierung immer wieder und immer weiter entziehen. Trotz einer Akkumulation von immer neuen Begriffen wird das Beobachtungsobjekt nicht schärfer gefasst, sondern bleibt gerade aufgrund dieser Begriffshäufung weiterhin unbestimmt. Es verschwindet hinter dem Netz von Begriffen, welches das Beschreibungsobjekt nicht einfängt, sondern assoziativ weiter ausdehnt – wie in jener Stelle, die eingangs dieses Abschnitts bereits angeführt wurde: »[...N]ow dense like a polished roof, now disseminated like the meshes of some vast all-heaven-sweeping net, now darkening, now flashing out a million rays of light, wheeling, rending, tearing, darting, crossing, and piercing one another...«.[21] Die Sukzession der Verben im Text vermag das parallel ablaufende Schwarmgeschehen nur prosaisch zu umschreiben, bleibt aber weit davon entfernt, wissenschaftlich verwertbares Material zu akkumulieren.

---

19. Ebd., S. 117.
20. Vgl. ebd., S. 121–125.
21. Selous, *Bird Life Glimpses*, 1905, S. 141.

Zweitens zeigen die Arbeiten der Amateurforscher, wie die Beobachtung der Dynamiken von Vogelschwärmen immer auch eine Selbstbeobachtung des Beobachters mit sich bringt: Um eine bestimmte Perspektive auf das Forschungsobjekt entwickeln zu können, gilt es, sich als Beobachter selbst durch Camouflage und ›Umwelt-Werden‹ scheinbar aus dem Beobachtungssystem zu streichen oder (wie bei Long) in spezifischer Weise, z.B. als ›Lockvogel‹, in Erscheinung zu treten. Nichtsdestotrotz wird Selous' Arbeit zur *Thought-Transference* 1932 in der Zeitschrift *Nature* in einer Kurzrezension als haltlos abqualifiziert – eine Kritik, die sich direkt auf die Unzulänglichkeiten der Beobachtung bezieht:

»The crux lies, of course, in the interpretation, and the reader may doubt whether the human eye is not deceived by an appearance of simultaneity that is in fact an extreme rapidity of imitative action: the author, indeed, seems to give part of his case away when he describes instances in which the movement could be seen spreading through the flock.«[22]

Ganz grundsätzlich steht hier mithin das zeitliche und räumliche Auflösungsvermögen des menschlichen Beobachtungsapparats zur Debatte sowie seine mangelnde Fähigkeit, etwa zwischen Simultaneität und rapiden Synchronisierungsprozessen zu unterscheiden. Zur Diskussion steht damit ein ornithologisches Aufschreibesystem, das seinem Wissensobjekt nicht gerecht werden kann.

2. A Different Dialect

Bereits ein Jahrzehnt vor der Publikation von Selous' *Thought-transference*-Text widersprach der Zoologe Robert C. Miller den Ausführungen William Longs zu einer telepathischen Kommunikationsebene in Vogelschwärmen. Schon seine Überlegungen stellen einen »spread of impulse« in den Mittelpunkt, der sich über die bekannten Sinnesorgane verbreite und so die Koordination des Kollektivs ermögliche. Miller formuliert in seinem Text *The Mind of the Flock* von 1921 einen Rundumschlag gegen Theorien der Gedankenübertragung, der Hypnose und des »swarm spirit« gleichermaßen – und lässt diesen interessanterweise bei Gustave Le Bon beginnen. Expliziter als bei Selous und Long wird hier also eine theoretische Verknüpfung mit der populären Massenpsychologie-Literatur deutlich.[23] Le Bon sucht bekanntlich Analogien in der Chemie, um zu beschreiben, dass kollektive Koordinationsfähigkeiten nicht in einer bloßen Summierung individueller Fähigkeiten aufgehen, sondern dass etwas Neues ins Spiel kommt – ein Spiel der Relationalität: Allein dadurch bereits, dass sich in chemischen Prozessen Elemente verbinden, entstehen neue Stoffe mit teils völlig anderen Eigenschaften als jenen ihrer Basiselemente, so Le Bon.[24] Ein Vergleich,

---

22. Anonymus, *Thought-Transference (Or What?) in Birds*, 1932, S. 263.
23. Miller, *The Mind of the Flock*, 1921, S. 183–186.
24. Le Bon, *Psychologie der Massen*, 1982, S. 13.

den Miller für wenig aussagekräftig hält: »But this analogy, admirably as it states the case, hardly helps us towards an explanation of it, since the origin of the new properties insisted upon is quite as obscure in the one instance as in the other.«[25] Die Koordination von Kollektiven basiert laut Le Bon auf den drei Faktoren Suggestibilität, Ansteckung, und einer Art Kollektivbewusstsein – und da er selbst Ansteckung als eine Funktion von Suggestibilität beschreibt, sieht Miller überhaupt keinen Grund, diese drei Faktoren gesondert zu betrachten. Eine adäquate Beschreibung jenes »group mind«, das die Koordination von Schwärmen bewerkstellige, müsse folglich alle drei Bereiche integrieren.

Welchen Beitrag hat die im Entstehen begriffene Erforschung des Verhaltens zu einer solchen Integration zu leisten? Auch Miller wendet sich im Folgenden gegen anthropomorphistische Hypothesen, welche die Organisation von Vogelschwärmen durch Führungsindividuen zu erklären versuchten, die »even vocal commands« zur Befehligung nutzten: »Unfortunately I was unable to profit by this information, as the crows of my acquaintance apparently spoke a different dialect.«[26] Diese seien zwar von kritischen Studien abgelöst worden, die Vögel nicht mehr als »diminuitive human beings with wings and feathers« angesehen hätten, die aber ihrerseits übers Ziel hinausschössen, weil sie in mystische Spekulationen abdrifteten. Seien es Spekulationen über die Kosmogonie eines »All Minds«,[27] das alle fühlenden Lebewesen verbinde, so dass die Schwarmindividuen als seine Bruchteile sich in Bezug auf diese kollektive Intelligenz organisieren würden, oder seien es jene von Long postulierten natürlichen telepathischen Fähigkeiten, ein »supersense«, der die Übertragung von Impulsen zwischen den Individuen ermögliche – für Miller disqualifizieren sie sich als Erklärungsmodelle, weil ihre spekulative Ebene einer Empirie nicht standhalte, noch sich verbinden lasse mit anderen, gesicherten wissenschaftlichen Ergebnissen. Interessant ist dabei, dass er seine Argumentation gerade über die Fehlerhaftigkeit der Koordination von Schwärmen aufzieht:

>»Unfortunately for such views, the group-mind is not at all the perfect instrument that they assume. It often stumbles in a manner unworthy of an All Mind, and hesitates in a fashion inconsistent with the idea of a perfectly functioning natural telepathy. Furthermore, we are able to trace among gregarious forms a progression from a simple to a complex type of organization; in the case of the more loosely organized groups we are able to explain behavior in terms of known facts of psychology, and it is logical to suppose that greater complexity is a difference, not of kind, but of degree only.«[28]

---

25. Miller, *Mind of the Flock*, 1921, S. 183.
26. Ebd., S. 183. Hypothesen über Führungsindividuen in Vogelschwärmen werden angestellt z.B. in Kessel, *Flocking habits*, 1921, S. 167–168.
27. Vgl. Newland, *What is instinct?*, 1916 – eine Position, deren Short Review in *Nature* kurz und schmerzhaft mit den Worten endet: »Mr. Newland is altogether too metaphysical.« Vgl. Anonymus, *Problems of Behaviour*, 1917, S. 243.
28. Miller, *Mind of the Flock*, 1921, S. 184.

Die Störanfälligkeit von Schwärmen lasse darauf schließen, dass ihre kollektiven Bewegungen nicht auf irgendeiner hypothetischen Synthese-Ebene ablaufen, sondern mithilfe der bekannten sensorischen Organe ermöglicht würden. Nicht eine unverstandene mediale Vermittlung sorgt für ein simultanes Reagieren des Bewegungskollektivs, sondern über die bekannten Sinnesorgane synchronisiert es sich prozesshaft – und ist im Zuge dieser Synchronisation immer auch Störmomenten ausgesetzt, sowohl bei der sensorischen Weitergabe innerhalb des Kollektivs als auch durch Einflüsse von außen auf diese sensorische Weitergabe: »When the [...][birds, SV] behave all as a unit, it is by the method that I have termed the ›spread of impulse‹. [...T]he impulse spreads, not telepathically, but through the ordinary channels of sight and hearing, and the flock follows suit.« Die Verbreitung dieser Impulse könne beobachtet werden bei lockerer organisierten Kollektiven, da sie dort langsamer vonstatten gehe, sei aber – da es sich laut Miller um ein quantitatives Verhältnis handele – übertragbar auch auf die Weitergabe in dichten Schwärmen. In diesen Fällen laufe die Übermittelung zwar für eine genaue Beobachtung zu schnell ab, funktioniere aber dennoch nach demselben Prinzip. Stimulanzien dafür seien etwa Hunger oder wahrgenommene Gefahren. Hierbei zeige sich auch eine mögliche Funktion des Sichzusammenfindens in Schwärmen; denn wenn z.B. ein Räuber selbst nur von einigen wenigen Individuen bemerkt werde, könne durch den »spread of impulse«, den die Nähe im Schwarm ermögliche, das gesamte Kollektiv durch akustische Signale gewarnt werden:

> »If an enemy appears, it is sighted perhaps by only one or a few in the flock; from them the impulse spreads, almost instantaneously in this case, but through the medium of sound, to the others, so that those birds who may not have seen the enemy unite in the ›confusion chorus‹. There is nothing in their behavior to suggest telepathy, or any other mysterious type of psychic communication.«[29]

Lebewesen, die sich zu Schwärmen zusammenfinden, seien somit höchstens besonders sensibel im Hinblick darauf, von ihren Nachbarn Impulse aufzunehmen und selbst instantan umzusetzen, so dass die Impulsweitergabe so extrem schnell vonstatten gehen könne. Anstatt also Anleihen an mögliche Über-Sinne zu machen, plädiert Miller für eine Analogie der Weitergabe von Signalen in Schwärmen zur Reizweiterleitung im Nervensystem bestimmter wirbelloser Tiere: »In a medusa, for example, or a sea-urchin, the part of the body immediately stimulated first responds; coordination of action takes place slowly, spreading from part to part, until at least the whole organism is in motion. No part controls the rest. No reactions are controlled by the central nervous system.«[30] Wie bei Wheeler die Organisationsleistungen sozialer Insekten, so geraten hier also auch die Koordinationen von Vogelschwärmen unter einen genuin biologischen Blick. Dieser wird über die Anlehnung an eine besondere Form von prozesshaf-

29. Ebd., S. 184.
30. Ebd., S. 185.

ter, *nachbarschaftlicher* organismischer Organisation hergestellt, und er lässt auch die Wechselwirkung von Schwarm-Systemen mit jenem *Umwelt*-Milieu, in dem sie sich bewegen, nicht außer Acht. Miller spricht im letzteren Fall noch von den »circumstances«, denen Schwärme ausgesetzt sind. Dabei bezieht er sich auf die Forschungen des deutschen Biologen Jakob von Uexküll:

> »Von Uexküll has called the sea-urchin a ›republic of reflexes‹, and remarks ingeniously that ›the legs (spines) move the animal‹, as contrasted with higher animals, where ›the animal moves the legs‹. Whichever part takes the lead depends upon circumstances, and the rest of the body gradually cooperates. [...] The flock behaves as a sort of *primitive organism*.«[31]

Hier findet sich folglich eine Perspektive auf die Organisation von Schwarmkollektiven, die Anleihen bei der – im Wortsinne – *nervösen* Organisation von Organismen sucht, die auf einem Signalaustausch ohne zentrale Regulierungsebene beruhen. Dabei geht es auch nicht mehr um eine mentale Ebene von tierischer Intelligenz oder eine gesonderte Form von Tierpsychologie, sondern um den bloßen Austausch von Signalen und deren Repräsentation in Bewegungen. Die Entschlüsselung der genauen Art und Weise der Kommunikation in Vogelschwärmen, darin sind sich Selous, Long und Miller einig, ist abhängig von der Detailgenauigkeit der Beobachtung, welche angesichts der Kollektivdynamiken großer und dichter Schwärme an ihre Grenzen stößt. Die schrägen Vogelforscher/Forschervögel können damit als ein *Datum* in der Mediengeschichte der Schwarmforschung beschrieben werden, ohne dass sie selbst relevante *Daten* über ihr Untersuchungsobjekt/Nicht-Objekt erzeugen würde. Dies kennzeichnet zugleich eine erste Etappe des Medien-Werdens dynamischer Schwarmformationen, die mit Joseph Vogl als ein konstitutives »anästhetisches Feld« angesehen werden kann. Einem Feld, dem durch die Selbstreflexion des Forschers über seine Position in der Beobachtungsrelation zu seinen Forschungsobjekten nähergekommen werden soll. Je schon sind es die Störungen, die Unschärfen ihrer Beobachtung und die Intransparenz ihrer Steuerung, ist es die Oszillation von Sichtbarkeit und Nicht-Sichtbarem, die die Sagbarkeit von Schwärmen formieren.

3. Technological morass

An die konstituierende Funktion eines von Störungen durchsetzten Beobachtungs- und Wissensfeldes lässt sich eine ab den 1930er Jahren einsetzende Hinwendung zu medientechnischen Aufschreibeverfahren anschließen. Das Wissen von Schwärmen wird nun über die *Datierungsprozesse* technischer Medien weiterzuschreiben versucht, um das Datenproblem der frühen Feldforscher adäquater

---

31. Ebd., S. 185.

zu adressieren. Schwärme und ihr Selbstläufertum sollen damit auf andere Weise eingeholt werden. Manch einer, wie der Physiologe Ralph Gerard, nimmt dieses *Einholen* wörtlich, und benutzt dazu sein Auto. Er berichtet von einem Versuch, den simultanen Richtungswechsel eines Vogelschwarms zu messen, indem er sein Gefährt mit diesem synchronisierte:

> »I was once able to check that in case of birds. A flight of birds was going along parallel to my car, so I could time them. I happened to be watching them as they veered away, and I would certainly have seen one bird go forward or drop back relative to the others if its timing was off. As I remember, I calculated there was less than five milliseconds possible time for cueing from one to another.«[32]

Ornithologen wie Frank Heppner ist diese Messmethode aber dann doch nicht valide genug: »It is not clear how he made such a precise determination.«[33] Heppner systematisiert die Vogelschwarmforschung mit einem Text von 1974, in dem er eine Typologie verschiedener Flugformationen von den V-Formationen kleiner Gänsescharen bis hin zu den Kugel-elliptischen Großkollektiven z.B. von Staren aufstellt. Er diskutiert mögliche Funktionen des Schwarmverhaltens, etwa die Über- und Widerlegungen von aerodynamischen Vorteilen aus Studien der 1950er und 1960er Jahre. Was ihn und andere Forscher jedoch umtreibt, ist die Art der dynamischen Selbstorganisation von Schwärmen. Nicht ein evolutionsbiologisches *Warum?* steht hinter diesen Studien, sondern die Frage nach dem *Wie?* der Selbstorganisation und Synchronisierung vieler ›biologischer Elemente‹. Im Anschluss an Beobachtungen wie jene von Gerard werden dabei auch nicht mehr unentdeckte Kommunikationsebenen und *supersenses* postuliert. Anstatt dessen wird mit einem informationstheoretischen und -technischen Zugang zu quantifizieren versucht, wie Bewegungsinformationen mithilfe welcher Sinnesdatenkanäle und aufgrund welcher Informationsquellen zwischen Schwarm-Individuen weitergegeben werden, und wie diese Weitergabe sich in koordinierten Manövern niederschlägt. Hierzu wird ab Mitte der 1970er Jahre mit Radarabtastung experimentiert, und Heppner versucht gar, mittels eines mit einer Kamera ausgerüsteten, ferngesteuerten Modellflugzeugs Bilder von Schwärmen zu produzieren. Allein: die avisierten Vögel fliegen zu schnell.

Erst ab 1978 gehen Forscher wie Peter Major und Lawrence Dill daran, eine dreidimensionale Aufzeichnung von Schwärmen mittels stereoskopischer Serienfotografie und Filmkameras zu erzeugen – diesmal nicht mit Modellflugzeugen, sondern am *International Airport* von Vancouver. Hier starten und landen nicht nur richtige Passagiermaschinen regelmäßig, sondern auch Schwärme. Und sie laufen Gefahr, sich dabei in die Quere zu kommen, denn »flocks are a particular hazard to turbine-powered aircraft.«[34] Zumeist werden dabei Schwärme foto-

---

32. Birch, *Communication in Animals*, 2003, S. 468.
33. Heppner, *Avian Flight Formations*, 1974, S. 160–170.
34. Major; Dill, *The 3D Structure of Airborne Bird Flocks*, 1978, S. 112.

Abb. 1: Stereofotografische 3D-Rekonstruktionsversuche von Vogelschwarmstrukturen am Vancouver Airport 1978.

grafiert, die in loser Organisation von Schlaf- zu Futterplatz unterwegs sind, doch von Zeit zu Zeit werden auch Raubvogelangriffe beobachtet, bei denen die sonst nüchterne Diktion biologischer Fachpublikationen dann wieder einen fast Selousischen Drive bekommt:

> »When attacked, members of a dunlin or starling flock coalesced quickly into a nearly spherical ball, and appeared to increase their flight speed. The tightly packed flock performed rapid, apparently protean evasive maneuvers, turning, circling, swirling, ascending, descending and splitting into sub-flocks, coalescing again and joining other flocks.«[35]

Telemetrisch genauer vermessen werden können jedoch wiederum nur die brav zur Futterstelle oder gen nächstes Flugzeugtriebwerk ziehenden Schwärme, deren Dichte, Abstände, relativen Richtungsänderungen, Geschwindigkeit etc. evaluiert werden. Zumal die Beobachtungsvorrichtung völlig unflexibel ist, und damit keine dynamischen, über einen großen Ausschnitt des Himmels beweglichen Schwärme avisiert werden können (Abb. 1).

An derartigen Beobachtungsversuchen zeigte sich die Relevanz von technischen Aufschreibesystemen, zeigt sich der Stellenwert von medialen Verfahren für eine Historiografie der Schwarmforschung. Ohne diese Medientechnologien kann nicht weiter am Wissen von Schwärmen geschrieben werden. Doch damit verschiebt sich lediglich das *Datenproblem*: Statt schnellschreibend unter einem Gestöber nicht aktualisierter Vogelschwarmdaten zu sitzen, ziehen technische Medien in der Schwarmforschung weitere Datengestöber nach sich. Auch hier ergeben sich die Beobachtungs- und Aufzeichnungsverfahren erst in Auseinandersetzung mit verschiedenen Störmomenten. Und der Out-

---

35. Ebd., S. 113.

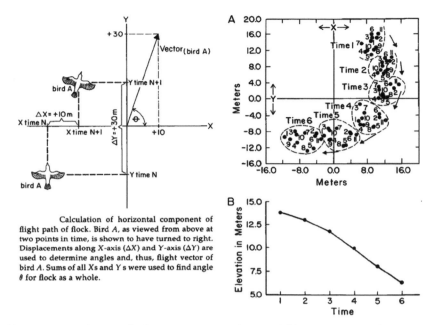

Abb. 2a: Datengestöber: Verschiedene Auswertungsergebnisse und Übertragungen in grafische Visualisierungen von Schwarmstrukturänderungen.

put technisch gestützter Schwarmforschungen besteht wiederum in einem teils unüberschaubaren Wust an Daten, dass wieder erst eine automatisierte Auswertung diese *Umschrift* von Schwärmen handhabbar macht. Nur gilt dabei, so Heppner: »Low-tech techniques exist, but they require so much time for manual data reduction that few people are willing to employ them. High-tech methods exist that would solve the problem, but there remains the problem of cost and availability«[36] (Abb. 2a-c).

Der Morast der schottischen Moore wiederholt sich im »technological morass«[37] optischer und akustischer Beobachtungsmedien und experimenteller Forschungsanordnungen. Trotz verbesserter Beobachtungstools, so Heppner retrospektiv, kam die Publikation zu Vogelschwärmen um 1980 jedoch vor allem aus einem Grunde so gut wie zum Stillstand: Es steht kein konzeptuelles Framework zur Verfügung, um sich die koordinierten Bewegungen der Kollektive ohne Rückgriff auf eine zentrale Führungs- oder Leitinstanz vorzustellen. Wieder laufen Aufschreibesysteme in die Irre, ohne den Selbstläufereigenschaften ihres Wissensobjekts näher zu kommen.

---

36. Heppner, *The structure and dynamics of bird flocks*, 1997, S. 85.
37. Parrish; Hamner; Prewitt, *Introduction*, 1997, S. 9.

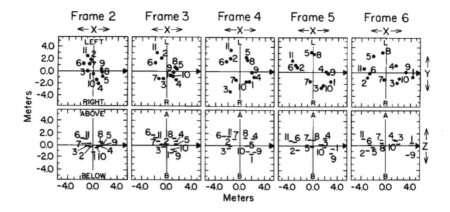

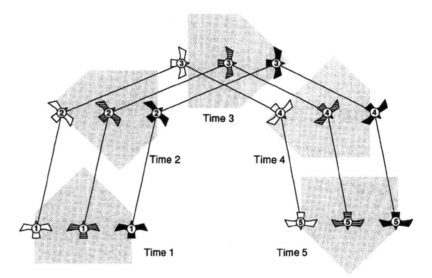

Fig. 8. Flight paths of two individuals traveling on either side of center of flock. During course of turn, all individuals follow arcs of equal radius. Distance traveled along an arc between time periods is same for all birds. Relative positions within flock of these individuals rotate counterclockwise over time. Note that flight paths cross.

Abb. 2b/c: Datengestöber: Verschiedene Auswertungsergebnisse und Übertragungen in grafische Visualisierungen von Schwarmstrukturänderungen.

4. Schwärme schreiben

Dies ändert sich erst Ende der 1980er Jahre, als solch intransparente Steuerungs- und Ordnungsstrukturen nicht mehr nur in Worten *beschrieben* oder technisch *aufgeschrieben* werden sollen, sondern *selbst als Schreibverfahren* eingesetzt werden. Denn mit der Popularisierung von Überlegungen der *Complexity Studies* zu nichtlinearem Systemverhalten, emergenten Phänomenen und Schlagworten wie *determiniertes Chaos* rückte ein ganz neues diskursives Feld der *Selbstorganisation* in den Fokus, das das Datenproblem in Bezug auf Schwärme noch einmal neu adressiert.

Einerseits machen sich Computerprogrammierer wie Frederick Brooks oder Grafikdesigner wie Craig Reynolds Gedanken über effiziente, flexible und distribuierte Modelle der Softwareentwicklung und der Visualisierung. Objektorientierte Programmiersprachen spielen in diesem Dispositiv genau wie agentenbasierte Computersimulationen eine entscheidende Rolle, und für beide sind es ›natürliche, biologische Vorbilder‹, die ihnen als Anleitung, Inspiration und Grundlage dienen. So entwickelt Reynolds 1987 jenes berühmte Boids-Modell künstlicher Schwärme, das mit nur wenigen Basisregeln, einem Richtungsvektor und vor allem mit einem sehr beschränkten Wissen der einzelnen Boids über die Dynamiken des Gesamtschwarms ausgestattet, nach einer Weile des Modulierens bereits sehr realistische Schwarm-Flugmanöver zeigt. Selbstläufertum ist in derartigen Modellen der *modus operandi*: Regelungsprozesse werden bewusst ins Systemverhalten verschoben, und der Animator werde, so Reynolds, im Zuge dessen zu einer Art ›Meta-Animator‹. Dieser lege nicht mehr direkt die Bewegungen seiner Animation fest, sondern nur noch Verhaltensparameter, die dann in der *runtime* des Programms zu Bewegungen führen – seien es die gewünschten oder auch ganz unerwartete:

»One of the charming aspects of the work reported here is not knowing how a simulation is going to proceed from the specified behaviors and initial conditions. […] On the other hand, this charm starts to wear thin as deadlines approach and the unexpected annoyances pop up. This author has spent a lot of time recently trying to get uncooperative flocks to move as intended […].«[38]

Methodologisch wird hier also nicht mehr versucht, die Selbstorganisation, das Selbst-Laufen von Schwärmen analytisch zu zerlegen. Vielmehr wird versucht, ähnliche Selbstläufereffekte in Computersimulationen zu erzeugen, indem man Irrläufer zunächst zulässt und diese dann nach und nach moduliert. Es wird nur noch eine Modellumwelt und ein Set einfacher Verhaltensweisen definiert, und dann der selbstständige Lauf der Vögel verfolgt. Selbst- und Irrläufer fallen in diesem Dispositiv in produktiver Weise zusammen. So wundert es auch nicht,

---

38. Reynolds, *Flocks, Herds, and Schools*, 1987, S. 27.

dass Reynolds den Nutzen seines Modells für biologische Forschungen am Ende seines Textes selbst anspricht:

> »One serious application would be to aid in the scientific investigation of flocks, herds, and schools. These scientists must work almost exclusively in the observational mode; experiments with natural flocks and schools are difficult to perform and are likely to disturb the behaviors under study. [...]A theory of flock organization can be unambiguously tested by implementing a distributed behavioral model and simply comparing the aggregate motion of the simulated flock with the natural one.«[39]

Und tatsächlich: wenn man den Ausführungen Steven Levys Glauben schenkt, klingelte schon bald darauf das Telefon, da interessierte Biologen sich nach Reynolds' Steuerungsalgorithmus erkundigen wollen. Andererseits setzen Biologen bald genau nach diesem Prinzip aufgebaute Simulationsmodelle ein, um das Verhalten künstlicher Schwärme ohne die Restriktionen und Störungen des matschigen und widrigen, von Störungen durchsetzten *Real Life* in verschiedenen Szenarien zu studieren. Selbstlaufende Systeme aus der Biologie werden in Computertechnologie übertragen und dienen derart transformiert wiederum dazu, den Leerlauf der Forschung an eben diesen selbstlaufenden Systemen zu beheben. Frank Heppner und ein Kollege entwickeln 1990 sogar ein eigenes Simulationsmodell, ohne jenes von Reynolds wahrgenommen zu haben. Dieses arbeitet jedoch eher wie ein Partikelsystem mit einer zentralen Kraftquelle, die das Verhalten der simulierten Vögel dynamisiert.[40] Und Heppner gibt zu: »In essence, the model worked, but it was not altogether clear why.«[41] Dies ist aber nicht weiter tragisch – denn wenn Schwärme nun als Computersimulationen selbst laufen, dann lassen sich solche Leerlaufeffekte ausgleichen, indem die Forscher mit den Simulationssystemen ›spielen‹, indem sie Agenteneigenschaften oder die relativen Beziehungen szenarisch redefinieren und nach einem Prinzip verfahren, dass Bernd Mahr eine ›Verhaltenswissenschaft von Systemen‹ genannt hat, und das man auch als *Trial-and-Error-Wissenschaft* bezeichnen kann.[42] Die Forscher sind nun imstande Computerexperimente durchzuführen, die im Real Life mit biologischen Schwärmen, zumal mit Vögeln, nicht denkbar waren. Über die Codierung, über das *Schreiben* »digitaler Schwärme« und agentenbasierter Programm- und Simulationsumwelten, die auch die zeitliche Ebene von Schwarmdynamiken mitschreiben können, geschieht also eine szenarische Annäherung auch an die *Beschreibung* biologischer Schwärme.

Erst in jüngster Zeit kommt es dabei wieder zu interessanten Rückkopplungen mit empirischen Forschungen. Im Zuge einer »benchmark study in collective animal behaviour« entwickelte eine Gruppe italienischer Physiker und Forscher aus dem Bereich der Complexity Studies einen neuartigen Bildanalysealgorith-

---

39. Ebd., S. 32.
40. Vgl. Reeves, *Particle Systems*, 1983, S. 91–108.
41. Vgl. Heppner; Grenader, *Model for coordinated bird flocks*, 1990, S. 233–238.
42. Vgl. Mahr, *Das Mögliche im Modell*, 2004, S. 161–182.

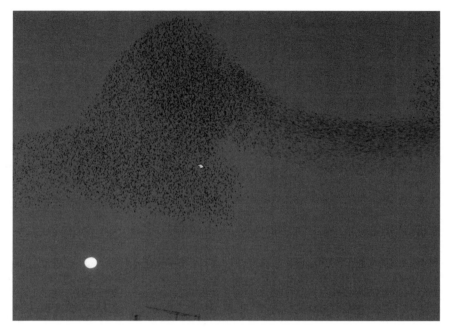

Abb. 3: Stare über Rom.

mus, der die Limitierungen hergebrachter Vogelschwarmstudien – geringe Individuenanzahl, lockere Formation – ausräumt. Dieser leistet die automatische Auswertung und Vermessung von digitalen Fotografien jener berühmten Starenschwärme, die seit einigen Jahren in immer größerer Zahl über Rom kreisen (Abb. 3).

Sie unterstreichen, im Zuge dessen nicht an den Spezifika von Starenschwärmen interessiert zu sein, sondern generelle Eigenschaften kollektiven Verhaltens in den Fokus zu rücken: »However, the same techniques can easily be exported to other cases, most notably to fish schools, insect swarms, and even to flying mammals, as bats. We hope that our methods may give rise to a new generation of empirical data.«[43] Dabei werden mit einem stereoskopischen Verfahren (welches eine spätere 3D-Rekonstruktion der Daten ermöglicht) bis zu 2700 Exemplare erfasst – und zwar erstmals in dynamischen Bewegungen am freien Himmel. Diese sind für Fragen der Organisation und Synchronisation von Bewegungen viel interessanter als jene Aufnahmen weniger Individuen, die in den 1970er bis in die 1990er Jahren möglich waren. Mittels Stereo-Serienfotografie erzeugen die Forscher Sequenzen von 8 Sekunden Länge bei 10 Bildern pro Sekunde und rekonstruieren (unter Zuhilfenahme einer dritten Kamera, s.u.) mit ihrer Software die individuellen Bewegungen von 80–88% der beob-

---

43. Cavagna u.a., *The STARFLAG handbook*, 2008, S. 27.

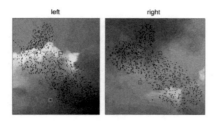

Abb. 4: Computerunterstütztes Matching-Verfahren zur Ermittlung der dritten Raumkoordinate aus zwei Stereofotografien

achteten Einzelvögel. Auch unter modernsten technischen Bedingungen liefert die Trennung von Signal und Rauschen nur Näherungswerte epistemischer Häufungen – und zudem stellen sich nur etwa die Hälfte der aufgenommenen Sequenzen überhaupt als verwertbar heraus. Denn »optical resolution is the main bottleneck.«[44] Ein Kontrastmangel, der hervorgerufen wird z.B. durch einen unklaren Hintergrund, durch das Herausfliegen der Schwärme aus dem Schärfe- oder Aufnahmebereich der Kameras, oder dadurch, dass sich zu viele Individuen im Aufnahmebereich bewegen, als die Software zu identifizieren in der Lage ist. Alle Objekte innerhalb eines Bildpaares werden per *Segmentierung* mittels eines Algorithmus erkannt und der Hintergrund muss möglichst umfassend subtrahiert werden (wobei ein gewisses Rauschen aufgrund der digitalen Bildgenerierung respektive Bildkomprimierung unvermeidbar ist). Sogenannte *Blobs* aus überlappenden Objekten müssen mittels eines »blob-splitting algorithms« getrennt und in eine entsprechende Zahl einzelner Objekte umgewandelt werden:

> »The effectiveness of the whole segmentation process, and in particular of the blob-splitting algorithm, can effectively tell us whether or not the group under study is too dense to be reconstructed. If, after careful optimization of the parameters, the segmentation produces huge super-blobs of hundreds of animals, then it is very likely that, even after applying the blob-splitter, the animals' positions will be so noisy that it will be very hard to continue with the analysis. In these cases the only thing one can do is try to improve resolution, both digital and optical (more pixels and better lenses). On the other hand, if blobs contain few animals (up to ten, or a few more), then the blob-splitter can produce excellent results.«[45]

Dann werden die segmentierten Objekte jedes Bildes durch ein *Matching*-Verfahren jeweils ihren entsprechenden Objekten im anderen Bild zugeordnet, wobei die Bilder der dritten Kamera bei der Identifikation der passenden Paare helfen (Abb. 4).

Ein *3D-Reconstruction Algorithm* führt diese schließlich zusammen,[46] wobei Verzerrungseffekte auftreten, die etwa mittels statistischer Verfahren wieder herausgerechnet werden. Damit liefern die 3D-Rekonstruktionen neue und

---

44. Ballerini, *Empirical Investigation of Starling Flocks*, 2008, S. 205.
45. Cavagna u.a., *The STARFLAG handbook*, 2008, S. 19.
46. Vgl. die eingehende Beschreibung des technischen Verfahrens ebd., S. 19–27.

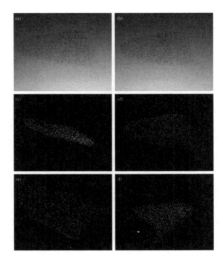

Abb. 5: Computergrafische 3D-Rekonstruktion eines großen Stare-Schwarms.

detaillierte Erkenntnisse etwa über die relativen Positionsänderungen in Schwärmen bei dynamischen Manövern und über verschiedene Dichteverteilungen innerhalb der Kollektive – stets jedoch, und das sei zu beachten – anhand von *still images* (Abb. 5). Ein Tracking der individuellen Trajektorien der Schwarmmitglieder ist auch mit diesem System nicht möglich. Sie müssen weiterhin mit digitalen Bildgenerationstechniken animiert werden. Doch wie konstant auch die Probleme sein mögen: Mit dem System kann beispielsweise belegt werden, dass sich die Schwärme – obwohl von außen scheinbar stabil in einem dynamischen Equilibrium – ständig völlig neu durchmischen und die Mitglieder durch stete Positionswechsel die dynamischen Globalbewegungen, bestimmte wiederkehrende Gestalten, deren Dichte und Struktur hervorrufen. Erstmals, so die Forscher, könnten nun bestehende Simulationsmodelle mit statistisch belastbaren empirischen Daten aus ›städtischen Feldstudien‹ verglichen, justiert und verbessert werden: »Some of our results [...] can be used as input parameters for existing models. Most of the results, however, should be used to refine and extend the models, to verify and assess their assumptions, and to identify the most appropriate theoretical frameworks.«[47] Vor allem seien jene metrischen Bestimmungen der Interaktions- und Einflussbereiche zwischen benachbarten Individuen zu revidieren. Wo ABMS bisher geometrische Zonen für verschiedene Interaktionsmodi unterschieden, sei in den empirischen Studien eine topologische Orientierung nachzuweisen: Nicht also die nächsten Nachbarn üben Einfluss auf die Schwarm-Individuen aus, sondern eine Anzahl *wahrgenommener* Nachbarn. Ein Nachbar, der sich zwar in größerem Abstand als ein verdeckter Nachbar befindet, aber direkt an ein Schwarm-Mitglied angrenzt, übe im Gegensatz zu Letzterem einen Einfluss auf dessen Bewegungen aus. Diese topo-

---

47. Ballerini u.a., *Empirical Investigation*, 2008, S. 211.

logische Orientierung reflektieren die zuvor beschriebenen Simulationsmodelle nicht.[48]

So lässt sich abschließend für ein drittes medientechnisches Datum in der Geschichte der Vogelschwarmforschung festhalten: Daten sind im Zuge dieser Entwicklungen endgültig nicht mehr als *Gegebenes*, sondern grundsätzlich als etwas *Konstruiertes*, als etwas *Gemachtes* anzusehen. Sie werden selbst in empirischen Feldstudien computertechnisch ›rekonstruiert‹, d.h. zum Beispiel gefiltert und mittels statistischer Verfahren hochgerechnet. Was 1920 für das menschliche Auge zu schnell ablief, Texte in den Leerlauf trieb und frühere empirische Beobachtungsversuche im *technological morass* unzureichender Datenverarbeitungskapazitäten steckenbleiben ließ, kann nun – am *Datum* eines Dispositivs agentenbasierter Computersimulationen – durch Prozesse der dreidimensionalen Rekonstruktion von Bewegungen anhand von Sequenzen stillgestellter Bilder analysiert werden. Diese wiederum werden dann, eingebettet in die Parameter und die Laufzeit eines Simulationsprogramms, wieder zu dynamischen, künstlichen Schwärmen synthetisiert. Daten werden damit in konkurrierenden Szenarien reversibel, können immer neu und anders geschrieben werden – und schreiben sich dabei selbst als Schreibverfahren auf. Die Selbstläufer, die hier aus lauter Irrläufern synthetisiert werden, laufen in selbstlaufenden Environments.

Kurz gesagt: Schwärme als Medien stellen die Mittel bereit, derer es zu ihrer eigenen Beschreibung bedarf. Erst wenn sie zu *Schreibverfahren* geworden sind, sind sie *beschreibbar* geworden, erst dann kippt das *Imaginäre ihrer Regelung* in auf Selbstorganisation angelegte Simulationsenvironments. Diese bleiben in der Anwendung nicht auf biologische Forschungen beschränkt, sondern können überall dort eingesetzt werden, wo es um die Koordination und Synchronisierung von Bewegungsprozessen geht. Schwarmintelligenz ist Bewegungsintelligenz: Als Tool und dabei im Rahmen eines »mindset« der agentenbasierten Simulation[49] werden sie operabel in Fällen, wo die Minimierung von Irrläufern gefragt ist, sei es z.B. in der Logistik oder in der Panikforschung. Und medientheoretisch reflektiert sich im Nicht-Objekt Schwarm darüber hinaus exemplarisch ein epistemisches Schweben und Verweben einer Geschichtsschreibung von Medien mit den Medien der Geschichtsschreibung. Es spinnt sich die rekursive Mediengeschichte einer Form von Selbstläufer, die sich selbst zum Laufen gebracht hat.

---

48. Vgl. Ballerini u.a., *Interaction ruling animal collective behavior*, 2008, S. 1232–1237.
49. Vgl. Bonabeau, *Agent-based modeling*, 2002, S. 7280–7287.

Literatur

—: »Men of the Day: No. 585: Mr Frederic Courtney Selous«, in: *Vanity Fair Album*, 24, 1894.

—: »Problems of Behaviour«, in: *Nature*, 99, 24. Mai 1917, S. 243.

—: »Thought-Transference (Or What?) in Birds. By Edmund Selous. Short Review«, in: *Nature*, 129, 20. Februar 1932, S. 263.

Ballerini, Michele u.a.: »Interaction ruling animal collective behavior depends on topological rather than metric distance: Evidence from a field study«, in: *PNAS*, 105, 2008, S. 1232–1237.

Ballerini, Michele u.a.: »Empirical Investigation of Starling Flocks: A Benchmark Study in Colelctive Animal Behavior«, in: *Animal Behavior*, 76/1, 2008, S. 201–215.

Birch, Herbert G.: »Communications in Animals«, in: Pias, Claus (Hg.): *Cybernetics / Kybernetik. The Macy-Conferences 1946–1953. Band 1: Protokolle*. Zürich, Berlin 2003, S. 446–528.

Bonabeau, Eric: »Agent-based modeling: Methods and techniques for simulating human systems«, in: *PNAS* 99, Suppl. 3, 14. Mai 2002, S. 7280–7287.

Burckhardt, Richard W.: *Patterns of Behavior. Konrad Lorenz, Niko Tinbergen and the Founding of Ethology*. Chicago 2005.

Cavagna, Andrea u.a.: »The STARFLAG handbook on collective animal behavior: Part I, Empirical methods«, in: *arXiv E-print*, Februar 2008, http://arxiv.org/abs/0802.1668 (aufgerufen: 29.02.2012).

Heppner, Frank; Grenader, Ulf: »A stochastic nonlinear model for coordinated bird flocks, in: Krasner, Saul (Hg.): *The Ubiquity of Chaos*. Washington 1990, S. 233–238.

Heppner, Frank: »Avian Flight Formations«, in: *The Condor*, 45/2, 1974, S. 160–170.

Heppner, Frank: »The structure and dynamics of bird flocks«, in: Parrish, Julia K.; Hamner, William H. (Hg.): *Animal Groups in Three Dimensions*, Cambridge 1997, S. 68–89.

Kessel, J. F.: »Flocking habits of the California Valley Quail«, in: *The Condor*, 23, 1921, S. 167–168.

Le Bon, Gustave: *Psychologie der Massen*. Stuttgart 1982.

Long, William J.: *How Animals Talk, and other pleasant Studies of Birds and Beasts*, Rochester 2005 [1919].

Mahr, Bernd: »Das Mögliche im Modell und die Vermeidung der Fiktion«, in: Macho, Thomas; Wunschel, Annette: *Science & Fiction*. Frankfurt a.M. 2004, S. 161–182.

Major, Peter F.; Dill, Lawrence M.: »The 3D Structure of Airborne Bird Flocks«, in: *Behavioral Ecology and Sociobiology*, 4, 1978, S, 111–122.

Miller, Robert C.: »The Mind of the Flock«, in: *The Condor*, 23/6, 1921, S. 183–186.

Newland, C. Bingham: *What is Instinct? Thoughts on Telepathy and Subconsciousness in Animals,* London 1916.

Parrish, Julia K.; Hamner, William M.; Prewitt, Charles T.: »Introduction – From Individuals to aggregations. Unifying properties, global framework, and the holy grails of congregation«, in: Parrish, Julia K.; Hamner, William H. (Hg.): *Animal Groups in Three Dimensions,* Cambridge 1997, S. 1–14.

Potts, Wayne R.: »The chorus-line hypothesis of manoeuvre coordination in avian flocks«, in: *Nature,* 309, 1984, S. 344–345.

Reeves, William T.: »Particle Systems – A Technique for Modeling a Class of Fuzzy Objects«, in: *ACM Transactions on Graphics,* 2/2, 1983, S. 91–108.

Reynolds, Craig W.: »Flocks, Herds, and Schools: A Distributed Behavioral Model«, in: *Computer Graphics,* 21/4, 1987, S. 25–34.

Selous, Edmund: »An observational diary of the habits – mostly domestic – of the great crested grebe (*Podicipes cristatus*)«, in: *Zoologist,* 5, 1901, S. 161–183.

Selous, Edmund: *Bird Life Glimpses.* London 1905.

Selous, Edmund: *Bird Watching.* London 1901.

Selous, Edmund: *Thought Transference (Or What?) in Birds.* London 1931.

Vines, Gail: »Psychic Birds (Or What?)«, in: *New Scientist,* 182, 26. Juni 2004, S. 48–49.

Vogl, Joseph: »Medien-Werden: Galilieos Fernrohr«, in: Engell, Lorenz; Siegert, Bernhard;

Vogl, Joseph (Hg.): *Mediale Historigraphien,* Weimar 2001, S. 115–123.

Stefan Rieger

Epistemische Selbstläufer
Zur Ökonomie der Wissenschaft

»Sammeln wir zunächst rüstig fort.«[1]

»So wie wir Theorien brauchen, um die Dinge zu ordnen,
so brauchen wir Theorien, um die Theorien zu ordnen.«[2]

1.

Die Lage der Wissenschaft ist prekär – und das in einem Ausmaß, dass selbst ihre bloße Möglichkeit in Frage steht. Im Anschluss an einen Buchtitel Waldemar Meurers aus dem Jahr 1920, der schlicht *Ist Wissenschaft überhaupt möglich?* lautet und der schon die bloße Option mit einem Fragezeichen versieht, soll im Folgenden nicht den Bedingungen ihrer Möglichkeit, sondern Strukturen ihrer jeweiligen Realisierung nachgespürt werden. Geschehen soll das auf eine Weise, die anhand kasuistischer Einzelbefunde aus verstreuten Bereichen eine kleine Typologie übergreifender Figuren vorstellt. Diese lassen sich als epistemische Selbstläufer beschreiben und sollen in ihrer jeweiligen Ausprägung eine bestimmte Form der Wissenschaftsökonomie veranschaulichen, deren gemeinsamer Nenner in einer Verselbstständigung liegt, deren Triebkraft dem Geschehen selbst inhärent ist.[3] Es ist dabei weniger darum zu tun, in additiver Reihung Typen und Psychologien, Charakterologien und Performanzen wissenschaftlichen Arbeitens zu isolieren oder Einzelleistungen kumulativ herauszustellen. Das ist oft geschehen und häufig entlang eines gerade für die Kulturwissenschaften sehr probaten Narrativs, dem einer im weitesten Sinne anekdotischen Erzählung. Deren großer Reiz besteht darin, Auskunft darüber zu geben, wer zu einer bestimmten Zeit warum, also angestachelt von welchen Motivationen und Obsessionen was unternommen und betrieben, erforscht und entdeckt, gefunden oder erfunden hat. Damit kommt es einer bestimmten Form der Neugierde bei einem Publikum entgegen, das sich durch die massive Spezialisierung zwar von den zunehmend ausdifferenzierten Inhalten der Wissenschaft immer weiter abgeschnitten wähnt, aber durch die gegenwärtigen Wissenspopularisierungen in allen nur denkbaren medialen Formaten adressiert wird. Was hinter den ominösen und einem Elitarismus Vorschub leistenden Labortüren passiert, ist dem Alltagssachverstand doch weitgehend unzugänglich

---

1. Rudof Virchow.
2. Neurath, *Zur Klassifikation von Hypothesensystemen*, 1915, S. 63.
3. Meurer, *Ist Wissenschaft überhaupt möglich?*, 1920. Ohne Fragezeichen bei Mittelstraß, *Die Möglichkeit von Wissenschaft*, 1974.

und schürt selbst wiederum einen Mythos, dessen wissenschaftliche Aufklärung dann Sache einer eigens etablierten Laborsoziologie und ihrer Laborstudien werden sollte.[4]

Umgekehrt ist der Hang zu einer anthropologischen Erdung so stark, dass selbst die Rubrik *Zu Ende gedacht* in der Monatsschrift des Deutschen Hochschulverbandes um persönliche Details nicht herumzukommen scheint.[5] Wenn man schon nicht versteht, was theoretische Physiker und numerische Mathematiker, was Agrarökonomen und Byzantinisten den lieben langen Tag über veranstalten, so ist man doch begierig, wenigstens etwas aus ihrem Alltag zu erfahren – ob sie ihre besten Einfälle unter der Dusche, vor oder nach dem Frühstück, im Gespräch mit Freunden und Familienmitgliedern oder bei irgendwelchen Freizeitaktivitäten haben, wie sie mit Menschen umgehen, wie sie über bestimmte Dinge denken, was sie auf eine einsame Insel mitnehmen und was sie machen würden, wenn sie zu plötzlichem Reichtum oder politischer Macht gelangten. Einer solchen Psychologisierung der Forschung, die ihrerseits weniger einer boulevardesken Neugierde beim Publikum, sondern vielmehr selbst einer epistemologisch verbürgten Zuschreibungspflicht entspricht, soll hier etwas anderes an die Seite gestellt werde, nämlich ein Versuch, über Wissenschaft in Kategorien von Systemhaftigkeit und Ökonomie, von systemischer Eigenlogik und von wissensökonomischen Limitierungen zu handeln – also Fragen des Typs ›Wer hat wann wo was warum erfunden?‹ zu ersetzen durch solche des Typs ›Wie viel Innovation steckt in einer Wissensordnung, wie ist der Zugang zu den Erfindungsmöglichkeiten verteilt, reguliert und reglementiert, welche Rolle spielen dabei menschliche Akteure (und welche die nicht Menschlichen) und wie, wo und von wem werden Aussagen eines solchen Typs wissensökonomischer Abstraktion überhaupt erhoben und schlussendlich verwaltet?‹[6] Und nicht zuletzt: Welche Form einer historiografischen Aufarbeitung ist ihr jeweils geschuldet?

Natürlich wäre es gleichermaßen töricht wie anmaßend zu behaupten, dass es solche Herangehensweisen an die Wissenschaft nicht längst schon gäbe und gegeben hätte. Und natürlich wäre es ein Etikettenschwindel, würde man weiter behaupten, alles bisher über sie Gesagte würde sich im Narrativ des Psychologischen und Personalen erschöpfen. Nimmt man stellvertretend etwa Untersuchungen wie die von Niklas Luhmann, Wolfgang Krohn und Günter Küppers in den Blick, so gewinnt Wissenschaft dort sehr wohl Konturen jenseits der gängigen Personalgeschichtsschreibung und ihrem Fokus auf Denkerbiografien. In Luhmanns *Wissenschaft der Gesellschaft* wird etwa das Bild eines ausdifferenzierten Teilsystems der Gesellschaft entworfen, gekennzeichnet durch alle möglichen Formen der Selbstreferenz, der Autopoiesis, der Autologie und ähnlicher Kon-

---

4. Vgl. dazu die klassische Studie von Latour, Woolgar, *Laboratory Life*, 1979.
5. Die Rede von der anthropologischen Erdung folgt hier einer umgangssprachlichen Verwendung und impliziert an dieser Stelle jedenfalls keinen Anschluss an die entsprechende Theorie Ian Hackings.
6. Die Rede von den nicht-menschlichen Akteuren ist selbstredend Bruno Latour geschuldet. Vgl. ferner Groys, *Über das Neue*, 2004.

zepte, die der Systemtheoretiker auch für die Beobachtung anderer gesellschaftlicher Teilsysteme heranzieht. Auch Wissenschaftsforscher wie Wolfgang Krohn und Günter Küppers behandeln in *Die Selbstorganisation der Wissenschaft* die Wissenschaft unter der Ausrichtung auf Wissens- und Forschungssoziologie – eine Ausrichtung, in der Schulbildungen und Institutionalisierungen, Forschungsmittelverteilung und Steuerung durch Leistungsanreize, Veröffentlichungsstrategien und techniksoziologische Aspekte ebenso ihren Platz haben wie Kontrollmechanismen wissenschaftlichen Wohlverhaltens im Fall von Zuwiderhandlungen.[7] Und wendet man sich schließlich dem großen Projekt einer historischer Epistemologie zu, wie es Hans-Jörg Rheinberger verfolgt, so wird man dort mit Ansätzen konfrontiert, die wie bei Ludwik Fleck Denkstile und Kollektive berücksichtigen oder wie bei Otto Neurath programmatisch dazu auffordern, gerade nicht personal belangbare Dinge wie Ideen, Herangehensweisen und Theorien selbst nach Maßgabe gängiger Ordnungssysteme zu behandeln, mithin also Theorien über Theorien zu erstellen. Nach Rheinberger veranschaulicht der österreichische Philosoph in seinem programmatischen Text *Prinzipielles zur Geschichte der Optik* aus dem Jahr 1915, »wie die Umrisse einer Wissenschaftsgeschichte aussehen könnten, die über Chronologie und Psychologie hinaus mit einem epistemologischen Anspruch an ihr Material herangeht«.[8] Wenn man dazu, wie Neurath fordert, von Forscherpsychogrammen absieht und stattdessen Theorien über Theorien erstellt, so gelangt man in der Schlussfolgerung Rheinbergers zu einem Laboratorium ganz eigener Art, in dem nicht mehr nur mit handgreiflichen, sondern mit Gedankendingen hantiert wird und in dem die historische Epistemologie als Beschäftigung mit der Geschichte der Wissenschaften »ihr eigenes, permanentes Laboratorium« gefunden hat.[9] Und dass die Wissenschaft selbst einer ihr eigenen Ökonomie untersteht und als solche auch beschrieben werden kann, ist ein Befund, der von Ernst Mach hinreichend bedacht ist. Unter dem Titel *Die Oekonomie in der Wissenschaft* verschafft sich so ein Prinzip der Sparsamkeit Geltung, das der Physiker und Wissenschaftstheoretiker Mach für den wissenschaftlichen Betrieb überhaupt veranschlagt und so im Jahr 1883 zu der Einschätzung gelangt, Wissenschaft sei als eine *Minimumaufgabe* anzusehen, »welche darin besteht, möglichst vollständig die Thatsachen mit dem geringsten Gedankenaufwand darzustellen«.[10]

Es gibt und es gab also durchaus in unterschiedlichen historischen Segmenten Reflexionen über die Ökonomie des Wissens. Bei der weiteren Durchsicht und in der Hoffnung auf entsprechende Pionierarbeiten, die ein solches Programm einlösen könnten, wird man neben internen Beschäftigungen auf der Ebene wissenschaftsgeschichtlicher Theoriebildung im Allgemeinen und einer historischen Epistemologie im Besonderen vorrangig dort fündig, wo ein ökonomisches Interesse direkt auf planwirtschaftliche Regelungsmaßnahmen und ihre

---

7. Krohn, Küppers, *Die Selbstorganisation der Wissenschaft*, 1989.
8. Rheinberger, *Historische Epistemologie zur Einführung*, 2007, S. 29.
9. Ebd., S. 133.
10. Mach, *Die Oekonomie in der Wissenschaft*, 1883, S. 461.

Praxisbezüge trifft. Derlei Rahmenbedingungen waren gegeben, wo Regelung und Regulierungsszenarien ausdrücklich zum politischen Programm erhoben wurden. In der DDR jedenfalls war eine eigens so genannte *Wissenschaftsökonomie* etabliert, die in ihren Zielsetzungen weniger eine Wissensökonomie in innerakademischer Reflexion darstellte, sondern eine sehr konkrete planwirtschaftliche Umsetzung betrieb. Wann wird was von wem gebraucht, wie und zum Einsatz welcher Finanzen und anderer Ressourcen wird es hergestellt, wie lange benötigen derlei Dinge, um sich auf einem Markt durchsetzen zu können, und wie ist es überhaupt um die Prognose von Neuerungsprozessen bestellt? So oder so ähnlich lauteten die Fragen, die dort gestellt wurden und die zu ihrer Beantwortung die Wissenschaftsökonomie als wirtschaftswissenschaftliche Disziplin verankern wollten.[11] Dazu gab es dann Übersichtsgrafiken, die sich Produkten wie Nylonstrümpfen, Farbfernsehgeräten und Digitaluhren zuwandten, um so deren Ausbreitungsdauer in Jahren bis zum Erreichen eines bestimmten Sättigungsniveaus in der Bevölkerung zu beschreiben.

Doch all das trifft das eigene Frageinteresse an dieser Stelle nur bedingt. Weil es Aspekte der Formalisierung und mit ihnen die Figur des epistemischen Selbstläufers nicht kategorisch von personalen, sozialen und materialen Aspekten der Wissensverfertigung trennt, verschieben sich in dieser Hinsicht die Relationen zwischen Gedankendingen, personalen Ausrichtungen und materiellen Möglichkeitsgründen, oder anders gesagt, zwischen Abstraktion und Konkretion. Die gerne auch moralisch belangbare Frage danach, wie viel Wissenschaft der Mensch braucht, soll daher umgekehrt werden in die Frage: Wie viel Mensch braucht die Wissenschaft? Wie systemkonstitutiv oder auch nur systemrelevant ist der Mensch in der Produktion des Wissens und überhaupt in der Ökonomie von Innovation? Der Bogen wird dabei zwischen zwei Positionen gespannt sein: Menschen machen Wissen (Position eins) oder Wissen generiert sich selbst und läuft von selbst (Position zwei). Da es aber nicht oder jedenfalls vorrangig nicht um eine systemtheoretische Beobachtung des Systems Wissenschaft geht, die gänzlich ohne die Kategorie des Menschen auszukommen hätte, gilt es hier, gerade der veränderten Rolle des personalen Forscherhandelns nachzuspüren und gerade ihr im Geflecht der anderen Faktoren Rechnung zu tragen.

2.

Was immer man über Wissenschaft und über Wissen aussagen mag – es ist ein Knoten, in dem ganz unterschiedliche Dinge geschnürt sind, bei dessen Schnürungen in der Regel der Mensch mit verbandelt ist und mit verhandelt wird: als Vertreter psychologisch ableitbarer Interessen und Motivationen, als charakterologischer Faktor, der, versehen mit einem Schuss Renitenz oder Machtbewusstsein, ein bestimmtes Öffentlichkeitsbild abgibt, als Größe in einem

---

11. Zu den Details einer solchen Wissenschaftsökonomie vgl. stellvertretend Reichel, *Profil und Stellung der Wissenschaftsökonomie*, 1986.

sozialen und gesellschaftspolitischen Prozess, als Agent materialer Ordnungen und ihrer öffentlichen oder esoterischen Dispositive (wie des Labors), als Funktionär einer Institution und Diziplin, als dort integrierter Lehrer oder als nicht integrierbarer Partisan, als jemand, der aus dem Zentrum oder von den Rändern her operiert. Michel Foucault hat in einer Gefahrenanalyse darauf hingewiesen, dass gerade die Zentrierung um den Menschen der Wissenschaft zur Gefahr werden kann, kurz, dass Soziologisierung und Anthropologisierung die Wissenschaft bedrohen.[12] Und er hat ebenfalls in der *Ordnung der Dinge* eine bestimmte Selbstauffassung von Wissenschaftlern nachgezeichnet, zugegebenermaßen sehr karikierend, die sich ganz dem Narzissmus ihrer eigenen Möglichkeiten verschrieben haben und diesem zu erliegen drohen.

> »Was aber, wenn empirisches Wissen zu einer gegebenen Zeit und innerhalb einer gegebenen Kultur *wirklich* eine wohldefinierte Regelmäßigkeit besäße? Wenn die bloße Möglichkeit, Fakten zu sammeln, sich zu erlauben, von ihnen überzeugt zu sein, sie in den Traditionen zu entstellen oder rein spekulativen Gebrauch von ihnen zu machen: was, wenn nicht einmal das der Gnade des Zufalls überlassen bliebe? Wenn Irrtümer (und Wahrheiten), die Anwendung alter Überzeugungen, einschließlich nicht nur wirklicher Enthüllungen, sondern auch der simpelsten Begriffe in einem gegebenen Augenblick den Gesetzen eines bestimmten Wissenscode gehorchten? Kurz, wenn die Geschichte des nichtformalen Wissens selbst ein System hätte?«[13]

Damit sind zwei Positionen im Raum, die weiter voneinander nicht entfernt sein könnten: Foucaults Befund, dass den Wissenschaften ein sie tragender formaler Code zugrunde liegt, dessen Vollzug die Wissenschaftler um jegliche Form von Freiheit bringt und sie lediglich zu Erfüllungsgehilfen der Decodierung dieses Codes degradiert, steht die Hybris und die Freiheitsselbstzuschreibung der Forscher entgegen. Folgt man diesen freiheitlichen Selbsteinschätzungen des Wissenschaftlers als eines Typus und frönt man ein wenig jenem Narzissmus, der selbstbewusst sammeln, Überzeugungen formulieren und, ganz Herr über die Geschichte, eigene Traditionslinien ausbilden darf, so gerät man schnell in die Nähe künstlerischer Ingenialität und ihrer vielfältigen Inszenierungen. Autonom, als Herren von eigener Gnade, denen bei ihrem Tun noch nicht einmal die Gnade des Zufalls in die Hände spielt, abgeschottet von Zufälligkeiten, heldenhaft, ingeniös, mit einem Hang zur Selbstzerstörung, zur nachgerade pathetischen Selbstaufgabe bereit, so hätte man sie und so hätten sie sich gerne, die Damen und Herren Wissenschaftler – jedenfalls nach einem bestimmten und inzwischen weitgehend überholten Klischee.[14] Ein berühmt gewordenes Bild Thomas Alva Edisons, nach einer einsam durchwachten Nacht, zeigt ihn, von einem eigens herbeigerufenen Photographen festgehalten, in der Pose Napoleons, wie er eine Schlacht – nämlich die um den Phonographen –

---

12. Foucault, *Die Ordnung der Dinge*, 1990, S. 417.
13. Ebd., S. 9f.
14. Zur Unhintergehbarkeit subjektiver Faktoren vgl. Fischer, *Wissenschaft und Subjekt*, 2008.

Abb. 1: Thomas Alva Edison.

geschlagen und selbstredend gewonnen hat: Diese Urszene des Erfinders nicht nur zahlreicher Einzelerfindungen, sondern eines bestimmten Erfindertyps ist gekoppelt an ein bestimmtes Narrativ und eine bestimmte Historiografie.[15]

Versehen mit emphatischen Konzepten von Vorläuferschaft, Wahrheit und Gerechtigkeit werden in deren Vollzug die Dickichte der Einzelforschungen durchkämmt und die Historiographen werden auch noch im Dickicht der letzten Vereinzelungen fündig. Der Befund, dass nicht Autor X, sondern Autor Y der wahre, der eigentliche Erfinder einer Gerätschaft ist und als solcher zu gelten hat, wird gefeiert und im Namen eines Eigennamens die Wahrheit einer Gerätschaft und die Gerechtigkeit einer Datierung beschworen. Bei derlei Tun mag sich der Verdacht einer bloßen Obsession gepaart mit einem Schuss Querulanz und Renitenz durchaus einstellen. Ähnlich wie bei Hobbyisten, die vielleicht Bierfilze oder Fingerhüte sammeln und mit ihrem gesättigten Wissen abendfüllend über ihre Steckenpferde schwadronieren (und anderen damit nicht wenig auf die Nerven gehen) findet derlei Beschäftigung in tabellarischen Listen ihren auch publizistischen Niederschlag. Für diese Form der Geschichtsschreibung ist der Experimentalphonetiker Giulio Panconcelli-Calzia (1878–1966) einschlägig, der die Geschichte sämtlicher akustischer Gerätschaften, die seine Wissenschaft ermöglichen, unter das Kuratel seiner epistemografischen Sorgfaltspflicht stellt und entsprechend in Tabellenwerken und Quellenatlanten fasst. Unscheinbarer und in der Sache doch viel spektakulärer in der Abfolge von Namen, Datum und Gerät, wie es zahlreiche seiner Veröffentlichungen prägt, nimmt sich sein Aufsatz »Wilhelm Weber – als gedanklicher Urheber der glyphischen Fixierung von Schallvorgängen (1827)« aus, zeichnet der Historiograph dort im Jahr 1938 doch ein Bild, das gänzlich anders funktioniert als die heroische Pose Edisons.[16] Nicht oder nicht nur die Realisierung, der letzte Handgriff an einem Apparat, an einer Anordnung zählen, auch nicht die Sanktion durch die Erteilung eines Patents oder die Erfolgsgeschichte seiner geglückten Nutzanwendung, sondern ein bloßes Gedankending ist es, das Panconcelli-Calzia bereits für rekonstruierens- und das heißt für schützenswert hält. In wunderbarer Einlösung eines in der Goethezeit eingespielten Regelkreises, der den unverwechselbaren Stil und die nicht kopierbare Individualität im Wechselschluss auf einander begründet

---

15. Dazu Kittler, *Grammophon Film Typewriter*, 1986.
16. Panconcelli-Calzia, *Wilhelm*, 1938.

und auf dieser Grundlage die juristische Kodifizierung eines Urheberrechts eben auch an Gedankendingen ermöglicht, wird die Logik des chronologisch Anschreibbaren ergänzt durch die Möglichkeitsbedingungen von Erfindungen – nicht als Widerspruch, sondern als letzte Konsequenz jener Ordnung, für deren Aufrechterhaltung diese Form von Historiografie steht.

Jener Gerechtigkeitstat von Seiten der Historiographen leisten die Wissenschaftler ihrerseits selbst massiv Vorschub – durch Inszenierungsstrategien, wie sie etwa der romantische Physiker Johann Wilhelm Ritter (1776–1810) bestens zu bedienen wusste. In einem Beitrag *Physik als Kunst. Ein Versuch, die Tendenz der Physik aus ihrer Geschichte zu deuten* aus dem Jahr 1806, nimmt er nicht nur das virtuose Experimentieren für sich in Anspruch, er inszeniert sich auch als ingeniöser Forscher mit dem Anspruch auf authentische Autorschaft und mit einem unverwechselbaren Stilwillen.[17] Sein Tun, das bestimmten Aspekten der Ökonomie der Wissenschaft Rechnung trägt, das etwa zur Rolle der verknappten Zeit und zur Zahl vorhandener, nicht oder noch nicht vorhandener Forschungsobjekte Stellung bezieht, ist ausschließlich selbst verantwortet, entspricht seinem individuellen Geschick und seinem experimentellen Kalkül. Zu- oder Unfälle, Unschärfen und Ungenauigkeiten, Störungen und Reibungen an den Apparaturen, wie sie in der modernen Wissenschaftsgeschichtsschreibung als Faktoren für die Fabrikation des Wissens immer stärker Beachtung finden, haben im Reich Ritter'scher Souveränität nicht den Hauch einer Chance. Entschieden verwahrt er sich gegen das, was der Elektrophysiologe Emil du Bois-Reymond in seiner Rede *Über Geschichte der Wissenschaft* von 1872 als »Zufälligkeiten des Entdeckungsgeschäftes« ausgewiesen hatte.[18] Ritters Erfindungen sind Teil eines größeren Ganzen, eines von Teleologie und von Kraft strotzendes Verständnisses des wissenschaftlichen Ganges – für dessen Walten der romantische Physiker nicht weniger als einen geschichtsphilosophisch verbürgten Gesamtentwurf und ein höheres Geschick in Anspruch nimmt, als dessen Vollstrecker er sich sieht – unter Bannung des Zufalls. »Zu keinem derselben hat uns der Zufall Gelegenheit gegeben, alle habe ich analogisch vorherbestimmt, und die Prämissen, aus denen es geschah, müssen gültig gewesen seyn, denn fast nie habe ich mich in meinen Vorhersagungen geirrt gehabt.«[19]

Selbstredend ist eine derart auf Teleologie angelegte Geschichte solcher für sich in Anspruch genommener oder behaupteter Souveränitäten nachgerade prädestiniert für Konflikte dieser Souveränität: Um diese herum wird die Frage erwogen, wie überhaupt jemand auf etwas kam und kommen konnte, wer von wem etwas ge- oder übernommen hat, wer von wem wie beeinflusst war, und von dort ist es nur noch ein Schritt zu Fragen nach Plagiat und Diebstahl, nach Wohlverhalten und Betrug. Neben zahllosen moralisierenden Verhandlungen wird dabei auch die Zeitlichkeit des Wissens bedacht und mit ihr die Mög-

---

17. Ritter, *Physik als Kunst*, 1806. Zur Kopplung von Virtuosität und Experiment vgl. auch Rheinberger, *Experimentelle Virtuosität*, 2008.
18. du Bois-Reymond, *Über Geschichte der Wissenschaft*, 1912.
19. Ritter, *Volta's galvanische Batterie*, 1800, S. 367.

lichkeit regelrechter Wissenschaftsrevisionen erwogen.[20] Revision ist ein in der Wissenschaft selbst eingetragener (und ihr nicht von außen zugemuteter) Index auf eine Verfasstheit des Wissens, die sich der Kumulation bloßer Einzelergebnisse ebenso entzieht wie sie der Zeitlogik eines bloß Vorläufigen und der damit verbundenen Unterstellung, dass das Wissen an ein Ende gelangen könnte, entzogen bleibt.[21] Weil in all diesen Spiralen auf das Heftigste psychologisiert werden darf, natürlich über Beweggründe und Motivationen, über Legitimation und Erschleichung, über Angriff und Gegenangriff, über Anschuldigungen und Abwiegelungen, zeichnet sich ein Bild der Wissenschaft ab, das einerseits in naiver Uneigennützigkeit verharren soll, während anderenorts die Verflechtungen mit Kommerz und Ansehen sichtbar werden.[22] Und auch die Eigenlogiken des wissenschaftlichen Publikationsbetriebs spielen hier ihre Rolle, etwa in Form der Kontroverse, die sich nur noch in Selbstbezüglichkeiten erschöpft – wie die legendäre Auseinandersetzung um den Status der sogenannten flüssigen Kristalle Otto Lehmanns zu Beginn des 20. Jahrhunderts.[23] Hier sind auch die gern erzählten Streitigkeiten angesiedelt, die als Gegenstand einer Betrugsforschung die Fraudbusters auf den Plan rufen, um solchen Vorwürfen mitsamt ihrer ganzen Verwerflichkeit nachzugehen.[24] Neben all den Intentionalitäten spielen dabei selbst Finessen eine Rolle, die ihrerseits wiederum den Sachständen der Psychologie Rechnung tragen. Neben der intentionalen Seite tritt eine Verlagerung ins Unbewusste auf den Plan, das für die Erfindungsforschung zunehmend als Generator entdeckt und zudem durch den Stellenwert von Laien als wichtigem Bezugspunkt im Erfindungsgeschäft ergänzt wird.[25]

3.

Um diese doch eher abstrakten Überlegungen zu konkretisieren, soll eine Situation umrissen werden, bei der die materiellen Akteure ihre Rolle in der zunehmenden Selbstläufigkeit des Wissens spielen. Einer weitgehend unbestrittenen Einschätzung nach hat sich im 19. Jahrhundert ein Interesse am lebenden Organismus breitgemacht, als dessen disziplinärer Ausdruck die Physiologie gilt. Die Karriere dieser Leitwissenschaft vom lebenden Körper ist nachgerade deckungsgleich mit der Entwicklung technischer Medien, die diesen Körper in sämtlichen Aspekten seiner Verlautbarung registrieren – einig im Anliegen wechselseitiger Zeugen- und Komplizenschaft. Ausgehend vom einfachen Kymographen und

---

20. Vgl. dazu Eckardt, *Angewandte Wissenschaftsrevision*, 2002.
21. Zur besonderen Geschichtlichkeit der Wissenschaften am Beispiel Gaston Bachelard und Ludwik Flecks vgl. Rheinberger, *Historische Epistemologie zur Einführung*, 2007, S. 35ff.
22. Um aus dem bunten Reich wissenschaftlicher Debatten wenigstens zwei stellvertretend herauszugreifen, vgl. Pfennig, *Wilhelm Fließ und seine Nachentdecker Otto Weininger und Hermann Swoboda*, 1906 sowie Swoboda, *Die gemeinnützige Forschung und der eigennützige Forscher*, 1906.
23. Dazu Rieger, *Der Schein des Lebens*, 2011.
24. Dazu Di Trocchio, *Der große Schwindel*, 1995.
25. Dazu Groos, *Über wissenschaftliche Einfälle*, 1924, sowie Rieger, ›*Scientia intuitiva*‹ *und Erfindungskunst*, 2002.

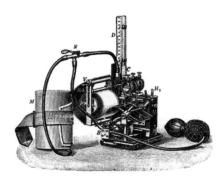

Abb. 2: Polygraph.

seiner Verfeinerung nach den Funktionseinheiten lebender Körper gab es keinen systematisch angebbaren Grund, Daten nicht einfach auch nach ihrer bloßen Erhebungsmöglichkeit zu erheben. Die Registrierung verselbstständigt sich mit der Ausdifferenzierung der Apparate und das markiert zugleich jenen Punkt, von dem aus die Geschichte nachmaliger Unterhaltungsmedien anders zu erzählen und epistemisch stimmig zu rekonstruieren wäre.[26]

Im Zeichen der vielfältig erhobenen Kurven und Graphen verschafft sich ein neues Wissens- und Bildregime Geltung über alles, was den Körper betrifft.[27] Was stattfindet, ist eine Ausdifferenzierung nach Bewegungsträgern, die in Plethysmo-, Sphygmo- und sonstigen -graphen ihre materiale Verkörperung finden und im Polygraphen zu einer eigens ausgewiesenen Verbundschaltung von mehreren Einzelregistrierungen zusammengeführt wird. Was man bis zu dieser Stelle als Verselbstständigung im technischen Apparatebau beschreiben und als Kontingenz betrachten könnte, geht darin allerdings nicht auf. Vielmehr ist dieser Prozess getragen von einer wirkmächtigen historischen Semantik, die im Zuge allgemeiner Individualisierung den Ausdruck und die Ausdruckshaftigkeit des Körpers entdeckt, diesen universalisiert und mittels zunehmend ausdifferenzierter Einzelmedien auch weiträumig erhebt. Dazu werden im weiteren Verlauf Ausdruckspsychologien erfunden, in die das Material eingespeist wird, die das gesamte Datenmaterial aufarbeiten, typisieren und zum höheren Ruhm des Menschen als diagnostisches Wissen zur Verfügung stellen.[28]

Es gibt innerhalb solcher Verbundschaltungen keinen systematischen angebbaren Grund, warum bestimmte Faktoren nicht mit bestimmten anderen zusammen gebracht werden. Im Anschluss an die technische Handhabe von Bewegung und die semantische Nobilitierung zur Ausdrucksbewegung war es von einem bestimmten Punkt an gleichgültig, was überhaupt erhoben wurde. Die Verpflichtung auf die Kurve als neuen Datentyp, wie sie bei Étienne-Jules Marey

---

26. Dafür stehen Autoren wie Kittler, dafür stehen aber auch Bemühungen wie die von Panconcelli-Calzia. Vgl. dazu Kittler, *Der Mensch, ein betrunkener Dorfmusikant*, 2003.
27. Langendorff, *Physiologische Graphik*, 1891.
28. Zum Hypertrophwerden solcher Universalisierungsbemühungen vgl. ausführlich die in jeder Hinsicht wundersame Geschichte um Ottmar Rutz, *Sprache, Gesang und Körperhaltung*, München 1911.

als *Méthode graphique* konzeptualisiert wird und die als *physiologische Graphik* das Bildregime über die lebenden Organismen bestimmt, führt in ihrer Hypertrophie dazu, dass man vor lauter Kurven und Apparaten zu ihrer Erhebung die Datenquelle selbst, den Menschen, zunehmend aus dem Blick verliert.[29] Diese Datenerhebungsverselbstständigung führt soweit, dass an bestimmten, selbstreflexiven Haltepunkten die Frage danach gestellt wird, was man mit dem gesamten Material überhaupt will oder genauer noch, was man damit überhaupt wollen können soll. An solchen Haltepunkten wird deutlich, dass die Dinge von selbst laufen und dass sie auf eine gewisse Weise zugleich auch leer laufen. Sie laufen von selbst, weil für sie kein Antrieb von außen erforderlich ist. Und sie laufen leer, weil sie zum Teil keine Referenz im System der Wissenschaften haben. Was in ihnen läuft und was mit ihnen sichtbar wird, ist ein wissensökonomisches Faszinosum: Ein Ausscheren aus normalen Kreisläufen setzt Prozesse in Gang, die – in energetischer Hinsicht – ein wenig an die Träume vom Perpetuum mobile erinnern.

Ein solcher Moment des Innehaltens, ein Moment, in dem die Maschine arretiert wird, gelingt einem Autor namens Felix Krueger – aus Anlass einiger Beobachtungen, die er für das Feld der Stimmforschung anstellt. Der Psychologe konstatiert, dass die grassierende Kurvenerhebungswut mit ihrer Aufarbeitung nicht Schritt zu halten vermag. Anders gesagt: Das Überborden der Technik führt zu einer Verselbstständigung, die, so jedenfalls hält es der Berichterstatter fest, der Phonetik keineswegs immer nur zum Vorteil gereicht.[30] Vielmehr, so Krueger weiter, führt die so beschriebene Ausrichtung zu veritablen Rückschlägen in der Methodik der Stimmforschung. »Gewisse innerhalb der wissenschaftlichen Phonetik neuerdings spürbare methodische Rückschläge scheinen mir in der Tat mit den außerordentlich rasch gewachsenen Schwierigkeiten und Komplikationen der physikalischen Technik zusammenzuhängen.«[31] Was er der Forschung somit attestiert, ist nicht weniger als eine konzeptionslose Kurvensammelwut.

> »Die unverkennbar hohe technische Vervollkommnung der Registriermethoden ist der Klarheit und Vertiefung der phonetischen Fragestellungen nicht durchaus förderlich gewesen. Die mühevollen und gewiß nicht unfruchtbaren Untersuchungen etwa der Rousselotschen, teilweise selbst der Scriptureschen Schule erwecken doch oft den Eindruck, als wäre das scharfsinnige Bestreben zu ausschließlich auf die Gewinnung möglichst reichhaltiger und physikalisch einwandfreier Kurven gerichtet gewesen, und die Frage dahinter zurückgetreten, welchen theoretischen Einzelproblemen denn das angesammelte Kurvenmaterial dienen solle.«[32]

29. Zum Begriff der Datenquelle vgl. Schneider, *Der Mensch als Quelle*, 1994.
30. Zur Positionierung der Phonetik als Disziplin vgl. Bühler, *Phonetik und Phonologie*, 1931, sowie zum Phonographen als technischem Ermöglichungs-, weil Trennungsgrund von Phonetik und Phonologie Kittler, *Die Welt des Symbolischen – eine Welt der Maschine*, 1993, S. 72.
31. Krueger, *Beziehungen der experimentellen Phonetik zur Psychologie*, 1907, S. 87.
32. Ebd., S. 88. Dieser Befund wird auch für Fourier, genauer noch, für die schnelle Fourier-Transfomation erhoben. Vgl. dazu Burke Hubbard, *Wavelets*, 1997, S. 39.

Dieser Befund von der Konzeptionslosigkeit im Umgang mit Kurven bei gleichzeitiger Verbesserung der Verfahren zu ihrer Erhebung ist kein Einzelfall, vielmehr hat sie Methode – und ihr Geltungsreich geht weit über die Experimentalphonetik hinaus. Bei einem der von Krueger ins Feld geführten Gewährsleute, dem amerikanischen Psychologen und Experimentalphonetiker Edward Wheeler Scripture (1864–1945) verselbstständigt sich die ganze Angelegenheit auf eine Weise, die sie nachgerade die Züge der Karikatur annehmen lässt. Eine Fußnote denunziert Scriptures Planlosigkeit als Effekt eines blinden Setzens auf die Zukunft der technischen Möglichkeiten. Dabei spielt neben der Forscherlust die Zeit eine gewichtige Rolle, scheint ihr bloßer Verlauf doch eine vermeintlich schlüssige Universalrechtfertigung für das Archivieren an und für sich abzugeben.

>In einem zusammenfassenden Aufsatze über ›das Studium der Sprachkurven‹ reiht Scripture, nach Beschreibung seines komplizierten Apparates eine große Zahl möglicher Gesichtspunkte bunt aneinander, unter denen die aufgenommenen Kurven nachträglich können betrachtet werden. Zwischen den verschiedenartigsten, physiologischen, metrischen, sprachgeschichtlichen, psychologischen und schließlich praktisch-pädagogischen Fragestellungen stehen da z.B. folgende Anforderungen an ›den Forscher künftiger Jahrzehnte‹: ›Wie wichtig werden dann Sprachaufnahmen z.B. von den verschiedenen Sprachen und Dialekten in China, Indien oder Nordamerika sein. [...] Es ist auch eigentlich unbillig, daß die Stimmen unserer Dichter, unserer großen Sänger, überhaupt unserer bedeutendsten Männer nicht aufbewahrt, abgeschrieben und studiert werden. Selbst wenn wir keine Zeit oder keine Lust zum Studium haben, ist es für uns eine Pflicht, die Aufnahme und die Aufbewahrung zu besorgen‹.[33]

Rudolf Virchows als Motto verwendete Forderung nach einem rüstigen Weitersammeln klingt hier an. Im Gegensatz zu Erwägungen in Gedankendingen, wie sie Panconcelli-Calzia anlässlich der Phonographie anstellt und dabei in der Vergangenheit den Möglichkeitsbedingungen solcher Gedankendinge nachspürt, wird das Geschehen bei Scripture kurzerhand in die Zukunft verlagert und seine Wissensökonomie an die weitere Entwicklung technischer Apparate geknüpft. Solchen Einschätzungen, die ihr Heil an künftige Versprechen und Hypotheken koppeln, steht eine Einstellung zur Seite, die schon sehr früh ihre Konsequenzen aus der allfälligen Erforschung von Organen zieht. Der Naturforscher und Hobbyastronom Franz von Paula Gruithuisen zielt zu Beginn des 19. Jahrhunderts dabei ins Große. Vor dem Hintergrund der physiologischen Allerfassung fordert er institutionelle Konsequenzen, die in die *Idee einer Experimentalphysiologie* münden sollen – dem Plan einer wissenschaftlich disziplinären Verbundschaltung, die unmittelbar in das Disziplinengebäude zu integrieren sei. Damit ist eine Systematik betroffen, mit der Gruithuisen nicht

---

33. Scripture nach Krueger, *Beziehungen der experimentellen Phonetik zur Psychologie*, 1907, S. 88.

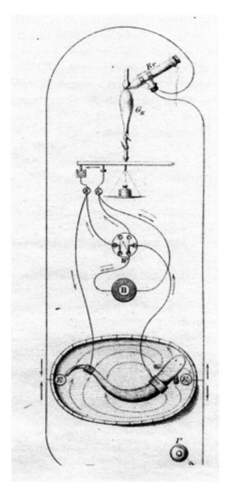

Abb. 3: Untersuchungen am Zitteraal nach Carl Sachs.

nur Einzelpersonen und deren Einzelaktivitäten verbessern will, sondern die Wissenschaft selbst als systemisches Gebilde.[34]

Solche Selbstläufe – apparativer Art wie beim Polygraphen, temporalisierter Art wie bei Scripture und wissensdisziplinärer Art wie bei Gruithuisen – sollen abschließend in Form einiger Bilder deutlich werden. Neben der schon gezeigten Verbundschaltung im Polygraphen, der Britt sei dank als Lügendetektor aus den Aufdeckungsskandalen der nachmittäglichen Fernsehunterhaltung nicht mehr wegzudenken ist, soll eine Anordnung gezeigt werden, die für das auf Selbstlauf abzielende Momente der Selbstanwendung, der sogenannten Autologie steht. Hintergrund ist die Karriere des Frosches in der Elektrizitätsforschung,

---

34. von Paula Gruithuisen, *Von der Idee einer Experimentalphysiologie*, 1812.

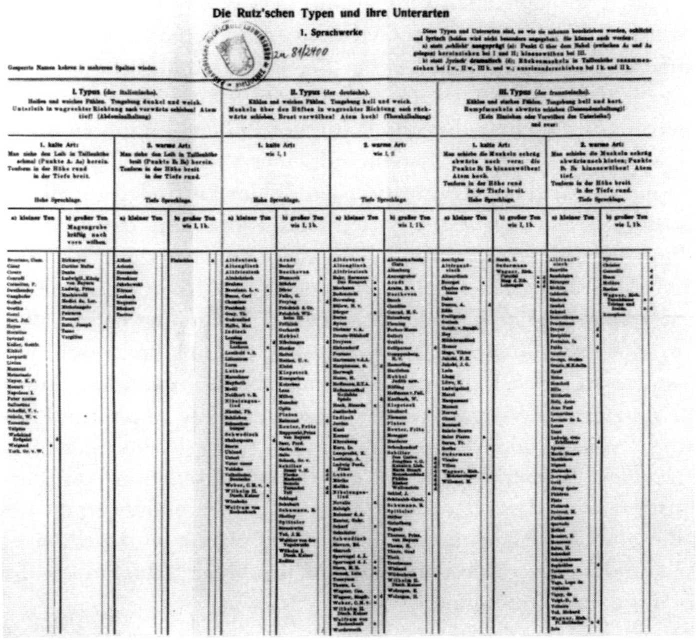

Abb. 4: Typenschema nach Ottmar Rutz.

eine Hochschätzung, die zum Bau von Apparaten wie dem Froschwecker oder zu Selbstanwendungen führt, mit denen man durch Einsatz eines Froschmuskelpräparats anderen Tiere und nicht zuletzt anderen elektrischen Phänomenen auf die Schliche kommen will. Mittels standardisierter Froschwecker, die in keinem elektrophysiologischen Reiselaboratorium der Zeit fehlen durften, werden Einsätze möglich, die über die Artgrenzen hinausgehen, bei denen mittels des Froschpräparats etwa die Spannung elektrischer Fische registriert wurden. So wie Frösche Froschströme registrieren, so taugen sie auch zur Registrierung von Strömen etwa bei elektrischen Fischen.

Waren diese Beispiele dem allgemeinen Interesse an der Physiologie eines Organismus geschuldet, der aufgerüstet war zu einer semantischen Größe, die Individualität, Einmaligkeit und Unverwechselbarkeit tragen sollte, so ist eine intrinsische Nachstellung dieser Dinge nur konsequent. Dabei konnte man sich nicht darauf beschränken, am halberlei intakten Körper Messungen vorzunehmen, sondern man musste im Zuge einer ökologischen Vorannahme dahin gelangen, seine Ökologie in ihrer Komplexität selbst nachzustellen.[35] Der Physiologe Robert Tigerstedt hat das gemacht und zwar entlang einer Frage, die dem Überleben von Organen außerhalb ihrer angestammten Umgebung,

---

35. Zu den Orten Kinne, *Über den Wert kombinierter Untersuchungen*, 1956, S. 8f.

also isoliert vom jeweiligen Organismus gilt. Während im ersten Fall über die Individualität und im Rekurs auf Medienverbundschaltungen Wissen auf Selbstlauf abgestellt wurde, so waren es bei Tigerstedt ökologische Vorannahmen, die einen vergleichbaren Effekt zur Folge hatten. Unter der Prämisse, dass für das Überleben von Organen die Simulation von Milieus vonnöten ist, und im Wissen, dass Milieus komplexe Systeme mit einer Vielzahl von Einflussgrößen sind, ist eine immer stärkere Kumulation der Bilder ein Beleg für diesen Selbstlauf des Wissens. Die Vorgabe der Systemlogik führt dazu, dass sich die Versuchsanordnungen immer mehr anreichern und anreichern müssen. Wenn Organe in ihrem Milieu überleben sollen, müssen die Faktoren des Milieus nach Möglichkeit vollumfänglich berücksichtig werden. Es genügt nicht mehr, das Organ bloß in eine Nährflüssigkeit zu verbringen, es muss stattdessen etwa an einen Blut- sowie an einen Lungenkreislauf angeschlossen werden. Auf diese Weise finden systemische Vorgaben ihre Umsetzung, die selbst der Unterbrechung von linear verlaufenden Prozessen dienen – so fließt Blut nicht stetig, wie das etwa in einem Wasserkreislauf der Fall ist. Die Simulation von Blut- und Luftzufuhr führt dazu, dass man zum Schluss auf den Abbildungen die überlebenden oder die am Überleben gehaltenen Organe eigens wird suchen müssen – so verstellt sind sie von selbstlaufenden Möglichkeitsbedingungen ihrer eigenen Erforschung und Erkundung.[36]

4.

Wie aber geht man mit solchen Befunden um? Eine zentrale Einsicht könnte vielleicht darin liegen, dass zwischen den Bedürfnissen einer historischen Semantik und den Datenerhebungstechniken mitsamt den zugehörigen Basteleien Regelkreise geschaltet sind – und zwar solche mit positiver Rückkopplung. Um solche Regelkreise beschreiben zu können, und das wäre eine methodische Konsequenz, bedarf es einer Form von Interdisziplinarität. Wollte man hier enden, könnte man mit der allgegenwärtigen Forderung durch die Wissenschaftspolitik nach Verbundforschung auf die vorhandenen Verbundschaltungen verweisen und hier ein Kriterium dafür finden, dass und wie bestimmte Anliegen des Wissens sich längst verselbstständigt haben und zum Selbstläufer geworden sind. Geht man zurück zum Anfang und gedenkt noch einmal der narzisstischen Selbsttäuschung, die Foucault behandelt hat, so könnte man auf die Idee kommen, jene doch sehr abstrakte Rede von der Formalisierung, vom Code des Wissens, an dieser Stelle zu erden: in jenem Verbund, in jenem Regelkreis zwischen Apparat und Vorannahme, zwischen Schaltungsmöglichkeit und einer Kombinatorik, die den Menschen faktisch immer weniger braucht, die ihm dabei aber doch einen signifikant veränderten Systemplatz zuweist – als Agent der Dispositive und Dispositionen, als Gerätewart und Vollstrecker von

---

36. Latour, *Der Blutkreislauf der Wissenschaft*, 2002.

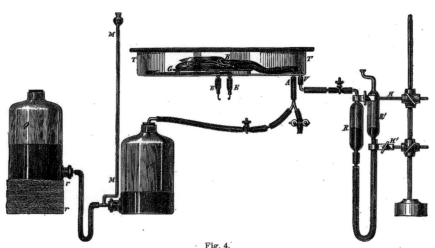

Fig. 4.
Apparat zur künstlichen Durchblutung; nach Ludwig und A. Schmid't.

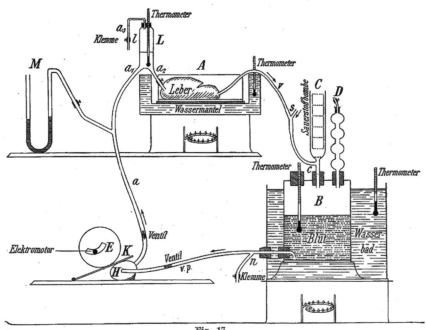

Fig. 17.
Apparat zur künstlichen Durchblutung; nach Neubauer und Gross.

Abb. 5 und 6: Apparate zur künstlichen Durchblutung überlebender Organe nach Robert Tigerstedt.

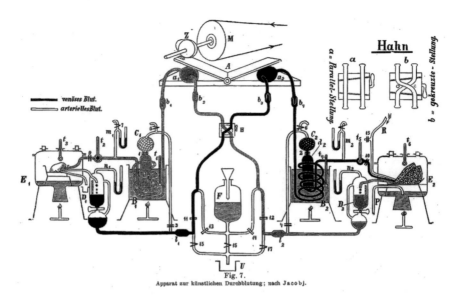

Abb. 7: Apparate zur künstlichen Durchblutung überlebender Organe nach Robert Tigerstedt.

Erfindungsmöglichkeiten, über die Epistemen und nicht findige Menschenköpfe das Sagen haben.[37] In der Chemie, die mit ihren Synthetisierungsbemühungen selbst einem Selbstläufer gleicht, gibt es sie längst: Labore, in denen nicht mehr Menschen, ausgestattet mit der Lizenz zum virtuosen Experimentieren und versehen mit einem Universalforschungsplan experimentieren, sondern wo die experimentelle Praxis ihrerseits bereits automatisiert ist. Verwiesen an Algorithmen werden Substanzen gezielt und maschinell in Kontakt gebracht – nach Maßgabe einer bloßen Kombinatorik.[38] Aber auch diese Maßgaben sind steigerbar dann und dort, wo nicht mehr mit realen Pipetten hantiert wird – egal ob mit realen Menschenhänden oder durch die Roboterarme irgendeiner Forschungsprozessautomatisierung –, sondern wo sich die Möglichkeiten des Digitalen breit machen: wo Pixel statt Pipetten herrschen, wie es in einem Artikel über die zunehmende Virtualisierung der Chemie treffend heißt und wo im Rahmen des Sreening eine Kombinatorik der realen Substanzaufnahme durch Simulation hinfällig wird.[39]

Damit ist der Bogen gespannt – von den Narzissmen der Forschung, von den kleinen Souveränen, die frei vom Zufall sammeln dürfen, die geschichtliche Einordnungen vornehmen oder sich von eigens aufgestellten Hypothesen

---

37. Über den Stellenwert der Chemie und ihrer unablässigen Synthetisierungsbestrebungen vgl. Hoffmann, *Über das Erhabene in der Wissenschaft*, 2010.
38. Breuer, *Wissenschaft auf Knopfdruck*, 2011, S. 22 (es geht dort um den Forschungsroboter Adam).
39. Für diesen Hinweis danke ich Lea Haller. Vgl. dazu auch Ballwieser, *Pixel statt Pipetten*, 2007, S. 50f.

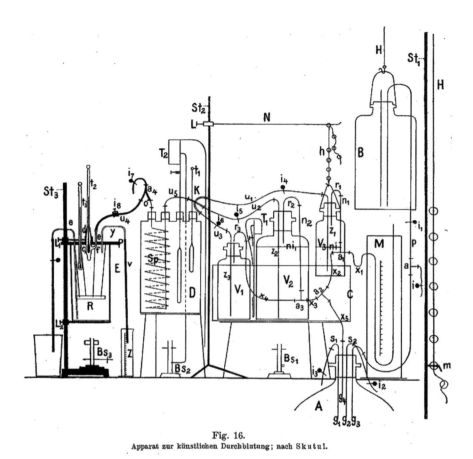

Fig. 16.
Apparat zur künstlichen Durchblutung; nach Skutul.

Abb. 8: Apparate zur künstlichen Durchblutung überlebender Organe nach Robert Tigerstedt.

überzeugt halten dürfen, hin zu einem Prozess des Wissens, dessen Ökonomie gerade in einer bestimmten Umgehung oder Neuveranlagung des Menschen begründet liegt. Man könnte einmal versuchen, diese neue Ordnung zu typisieren und selbst in Form eines vorläufigen Figurenkabinetts epistemischer Selbstläufer anzuschreiben. Da wäre *erstens* die Figur der Ausdifferenzierung und Kombinatorik in Verbundschaltungen technischer oder disziplinärer Art. Die Autologie des Frosches wäre hier ebenso zu fassen wie die Datenerhebungsspiralen der Physiologie und die Pläne zu einer Experimentalphysiologie. Da wäre *zweitens* die Figur der Systemlogik und der Preis, den man an die Annäherung komplexer Milieus zu zahlen hat wie im Fall der überlebenden Organe. Dafür steht die überbordende Bildwelt bei Tigerstedt. Da wären *drittens* die Figur der Automatisierung und Virtualisierung wie im gerade erwähnten Fall der Chemie. Und es wäre *viertens* die Figur der Übertragung, die an dieser Stelle einen vorläufigen Schluss markieren soll. Wenn bekannt ist, welche Rolle das sogenannte

Abb. 9: Einbandmotiv von Marc Abrahams' Ig Nobel Prizes 2.

Kindchenschema bei den Menschen spielt, und nachdem dessen Wirksamkeit experimentell durch sämtliche Völkerschaften dieser Welt dekliniert wurde, so braucht im Zuge der Übertragungsfigur die Überschreitung der Artgrenzen auch hier nicht weiter auf sich warten zu lassen: Diese erfolgt nun nicht vom Frosch auf den Elektrofisch, sondern vom Menschen auf das Tier. Das Ergebnis einer solchen Übertragung kann man derzeit in einer Sonderausstellung unter dem Titel *Was ist schön?* im Hygienemuseum in Dresden bestaunen. In Experimenten mit Hühnern haben Wissenschafter endlich herausgefunden, dass auch Tiere schöne Menschen mögen und ihr ästhetisches Wohlgefallen in Form gesteigerten Pickverhaltens zum Ausdruck bringen – nachzulesen unter dem Titel »Hühner bevorzugen schöne Menschen« in *Human Nature* 2002.[40] Angesichts solcher Übertragungen braucht einem um die Zukunft der Wissenschaft nicht bange zu sein. Dass mit einer solchen Typologie die Erforschung des eine bestimmte Wissensordnung tragenden Codes allerdings erst beginnt, ist die vielleicht gute Nachricht der ganzen Geschichte. Dass man dazu die Wissenskumulation in den

---

40. Ghirlanda, Jansson, Enquist, *Hühner bevorzugen schöne Menschen*, 2002, S. 383ff. »Einen solchen Anruf erhielt etwa der Psychologe Stefano Ghirlanda von der Universität Bologna vor zwei Jahren. Der Italiener hatte gemeinsam mit Kollegen herausgefunden, dass Hühner und Menschen ein nahezu identes Idealbild von der Gattung Homo sapiens haben: Das Federvieh pickte im Lauf einer langen Versuchsreihe mit vorgelegten Fotos exakt bei jenen Gesichtern intensiver an seinen Körnern, deren Konterfeis auch die Probandinnen und Probanden als begehrenswert schön fanden. Die Studie ›Hühner bevorzugen schöne Menschen‹ erschien im Fachblatt ›Human Nature‹. Marc Abrahams entschied, dass diese Arbeit würdig sei, den sogenannten Ig-Nobelpreis für interdisziplinäre Forschung zu erhalten - und verstörte Ghirlanda zunächst.« (http://wiki.benecke.com/index.php?title=2005-10-3_Profil:_Wissenschaft_%26_Spaß:_Summa_cum_gaude; aufgerufen: 06.05.2010).

Blick nehmen muss, ohne dem Diktat der Häufung und ihren Narrativen zu erliegen, bezeichnet die methodische Konsequenz. Mit Kasuistik und Analyse wären daher beide Aspekte in Geltung, und ein solches Figurenkabinett epistemischer Selbstläufer bildete, wenngleich unvollständig, vielleicht einen kleinen Anfang. Um diese Konsequenz mit Virchow zu formulieren: Sammeln und forschen daher auch wir zunächst einmal rüstig fort.

Literatur

Ballwieser, Dennis: »Pixel statt Pipetten. Manche Biowissenschaftler arbeiten nicht mehr im Labor – ihre Forschung findet ausschließlich im Computer statt«, in: *Spiegel Special*, 3, 2007, 50–51.

Breuer, Hubertus: »Wissenschaft auf Knopfdruck. Intelligente Computerprogramme stellen Hypothesen auf und planen Versuche – damit machen sie Forschern die Hoheit über die Erkenntnis streitig«, in: *Süddeutsche Zeitung* Nr. 53, 5/6. März 2011, S. 22.

Bühler, Karl: »Phonetik und Phonologie«, in: *Traveaux du Cercle Linguistique de Prague*, 4. Bd., 1931, S. 22–46.

Burke Hubbard, Barbara: *Wavelets. Die Mathematik der kleinsten Wellen*, Basel, Boston, Berlin 1997.

Di Trocchio, Federico: *Der große Schwindel. Betrug und Fälschung in der Wissenschaft*, Frankfurt, New York 1995.

du Bois-Reymond, Emil: »Über Geschichte der Wissenschaft«, in: ders.: *Reden von Emil Du Bois-Reymond in zwei Bänden*, Leipzig 1912, Bd. I, S. 431–440.

Eckardt, Michael: »Angewandte Wissenschaftsrevision – Überschneidungen und Parallelen im Schaffen von Max Bense und Georg Klaus«, in: *Grundlagenstudien aus Kybernetik und Geisteswissenschaft*, 43. Bd. Heft 4, Dezember 2002, S. 143–152.

Fischer, Klaus »Wissenschaft und Subjekt. Nichtalgorithmisierbare Faktoren des Forscherhandelns«, in: Reza Yousefi Hamid u.a. (Hg.): *Wege zur Wissenschaft. Eine interkulturelle Perspektive. Grundlagen, Differerenzen, Interdisziplinäre Dimensionen*, Nordhausen 2008, S. 187–222.

Foucault, Michel: *Die Ordnung der Dinge. Eine Archäologie der Humanwissenschaften*, Frankfurt a.M. 1990.

Ghirlanda, Stefano; Jansson, Liselotte; Enquist, Magnus: »Hühner bevorzugen schöne Menschen«, in: *Human Nature*, Vol. 13, No. 3, 2002, S. 383–389.

Groos, Karl: »Über wissenschaftliche Einfälle«, in: *Zeitschrift für Psychologie*, 95. Bd., 1924, S. 1–26.

Groys, Boris: *Über das Neue. Versuch einer Diskursökonomie*, Frankfurt a.M. 2004.

Hoffmann, Roald: »Über das Erhabene in der Wissenschaft«, in: ders.; Whyte, Iain Boyd (Hg.): *Das Erhabene in Wissenschaft und Kunst. Über Vernunft und Einbildungskraft*, Berlin 2010, S. 179–198.

Kamolz, Klaus: »Summa cum gaude«, http://wiki.benecke.com/index.php?title=2005-10-3_Profil:_Wissenschaft_%26_Spaß:_Summa_cum_gaude (aufgerufen: 06.05.2010).

Kinne, Otto: »Über den Wert kombinierter Untersuchungen (im Biotop und im Zuchtversuch) für die ökologische Analyse«, in: *die Naturwissenschaften*, 43. Jg., Heft 1, 1956, S. 8–9.

Kittler, Friedrich: »Der Mensch, ein betrunkener Dorfmusikant«, in: Lachmann, Renate; Rieger, Stefan (Hg.): *Text und Wissen. Technologische und anthropologische Aspekte*, Tübingen 2003, S. 29–43.

Kittler, Friedrich: »Die Welt des Symbolischen – eine Welt der Maschine«, in: ders.: *Draculas Vermächtnis. Technische Schriften*, Leipzig 1993, S. 58–80.

Kittler, Friedrich: *Grammophon Film Typewriter*, Berlin 1986.

Krohn, Wolfgang; Küppers, Günter: *Die Selbstorganisation der Wissenschaft*, Frankfurt a.M. 1989.

Krueger, Felix Emil: *Beziehungen der experimentellen Phonetik zur Psychologie*, Leipzig 1907.

Langendorff, Oscar: *Physiologische Graphik. Ein Leitfaden der in der Physiologie gebräuchlichen Registrirmethoden*, Leipzig u.a. 1891.

Latour, Bruno: »Der Blutkreislauf der Wissenschaft. Joliots wissenschaftliche Intelligenz als Beispiel«, in: ders.: *Die Hoffnung der Pandora. Untersuchungen zur Wirklichkeit der Wissenschaft*, Frankfurt a.M. 2002, S. 96–136.

Latour, Bruno; Woolgar, Steve: *Laboratory Life. The Social Construction of Scientific Facts*, Beverly Hills 1979.

Mach, Ernst: »Die Oekonomie in der Wissenschaft«, in: ders.: *Die Mechanik in ihrer Entwicklung. Historisch-kritisch dargestellt*, Leipzig 1883, S. 461.

Meurer, Waldemar: *Ist Wissenschaft überhaupt möglich?*, Leipzig 1920.

Mittelstraß, Jürgen: *Die Möglichkeit von Wissenschaft*, Frankfurt a.M. 1974.

Neurath, Otto: »Zur Klassifikation von Hypothesensystemen (mit besonderer Berücksichtigung der Optik)«, in: *Jahrbuch der Philosophischen Gesellschaft an der Universität zu Wien*, 1915, S. 38–63.

Panconcelli-Calzia, Giulio: »Wilhelm Weber – als gedanklicher Urheber der glyphischen Fixierung von Schallvorgängen (1827)«, in: *Archiv für die gesamte Phonetik*, II/1, 1938, S. 1–11.

Paula Gruithuisen, Franz von: »Von der Idee einer Experimentalphysiologie«, in: ders.: *Beyträge zur Physiognosie und Eautognosie, für Freunde der Naturforschung auf dem Erfahrungswege*, München 1812, S.344–345.

Pfennig, Oskar: *Wilhelm Fließ und seine Nachentdecker Otto Weininger und Hermann Swoboda*, Berlin 1906.

Reichel, Rudolf: »Profil und Stellung der Wissenschaftsökonomie als wirtschaftswissenschaftliche Disziplin«, in: *Wissenschaftliche Zeitschrift*, 31. Jg., Heft 3, Berlin, 1986, S. 77–79.

Rheinberger, Hans-Jörg: »Experimentelle Virtuosität«, in: Welsh, Caroline; Willer, Stefan (Hg.): *»Interesse für bedingtes Wissen«. Wechselbeziehungen zwischen den Wissenskulturen*, München 2008, S. 331–342.

Rheinberger, Hans-Jörg: *Historische Epistemologie zur Einführung*, Hamburg 2007.

Rieger, Stefan: »Der Schein des Lebens. Flüssige Kristalle und die Unordnung im Organischen«, in: Bäumler, Thomas; Bühler, Benjamin; ders. (Hg.): *Nicht Fisch Nicht Fleisch. Ordnungsmodelle und ihre Störungen*. Zürich 2011, S. 165–183.

Rieger, Stefan: »›Scientia intuitiva‹ und Erfindungskunst. Zu einer Theorie des Einfalls und der Entdeckung«, in: Metzger, Stefan; Rapp, Wolfgang (Hg.): *homo inveniens. Heuristik und Anthropologie am Modell der Rhetorik*, Tübingen 2002, S. 179–195.

Ritter, Johann Wilhelm: *Physik als Kunst. Ein Versuch, die Tendenz der Physik aus ihrer Geschichte zu deuten. Zur Stiftungsfeyer der Königlich=baierischen Akademie der Wissenschaften am 28sten März 1806*, München 1806.

Ritter, Johann Wilhelm: »Volta's galvanische Batterie; nebst Versuchen mit derselben dargestellt«, in: *Magazin für den neuesten Zustand der Naturkunde mit Rücksicht auf die dazu gehörigen Hülfswissenschaften*, 2, 1800, S. 356–400.

Rutz, Ottmar: *Sprache, Gesang und Körperhaltung. Handbuch zur Typenlehre Rutz*, München 1911.

Schneider, Manfred: »Der Mensch als Quelle«, in: Fuchs, Peter; Göbel, Andreas (Hg.): *Der Mensch – das Medium der Gesellschaft?*, Frankfurt a.M. 1994, S. 297–322.

Swoboda, Hermann: *Die gemeinnützige Forschung und der eigennützige Forscher. Antworten auf die von Wilhelm Fließ erhobenen Beschuldigungen*, Wien, Leipzig 1906.

Benjamin Bühler

Entgleitende Regulierungen
Zukunftsfiktionen der Politischen Ökologie

Nach 1945 entwickelt sich die Politische Ökologie zu einer der wichtigsten gesellschaftlichen Selbstbeschreibungen, die organisiert wird durch das Verhältnis von Repräsentationen zukünftiger Gesellschaft und gegenwärtigen politischen Aktionen: In den ökologischen Beschreibungsformen erscheint die fortschreitende Zerstörung der eigenen Lebensgrundlagen als ein Prozess entgleitender Regulierung, ob bezogen auf Technik oder Ökonomie, auf menschliche Verhaltensformen oder ein kulturelles Imaginäres. Szenarien über mögliche Zukünfte von Mensch und Natur entfalten zum einen solche verselbstständigte, »selbstlaufende« Prozesse bis zum Ende der Menschheit, zum anderen liefern sie den Rahmen für die Ausbuchstabierung von Szenarien gelingender Regulierungen. Daher kommt der Literatur im Diskurs der Politischen Ökologie eine prominente Position zu, ist sie doch die Aussageform, die die unterschiedlichen Dimensionen zukünftiger Gesellschaften narrativ entfaltet – von der Darstellung alltäglichen Lebens über ethische Haltungen, veränderte soziale Beziehungen, Anwendungsformen wissenschaftlicher und technischer Praktiken bis zu politischen Umstellungen und nicht zuletzt den unterschiedlichen Formen der Prognostik selbst. Aber auch andere Wissensformen, Ökologie, Ökonomie, Politik oder gesellschaftliche Diskussionen, haben in der Zukunftsdimension ihren Fluchtpunkt, was sich an der Organisation von Wissen, Praktiken und Debatten über Metaphern und Narrative zeigt.

Die Narrative und Metaphern der Zukunft erheben den Anspruch, durch die Antizipation einer möglichen Zukunft, was von der Ausbildung einer Öko-Diktatur bis zum Untergang der Menschheit reichen kann, politische Interventionen in Gang zu setzen, die die Realisierung dieser Zukunftsfiktion verhindern. Sämtliche Öko-Apokalypsen sind demnach von ihrer Aussageform her gesehen »suicidal prophecies«:[1] Sie zielen auf ein Verhalten, das das Erfüllen der Prophezeiung verhindert. In Form von Zukunftsfiktionen etablieren sie somit ein Spannungsverhältnis zwischen der in der Fiktion narrativ entfalteten Deutung einer Situation und den als notwendig behaupteten politischen Handlungen. Daher unterscheiden sich die Zukunftsszenarien nicht nur in Hinsicht auf die Ursachen des kommenden Untergangs der Menschheit (Außerirdische, Atombombe, Virus, Eiszeit, Feuerstürme, Roboter – jede Zeit hat ihre eigenen

---

1. Der Soziologe Robert K. Merton definiert diese Aussageform folgendermaßen: »The suicidal prophecy [...] alters human behavior from what would have been its course had the prophecy not been made that it *fails* to be borne out. The prophecy destroys itself.« (Merton, *The self-fulfilling prophecy*, 1948, S. 196) Es handelt sich demnach um die Kehrseite einer *self-fulfilling prophecy*: »The self-fulfilling prophecy is, in the beginning, a *false* definition of the situation evoking a new behavior which makes the originally false conception come *true*.« Ebd., S. 195.

Untergangsvisionen)², sondern auch in Hinsicht auf die imaginierten, alternativen Regelungen, mit denen die Kontrolle über Menschen, Techniken oder Institutionen (wieder-) gewonnen werden soll. Diese setzen jeweils auf unterschiedlichen Ebenen an, ihr Ansatzpunkt kann die Regelung der Ökonomie (Abschnitt 1), des individuellen Verhaltens (Abschnitt 2), der Erde (Abschnitt 3), des Verhältnisses von Mensch und Natur (Abschnitt 4) oder auch die der Zukunft selbst bzw. der für sie zuständigen Wissenschaften (Abschnitt 5) sein.

Mit zwei Modifikationen markiert für die folgenden Überlegungen Michel Foucaults Begriff des »Regierungswissens«³ den Einsatzpunkt. Foucault zielt mit seinem Begriff des Regierens auf die Geschichte des Neoliberalismus – mit dem Erscheinen der politischen Ökologie im 19. Jahrhundert kommt es allerdings zu Verschiebungen und Verwerfungen in dieser Geschichte. Denn die politische Ökologie etabliert sich als Fortsetzung bzw. Parallelunternehmen zur politischen Ökonomie. In ihr finden sich gleichermaßen Anwendungen ökonomischer Prinzipien auf die Natur wie auch eine Kritik dieser Prinzipien. Nicht zuletzt ist ein wesentliches Element der Narrative ökologischer Katastrophenszenarien, dass die *Beschleunigung* der die Lebensgrundlagen vernichtenden Prozesse einen Zwang zum schnellen und in die Gesellschaftsformen tief eingreifenden Handeln erzeugen, welches nur mit konservativen, stabilisierenden politischen Mitteln erreicht werden kann. Daher erweist sich die *Ungewissheit* der Entwicklung komplexer Ökosysteme und die des Zukunftswissens überhaupt geradezu als Störungsfaktor, den es zu beseitigen gilt.

Die zweite Ergänzung zu Foucaults Konzept besteht darin, dass Zukunftswissen gerade in Zukunftsmetaphern, -narrativen und -fiktionen ausformuliert wird. Diese repräsentieren die zukünftige Gesellschaft, um damit in der Gegenwart das Soziale »in-Form« zu bringen.⁴ Prekär sind diese Repräsentationen, da sie spezifische Deutungen bereithalten: die der möglichen Zukunft auf der einen Seite und die sich in der Gegenwart anbietenden Handlungsmöglichkeiten auf der anderen Seite, um jene zu verhindern bzw. zu befördern. Die Bandbreite des Verhältnisses von Zukunftsnarrativen und politischen Regulierungen reicht demnach von versuchter direkter Einflussnahme auf politische Entscheidungen bis hin zur Öffnung von Zukunftsräumen, die als Versuchs-, Denk- und Reflexionsräume die Analyse gegenwärtiger Gesellschaft von einem externen Beobachter-Standpunkt aus ermöglichen.

---

2. Das Genre der Apokalypse hat insbesondere in der Filmproduktion derzeit Konjunktur, Weltuntergangsszenarien haben aber eine lange literarische Tradition, exemplarisch seien genannt: H. G. Wells: *War of the Worlds* (1898); Arno Schmidt *Schwarze Spiegel* (1951) und *Die Gelehrtenrepublik* (1957), Carl Amery: *Der Untergang der Stadt Passau* (1975); Cormack McCarthy: *The Road* (2006), Margaret Atwood: *Oryx and Crake* (2003), *The year of the flood* (2009).
3. Michel Foucault beschreibt mit diesem Begriff (Foucault, *Geschichte der Gouvernementalität I*, 2004, S. 159), wie die Produktion des Wissens von der Bevölkerung politische Interventionen organisiert, mit denen die Bevölkerung regiert werden soll. Zuständig hierfür ist die im 18. Jahrhundert entstehende politische Ökonomie.
4. Für den französischen Philosophen Claude Lefort ist »das Politische« ein »bestimmtes In-Form-Setzen des menschlichen Miteinanderseins« (Lefort: *Fortdauer des Theologisch-Politischen?*, 1999, S. 37).

Wenn im Folgenden der Diskurs der politischen Ökologie aus literaturwissenschaftlicher Perspektive näher betrachtet wird, geht es dabei nicht um die Thematisierung von Ökologie oder die Verwendung ökologischer Motive in der Literatur, sondern vielmehr um die Rolle literarischer Verfahren für die Konstituierung und Organisation dieses Diskurses.

1. Fausts Projekt

Für die deutsche Geschichte der politischen Ökologie markiert das Projekt einer Landgewinnung im fünften Akt des zweiten Teils von Johann Wolfgang von Goethes *Faust* ein zentrales Datum. Vorbereitet wird dieses Projekt bereits im vierten Akt. Im Gespräch mit Mephistopheles über das Ziel seines Strebens spricht Faust mit Blick auf das Meer:

> Da herrschet Well' auf Welle kraftbegeistet,
> Zieht sich zurück, und es ist nichts geleistet,
> Was zur Verzweiflung mich beängstigen könnte!
> Zwecklose Kraft unbändiger Elemente!
> Da wagt mein Geist, sich selbst zu überfliegen;
> Hier möchte ich kämpfen, dies möchte ich besiegen.[5]

Gegen die ihm zwecklos erscheinende Natur stellt sich Faust zum Kampf auf, um das Meer zu bezwingen. Allererst sein Sieg soll der Natur einen Sinn verschaffen. Zur Realisierung dieses Projekts ist ihm Mephisto auf seine Art behilflich: Mit seiner Unterstützung verhilft Faust im Krieg dem Kaiser zum Sieg gegen den Gegenkaiser, wofür er zum Lohn den Strand des Reiches verliehen bekommt. Schon in dieser Gründungsgeschichte unterläuft sich aber Fausts Projekt selbst, indem die Magie als Dienstbarmachung der Natur erscheint. Nicht zuletzt stellt die Metaphorik des Meeres eine Verbindung zwischen dem »Kampf« gegen das Meer und der Schlacht zwischen den Armeen her, wenn Mephisto spricht: »Nun, wie sturmerregte Welle / Sprühend, wüten gleiche Mächte / wild in doppeltem Gefechte; / Herrlichers ist nichts ersonnen, / Uns ist diese Schlacht gewonnen!« Endgültig beendet wird die Schlacht, als Mephisto einen Strom in Szene setzt, in dessen »mächtige[r] Woge« die feindlichen Soldaten zu ertrinken meinen, wodurch sie in Flucht geschlagen werden. Fausts »im Geiste« gefasster Plan, das Meer vom Ufer aus zu schließen,[6] denunziert sich damit schon in der Schaffung der nötigen Voraussetzung selbst.

Der technisch-ökonomischen Sozialutopie, in der Freiheit durch Zwang erreicht werden soll, steht im fünften Akt das harmonische Naturverhältnis von Philemon und Baucis gegenüber. Baucis erkennt das Werk des Teufels, wenn sie konstatiert: »Menschenopfer mußten bluten, / Nachts erscholl des

---

5. Goethe: *Faust*, 1991, Vers 10216–10221.
6. Ebd., Vers 10227.

Jammers Qual«.⁷ So ist sie auch nicht bereit, das angebotene Gut im neuen Land im Tausch zu nehmen. Denn dass deren Grundstück ihm nicht gehört und er nicht von dort sein Werk betrachten kann, verdirbt Faust seinen »Weltbesitz«.⁸ Die beiden Alten müssen schließlich der gewalttätigen Kolonisation weichen und werden ermordet. In seinem Schlussmonolog erweitert Faust mit Blick auf einen Sumpf sein Projekt: Millionen von Menschen will er Räume eröffnen, »tätig-frei« zu wohnen, er will »Auf freiem Grund mit freiem Volke stehn«.⁹ Doch die Durchführung des Plans entpuppt sich als Krieg, Mord und Piraterie. Seine Realisierung entgleist Faust, der folgerichtig am Ende erblindet und im Schaufeln seines Grabes das Graben eines neuen Kanals zu vernehmen meint.

Das Projekt der Landgewinnung hat in der Rezeptionsgeschichte des *Faust* immer wieder eine zentrale Rolle gespielt.¹⁰ Gegen Ende des 19. Jahrhunderts wurde die Faust-Figur vor allem für nationale und imperialistische Zwecke aufgegriffen. Dem Direktor des Wiener Burgtheaters Franz Dingelstedt erschien Faust als »Gründer«, zwar nicht von Eisenbahnen mit Staatsgarantie, aber doch als »Stifter und Beherrscher einer Kolonie, welche den dem Meere abgewonnenen Landstrich urbar macht, der Kultur und dem Verkehr erobert.«¹¹ Goethe führe vor, so der Germanist von Loeper, dass sich die »Entwicklung der Kultur im Wege der Kolonisation« vollzieht.¹² Der nationalsozialistischen Germanistik zeigte sich in Fausts Projekt die Verwirklichung des »schönen Lebens einer Rasse«.¹³ Den Schlussakt deutete Kurt Engelbrecht in seinem 1933 erschienenen Buch *Faust im Braunhemd* folgendermaßen: »Höchste Beglückung findet der deutsche Faust […] im Ringen um neuen Heimatboden für sein Volk.«¹⁴ Auch die DDR fand sich in Goethes Faust wieder. Nach Walter Ulbricht konnte Goethe einen dritten Teil der Tragödie lediglich aufgrund der kapitalistischen Ordnung nicht schreiben, während nun alle »Werktätigen der Deutschen Demokratische Republik begonnen [haben], diesen dritten Teil des Faust« zu vollenden.¹⁵ Rolf Michalis dagegen sah Jahrzehnte später, kurz nach dem Fall der Mauer, in der Frankfurter Faust-Inszenierung Einar Schleefs (1990), einen »traurigen, bitteren, höhnisch großen Abgesang auf die DDR«, die darin als ein auf »Sand und Schlamm und Pump gebauter Staat der Lemuren« erscheint.¹⁶

---

7. Ebd., Vers 11127f.
8. »Die Alten droben sollten weichen, / Die Linden wünscht' ich mir zum Sitz, / Die wenig Bäume, nicht mein eigen, / Verderben mir den Weltbesitz.« Ebd., S. 338f., Vers 11239–11242.
9. Ebd., S. 348, Vers 11563–11565.
10. Systematisch zur Rezeptionsgeschichte siehe Mandelkow, *Goethe in Deutschland*, 1980/1989; Matussek, *Naturbild und Diskursgeschichte*, 1992.
11. Dingelstedt, *Eine Faust-Trilogie* (1876), 1979, S. 40.
12. Von Loeper, *Einleitung zu Goethe's Faust*, 1879, S. XLIX.
13. Hildebrandt, *Goethe*, 1942, S. 551.
14. Zit. nach Matussek, *Naturbild und Diskursgeschichte*, 1992, S. 328.
15. Ulbricht, *Rede auf der 11. Tagung des Nationalrates* (1962), 1979, S. 426.
16. So Rolf Michaelis in seiner Besprechung der Aufführung, zit. aus Mahl, *Goethes Faust auf der Bühne*, 1998, S. 240. Wie Schleef in *Droge Faust Parsifal* (1997, S. 20) schreibt, verzichte *Faust 2* auf eine zentrale Drogeneinnahme, dafür versetze er seinen Helden in »unterschiedliche Welten-, Rausch-, Dämmer-, Traumzustände«. Vgl. zur DDR als Faust 3: ebd., S. 22 sowie S. 164–166.

Während der die Grenzen von Moral und Gesetz überschreitende Faust bis in die Mitte des 20. Jahrhunderts einen erfolgreichen Gründer und Kolonisator darstellte, erschien er in der Politischen Ökologie als Verkörperung einer sich selbst zerstörenden Moderne. Günter Anders erklärte 1956 in seinem Werk *Die Antiquiertheit des Menschen* Faust mit seiner unendlichen Sehnsucht nach dem Unendlichen für »tot«. Die dagegen »heute« existierende »unendliche Sehnsucht« sei gerichtet auf die »gute[] alte[] Weltzeit, in der wir rechtschaffen endlich waren.«[17] Nach Anders kommt es angesichts unseres Daseins im Zeichen der Bombe und angesichts drohender Umwelt-Katastrophen auf die Begrenzung des menschlichen Strebens an. Folgerichtig verbindet die in den 1970er Jahren aufkommende Umweltbewegung Regulierung mit »Grenzen des Wachstums«. Nach Herbert Gruhl, zuerst Mitglied der CDU, dann Mitgründer der Partei DIE GRÜNEN, stellt die Tötung von Philemon und Baucis die »Ausmerzung der letzten Reste einfachen Lebens dar, die in die moderne Zeit hineinragen.«[18] Um dieser umfassenden Zerstörung der eigenen Lebensgrundlagen entgegenzutreten, dürfe die Politik »nicht die Anforderungen des Tages, sondern der Zukunft zur Grundlage ihrer Entscheidungen« machen.[19] Ausgangspunkt ist gerade nicht das sich von selbst einstellende wirtschaftliche Wachstum und der technische Fortschritt, sondern die »Grenzen« des Planeten.[20] Und Hans Jonas wies mit Blick auf Fausts Vision der Landgewinnung auf die Umkehrung der Situation hin: Heute müssten wir mehr den Ozean vor uns als uns vor dem Ozean schützen.[21] Der »dem Menschenglück zugedachte[n] Unterwerfung der Natur« setzte Jonas eine Zukunfts-Ethik entgegen, die ihren Grund in einer »vergleichenden Futurologie« haben sollte.[22] Jonas weiß, wie er betont, um die Unsicherheit des Zukunftswissens und dass ein bloßes Wissen von Wahrscheinlichkeiten und Möglichkeiten für Vorhersagen nicht genüge, aber als Grundlage einer ethischen Prinzipienlehre, die sich hypothetischer Denkexperimente mit dem Anspruch auf Wahrscheinlichkeit bediene, sei dieses unsichere Wissen allemal ausreichend.[23] Die Ungewissheit wird so bei Jonas zum Anlass des Grundsatzes: Die schlechte sei stets der guten Prognose voranzuziehen.

Diese Rezeption erzeugt eine Figur Faust, die die Konsequenzen eines nach einer technischen, auf Naturbeherrschung angelegten Zukunftsvision ausgerichteten Handelns vorführt und mit einer Geschichte des Kolonialismus und Imperialismus verbindet. Im Wechselspiel von Faust und Mephisto erkennt die öko-

---

17. Anders, *Die Antiquiertheit des Menschen 1*, 1980, S. 240.
18. Gruhl, *Ein Planet wird geplündert*, 1975, S. 18.
19. Ebd., S. 24.
20. Ebd., S.225: »Die jetzige totale Wendung bedeutet, daß der Mensch nicht mehr von seinem Standpunkt aus handeln kann, sondern von den Grenzen unserer Erde ausgehend denken und handeln muß. Wir nennen diese radikale Umkehr die *Planetarische Wende*. Das bisherige Denken ging von den Wünschen und Bedürfnissen des Menschen aus. Er fragte sich: Was will ich noch alles? Das neue Denken muß von den Grenzen dieses Planeten ausgehen und führt zu dem Ergebnis: Was könnte der Mensch vielleicht noch?«
21. Jonas, *Technik, Freiheit und Pflicht*, 1987, S. 35.
22. Jonas, *Das Prinzip Verantwortung*, 2003, S. 63.
23. Ebd., S. 67.

logische Rezeption die Verselbstständigung der Mittel, die sich, einmal in Gang gebracht, jeglicher Kontrolle entziehen. Diesen entgleitenden Prozessen setzte man in den ökologischen Diskussionen seit den 1960er bzw. 1970er Jahren die Gegenstrategien *Grenzen des Wachstums* bzw. *Ökostabilität* (s.u.) entgegen, die sich ihrerseits durch Zukunftsvisionen legitimierten. Über die narrativen Entfaltungen möglicher Zukünfte des Menschen konstituiert sich der Diskurs der Politischen Ökologie.

2. Walden und Walden II

Der Figur des Faust, der als *homo oeconomicus*[24] die negative Folie für die Entwicklung technik- und wirtschaftskritischer Konzepte bildete, lässt sich eine andere literarische bzw. literarisierte Figur gegenüberstellen, die als Garant einer besseren Zukunft fungierte. Im Jahr 1854 erschien *Walden or Life in the Woods*, Henry David Thoreaus Bericht über sein zweijähriges Leben im Wald, das nicht nur für die amerikanische Umweltbewegung zum Wegweiser wurde.[25] Am Jahrestag der Unabhängigkeitserklärung war Thoreau in eine von ihm selbst gebaute Hütte am Walden-See gezogen. Für ihn handelte es sich um ein Experiment, das die Möglichkeit eines selbstgenügsamen Lebens ohne Luxus belegen sollte. Thoreau geht es ausdrücklich nicht um ein a-ökonomisches Leben, sondern um ein besseres ökonomisches Konzept als dasjenige, dessen Konsequenzen er mit folgenden Worten über das herkömmliche Ökonomiestudium auf den Punkt bringt: »Even the *poor* student studies and is taught only *political* economy, while that economy of living [...] is not sincerely professed in our colleges. The consequence is, that while he is reading Adam Smith, Ricardo, and Say, he runs his father in debt irretrievably.«[26] Thoreau sieht in der universitären Ausbildung eine Kluft zwischen dem, was gelernt werden sollte, nämlich der Umgang mit praktischen Dingen, und einem Buchwissen, das sich selbst unterminiert, wenn der Student der Ökonomie seinen Vater in die Schulden treibt. Letzteres ist jedoch nicht nur eine ironische Pointe, denn mit der politischen Ökonomie und ihren namentlich genannten Gründern bringt Thoreau seine Gesellschaftskritik auf den Punkt. Der arbeitende Mensch habe nicht Zeit, er selbst zu sein, er müsse vielmehr wie eine Maschine funktionieren, damit seine Arbeit nicht an Marktwert verliere. Somit aber werde er zum Sklaven seiner eigenen Arbeit und seinem beständigen Streben nach feinerer Kleidung und größeren Häusern, nach Luxus und Überfluss. Thoreau zielt somit auf das Verhalten des Einzelnen, der im Arbeitsprozess seine Individualität verliert. Dagegen setzt Thoreau eine *economy of living*. Die Alternative zum arbeitenden Menschen ist für ihn der lebende Mensch, nämlich derjenige, der sich nur um die *necessaries of life* kümmert, also um Nahrung, Obdach, Kleidung und Heizung: »I learned from my

---

24. Vgl. zu dieser Figur Vogl, *Kalkül und Leidenschaft*, 2004, S. 344f.
25. Buell, *The environmental imagination, 1995*.
26. Thoreau, *Walden* (1854), 1938, S. 49.

two years' experience that [...] a man may use as simple a diet as the animals, and yet retain health and strength.«[27] Der Mensch wird damit zwar nicht zum Tier, das Tier aber in seiner naturgemäßen und einfachen Lebensweise zum Vorbild des Menschen.[28]

Thoreau geht es um ein selbstverantwortliches und selbstgenügsames Leben in und mit der Natur. Dabei ist sein Experiment nicht frei von Widersprüchen: Er erhebt zwar den Anspruch, ein autonomes Leben zu führen, kann sich seine Hütte jedoch nur bauen, indem er sich eine Axt ausleiht und Bretter kauft. Zwar liefert er eine grundlegende Kritik an den ökonomischen Prinzipien seiner Gegenwart, legt aber dennoch ausführliche Listen vor, in denen er seine Kosten und Einkünfte ausweist: Am Ende zeigt die Bilanz ein Defizit von etwas mehr als 25 Dollar. Und auch wenn er auf das Leben und die Unabhängigkeit des Einzelnen zielt, geht es ihm doch auch um die Vermittlung einer sozialen Idee: Seine Aufzeichnungen sollen eine Erfahrung vermitteln, die zu einem Leben nach der Natur anhalten, welches nie mit einer gerechten Regierung in Konflikt geraten könne.

Thoreaus Experiment vermittelt einen Lebensstil, der als Vermeidungsstrategie drohender Katastrophen zum Vorbild der Friedens- und Umweltbewegungen werden sollte. Für den praktischen Umgang mit Dingen und für Techniken (Thoreaus »economy of living«), die für ein selbstständiges Leben in der Natur unentbehrlich sind, stellte der ab 1968 von Steward Brand herausgegebene *Whole Earth Catalog*, der nach dem Apple Gründer Steve Jobs die Bibel seiner Generation war, ganz im Sinne von Thoreau Wissen bereit. In der ersten Ausgabe heißt es: »personal power is developing – power of the individual to conduct his own education, find his own inspiration, shape his own environment, and share his adventure with whoever is interested. Tools that aid this process are sought and promoted by the WHOLE EARTH CATALOG.«[29] Passend zum Titel erschien auf dem Titelbild der ersten Ausgabe ein vom Weltraum aus geschossenes Foto der Erde, womit sowohl der Gegenstandsbereich als auch die Reichweite des Kataloges abgesteckt wurde. Der *Whole Earth Catalog* verstand das Wissen über Dinge, Techniken und Systeme zugleich als *Regierungswissen*: »We must somehow see to it that the decisions which have long-term consequences are taken by amateurs who understand what they are doing.«[30] Brand zielte mit seinem Katalog sowie den Folgeprojekten auf die Vernetzung, Erziehung und Politisierung einer Gruppe von Amateuren, welche die Zukunft des Menschen im Gegensatz zu den etablierten Entscheidungsinstanzen in Industrie und Politik zur Leitlinie ihres Verhaltens machen wollte.

Während Brand aus der linken politischen Bewegung der USA heraus sein Projekt der Vernetzung weiter entwickelte und in den 1980er Jahren in der

---

27. Ebd., S. 57.
28. Vgl. dazu Bühler; Rieger: *Vom Übertier*, 2006.
29. Brand, in: *Whole Earth Catalog*, 1, 1968 – dieser Text, beginnend mit den Worten »We are as gods«, war in jeder Ausgabe abgedruckt.
30. So charakterisierte Brand später den Zwecke des Katalogs:
http://www.wholeearth.com/issue/1010/article/195/we.are.as.gods (aufgerufen: 20.01.2011).

New Economy landete,[31] knüpfte der amerikanische Behaviorist und Erfinder der operanten Konditionierung Burrhus H. Skinner mit einem Roman an Thoreau an. Skinner verstand seine 1948 erschienene Utopie *Walden Two* als eine doppelte Erweiterung: Er wollte Thoreau für das 20. Jahrhundert aktualisieren und ihn um das Element des Sozialen erweitern. Skinners *Walden II* ist nicht für eine Person gedacht, sondern für eine »experimental community«.[32] Zwar sei sein Roman kein Handbuch für Hippies, aber durchaus als Beitrag zum problematisch gewordenen Verhältnis von Mensch und Natur zu verstehen. Angesichts der Vergrößerung der Städte, der Ausbeutung der Ressourcen und der Umweltverschmutzung bräuchte es einen neuen *way of life*:

> »The choice is clear: either we do nothing and allow a miserable and probably catastrophic future to overtake us, or we use our knowledge about human behavior to create a social environment in which we shall live productive and creative lives and do so without jeopardizing the chances that those who follow us will be able to do the same.«[33]

Auf der Grundlage der behavioristischen Verhaltenstechnik soll eine soziale Umwelt erschaffen werden, in der Menschen sich entfalten können – und zwar tatsächlich alle Menschen.[34] Skinner glaubte, mit der Anwendung seiner Forschungen die Zukunft der Menschheit retten zu können. Die Herkunft der dafür in Anschlag gebrachten Verhaltenstechniken verbarg er keineswegs:

> »Zu der Zeit, als ich das Buch schrieb, hatten einige dramatische Fortschritte in experimentellen Methoden die Möglichkeit geschaffen, komplexe Verhaltensweisen [...] vorauszusagen und zu kontrollieren. Das aber betraf nur Verhaltensweisen von Ratten und Tauben. Ich vermutete zwar, daß die gleichen Methoden sich auch auf Menschen anwenden ließen, war mir dessen aber nicht sicher. Ich hatte ja noch keinerlei praktische Anwendung dieser Methoden auf den Menschen miterlebt. Die Verhaltenstechnik von Walden Two war noch ein Traum, aber der Traum sollte verwirklicht werden. Man hat inzwischen eine Technologie der Verhaltenssteuerung entwickelt, besonders für die Gebiete ›Erziehung‹ und ›Psychotherapie‹, und das hat direkten Bezug auf Walden Two.«[35]

---

31. Vgl. dazu Turner, *From counterculture to cyberculture*, 2006.
32. Skinner, *Walden II*, 1976, S. x.
33. Ebd., S. xvi.
34. Im Hintergrund dieser Utopie steht nicht zuletzt Watsons berühmtes Gedankenexperiment: »Gebt mir ein Dutzend gesunder, wohlgebildeter Kinder und meine eigene Umwelt, in der ich sie erziehe, und ich garantiere, daß ich jedes nach dem Zufall auswähle und es zu einem Spezialisten in irgendeinem Beruf erziehe: zum Arzt, Richter, Künstler, Kaufmann oder zum Bettler und Dieb, ohne Rücksicht auf seine Begabungen, Neigungen, Fähigkeiten, Anlagen und die Herkunft seiner Vorfahren.« Watson, *Behaviorismus*, 1976, S. 123.
35. Skinner, *Futurum II. »Walden Two«*, 1974 (Dieses Vorwort hat Skinner nach meinem Wissen für die deutsche Ausgabe geschrieben, für die der Psychologe Werner Correll eine Einleitung schrieb. Correll war Direktor des Instituts für Programmiertes Lernen in Gießen und Verfasser des Buches *Denken und Lernen* (1971), das Skinners Aufsatz »Verhaltenspsychologische Analyse des Denkprozesses« enthielt.

Die Übertragung der Verhaltenstechnik von Ratten und Tauben auf Menschen kann Skinner nur in einem literarischen Gedankenexperiment durchführen,[36] dem dann die Umsetzung in die Realität folgen sollte. Auch wenn Skinner die Wirkung seines Romans übertreiben mag, wurden nach dem Vorbild von *Walden II* tatsächlich experimentelle Gemeinschaften gebildet. Zum Beispiel gründeten im Jahr 1973 sieben Personen, darunter einige behavioristische Psychologen, die »Walden Two community« *Los Horcones* in Mexiko mit dem Ziel, einen alternativen Lebensstil auf der Grundlage von Kooperation, Pazifismus, Gleichheit und ökologischer Nachhaltigkeit zu entwickeln, und zwar durch die Anwendung der Verhaltensforschung im Sinne Skinners.[37]

Im Vorgriff auf eine sich aus der verselbstständigende Industrialisierung ergebenden Katastrophe entwickeln Thoreau, Brand und Skinner alternative Konzepte, die das Eintreten eben dieser Zukunft verhindern sollen. Ansatzpunkt ist das individuelle Verhalten – dessen Regulierung einen neuen Lebensstil und damit eine neue Gesellschaft etablieren soll. Vor allem am Beispiel von Skinners Roman zeigt sich die Rolle der Literatur: Sie fungiert als ein Medium für ein Gedankenexperiment, das eine gelingende Regulierung, hier in Gestalt einer radikalen Anwendung der behavioristischen Verhaltenstechnik, ausbuchstabiert.[38]

3. Spaceship earth

Der Ausdruck *spaceship earth* bildet eine Metapher, mit der die Erde als Ganzes zum Gegenstand von Regulierungsphantasmen wird. Schon der abgeschlossene Raum eines Raumschiffes, Ergebnis avancierter Technik, suggeriert, dass hier nichts dem Zufall überlassen bleibt. Dabei war schon für den Erfinder des Begriffs *ecosystem*,[39] den Botaniker Arthur G. Tansley, selbstverständlich, dass Ökosysteme aufgrund ihrer variablen Komponenten (Klima, Boden, Organismen – und eben auch: der Mensch) instabil und daher »extremely vulnerable«

---

36. Im Gedankenexperiment verschmilzt, wie Thomas Macho und Anette Wunschel in ihrem Beitrag *Mentale Versuchsanordnungen* (2004, S. 11) schreiben, die Versuchsanordnung mit ihrer Durchführung, dem empirischen Experiment. Gedankenexperimente kommen dann ins Spiel, wenn gar keine andere Möglichkeit besteht, als die Konsequenzen eines Experiments in irgendeiner Art von Erzählung zu dokumentieren und überprüfbar zu machen, anders gesagt: Wissenschaft und Literatur verbinden sich an der Stelle, an der ein Experiment nicht tatsächlich durchgeführt werden kann oder darf.
37. Vgl. die Homepage der *community*: http://www.loshorcones.org/ (aufgerufen: 29.02.2012).
38. Mit Eva Horn (*Enden des Menschen,* 2010) lassen sich literarische und nicht-literarische apokalyptische Szenarien als »politische Phantasien oder Fiktionen lesen, in denen das Soziale im Modus der ultimativen Krise – als Frage von Untergang und Überleben – gedacht wird. ›Fiktionen‹ sind diese Untergänge nicht, weil sie ›erfunden‹ wären, sondern in dem Sinne, dass sie im Modus einer hypothetischen Situation etwas narrativ durchdenken, das unsere Wirklichkeit intensiv strukturiert. Fiktion, reduziert man sie nicht nur auf den Bereich der literarischen Erfindung, sondern versteht auch wissenschaftliche Gedankenexperimente oder philosophische Hypothesen als solche, sind Modi einer Exploration des Möglichen mitten in unserer sozialen Wirklichkeit.«
39. Zur Geschichte des Konzepts: Golley, *A History of the Ecosystem Concept,* 1993.

sind.[40] Schon aus systemischen Gründen können Aussagen über die zukünftige Entwicklung von Ökosystemen demnach ausschließlich hypothetischer Art sein. Wenn die Metapher *spaceship earth* somit Phantasmen totaler technischer Kontrolle konstituiert, stehen diese Phantasmen schon von vornherein im Widerspruch zu ihrer Voraussetzung einer unhintergehbaren Ungewissheit – der Regulierung von und des Wissens über komplexe Systeme.

Populär machte diese Metapher Buckminster Fuller mit seinem Buch *Operating Manual for Spaceship Earth*. Fuller betont, dass es keine Anleitung dafür gebe, wie man dieses *Raumschiff* erfolgreich bediene.[41] Daher sei der Mensch gezwungen, seinen Intellekt zu benutzen, wissenschaftliche Experimente zu entwerfen und durchzuführen sowie deren Ergebnisse zu deuten. Der Mensch benötigt, um das *Raumschiff Erde* erfolgreich zu steuern, dabei allererst Zukunftswissen: »Thus, because the instruction manual was missing we are learning how we safely can anticipate the consequences of an increasing number of alternative ways of extending our satisfactory survival and growth – both physical and metaphysical.«[42] Um überhaupt mit einem solch komplexen Objekt umgehen zu können, bedarf es nach Fuller nicht zuletzt neuer Begriffe. So prägt er das Konzept *synergetics*, gemäß dem das Verhalten komplexer Systeme nicht aus dem Verhalten seiner einzelnen Teile vorhergesagt werden kann.

Ein zentrales Konzept ist das der »Regeneration«. Man dürfe, so Fuller, die in Millionen von Jahren entstandenen fossilen Brennstoffe nur in dem Umfang benutzen, in dem sie sich wieder ablagern. »Life regenerating processes« müssten mit den Energien von Wind, Sonne, Wasser und den Gezeiten auskommen. Begriffe wie Nachhaltigkeit und Regeneration werden somit zu Leitkonzepten für die Regulierung des *Raumschiffs Erde*.[43] Genau an dieses Argument knüpfte Eugene Odum an, einer der bedeutendsten Vertreter des Ökosystem-Ansatzes.[44] In seinem populärwissenschaftlichen Buch *Ecology and Our Endangered Life-Support Systems* führt er den Vergleich der Systeme Raumschiff und Erde aus. Der Unterschied zwischen diesen beiden bio-regenerativen Systemen bestehe allein darin, dass nur beim Raumschiff alle Komponenten und Beziehungen bekannt und alle Stoffkreisläufe geschlossen seien.[45]

Bei Odum wird das Raumschiff von einer Metapher zu einem Wissenschaftsobjekt, in dem sich das Wissen von der technischen Herstellung des geschlossenen Systems Raumschiff und das Wissen von der Erde als ein globales

---

40. Tansley, *The Use and Abuse*, 1935, S. 301.
41. Fuller, *Operating Manual*, 1969, S. 52.
42. Ebd., S. 53.
43. Ebd., S. 122–124.
44. Auch Odum betont die Komplexität ökologischer Systeme, in welchen Natur und Technik als gleichberechtigte Faktoren eingehen: »An environmental system is a netwrok of component parts and processes on the scale of the environment. […] The components often include humans and human-manufactured machines, units, or organization such as industry, cities, economic exchanges, social behavior, and transportation, communication, information processing, politics, and many others.« Odum, *Systems Ecology*, 1983, S. 17. Hier wird nicht zuletzt deutlich, dass sich die Akteur-Netzwerk-Theorie auch auf die Ökosystem-Forschung zurückführen lässt: Beide Theorie-Konzepten lösen die Unterscheidung zwischen menschlichen und nicht-menschlichen Akteuren auf.
45. Odum, *Ecology and Our Endangered Life-Support Systems*, 1989.

System überkreuzen. Nochmals eine andere Realisierung hat die Metapher in dem Projekt *Biosphäre 2* gefunden. Angeregt durch »Bucky« Fuller[46] und finanziert durch den Milliardär Ed Bass wurde 1991 in Arizona ein Gebäudekomplex gebaut, der ein von der Außenwelt völlig abgeschlossenes Ökosystem sein sollte. *Biosphäre 2* war, wie der Name sagt, ein Modell für die Erde, Biosphäre 1. Dementsprechend sollten alle wichtigen Ökosysteme modellhaft darin vertreten sein: Wüste, Regenwald, Savanne sowie ein Miniatur-Ozean mit einem Korallenriff. Für die acht Menschen, die *Biosphäre 2* zwei Jahre lang bewohnten, gab es einen landwirtschaftlichen Bereich mit einer 2000 Quadratmeter großen Ackerfläche sowie Ziegen und Hühner. Alle von der Besatzung benötigten Nahrungsmittel sollten selbst hergestellt werden, Stoffe und Wasser bereitete man zu neuem Verbrauch auf, und die Pflanzen sollten für den notwendigen Sauerstoff sorgen.

Das Projekt in der Wüste Arizonas führt die Bedeutung der Zukunftsdimension im ökologischen Diskurs in doppelter Hinsicht vor: Erstens zeigt sich hier exemplarisch die Zukunftsausrichtung von Experimenten. Das geschlossene System sollte nämlich nicht nur Aussagen über die Funktionsweise von Ökosystemen liefern, sondern auch die Grundlage für eine »space colonization« bilden: Das anvisierte »life support system« sollte den zukünftigen Raumreisenden eine totale materielle Autonomie von der Erde gewähren.[47] In einer Resolution formulierten die Teilnehmer des *Second International Workshop on Closed Ecological Systems* (1989) Herausforderungen der Forschung an ganz und teilweise geschlossenen ökologischen Systeme. Sie nannten u.a.: eine Biosphäre für »human life support« zu schaffen, die essenziell sei für eine dauerhafte Präsenz des Menschen im Weltall, die Entwicklung von Technologien zur Lösung des Problems Umweltverschmutzung sowie eine nachhaltige Landwirtschaft.[48] Gerade weil im Falle von Ökosystemen das Vorhersagen der Zukunft nur in Form von Wahrscheinlichkeiten möglich ist, sollte dieses Modell der Erde Zukunftswissen unter kontrollierten experimentellen Bedingungen erzeugen, auch wenn das Projekt selbst weitgehend scheiterte: Sauerstoff wurde von den Betonwänden absorbiert, die Konzentration von Kohlendioxid nahm bedrohlich zu, eine Ameisenart, *Paratrechina longicornis*, wegen ihrer zuckenden Bewegungsweise als *crazy ant* bezeichnet, verbreitete sich und rottete andere Ameisenarten und Insekten aus. Und nicht zuletzt gab es soziale Konflikte zwischen den ersten acht Bewohnern.[49]

---

46. Poynter, *The Human Experiment*, 2006, S. 20. Poynter war Mitglied der ersten Gruppe, die zwei Jahre in *Biosphäre 2* blieb.
47. Ebd., S. 64.
48. Zit. nach Allen; Nelson, *Biospherics and Biosphere 2*, 1999, S. 16.
49. Das Projekt lieferte aber noch in seinem Scheitern wichtige wissenschaftliche Erkenntnisse: Vgl. dazu das Heft *Ecological Engineering* 13 (1999) mit dem Schwerpunkt *Biosphere 2*. Im Jahr 1994 ging eine zweite Gruppe für sechs Monate in die *Biosphäre 2*, von 1996 bis 2003 führte die Columbia University dort Versuche zum Klimawandel durch. Zum derzeitigen Stand vgl. die Homepage: http://www.b2science.org/ (aufgerufen: 28.09.2011).

Dabei, und das ist der zweite Aspekt der Zukunftsdimension, handelte es sich gerade auch um ein soziales Projekt. Die erste Gruppe, die für zwei Jahre in *Biosphäre 2* blieb, bestand nämlich keineswegs allein aus ausgebildeten Wissenschaftlern. Es handelte sich um Mitglieder des im Jahr 1969 gegründeten *Institute of Ecotechnics*, entstanden aus der Umweltbewegung (mit Verbindungen zu Steward Brands Netzwerk) und mit dem Ziel, die Gegensätze zwischen Natur und Technik aufzuheben. Deren Mitglieder verstanden sich, auf Fuller rekurrierend, als *social synergists*. Jane Poynter deutete denn auch das Projekt nachträglich folgendermaßen: »We were creating a new way of life a new civilization based on the notion of social synergism.«[50] Die Idee von *Biosphäre 2* bestand demgemäß darin, ein *spaceship earth* zu erstellen, das neue Techniken (sich selbst regenerierende Lebenssysteme) mit einem neuen *way of living* verband, um damit die Probleme der *Biosphäre 1* zu lösen und den Weltraum zu erobern.

Worauf es hier ankommt, ist die politische Dimension der Zukunftsdimension. Für die Verknüpfung von Wissen und Politik sei noch einmal Odum genannt, der die Störungen des *Spaceship Earth* in den Blick nimmt und an ihrer technischen Lösung festhält. Aufgrund der Komplexität der Systeme, der vielen unbekannten Größen und möglichen Ereignisse seien zukünftige Entwicklungen zwar nicht zuverlässig vorhersehbar, aber es sei nötig, ein Spektrum von möglichen Entwicklungen zu entwerfen, womit er präzise die Funktion der ökologischen Zukunfts-Fiktionen benennt, nämlich *suicidal prophecies* zu sein: Die möglichen zukünftigen Szenarien müssten uns heute schon dazu veranlassen, Maßnahmen zu ergreifen, mit denen die Wahrscheinlichkeit einer unerwünschten Zukunft reduziert würde.[51] Weil Ressourcenknappheit und Bevölkerungswachstum soziale Konflikte hervorbrächten, sei es unvermeidlich, Politik, Ökonomie und Ethik zusammenwirken zu lassen, wofür eine starke politische Führung notwendig sei.[52] Diese Vorstellung deckt sich mit denjenigen der *social synergists*: Auch wenn Poynter hervorhebt, bei ihnen habe es weder Gehirnwäsche noch die Aufgabe der eigenen Individualität gegeben, so gab es doch in John Allen einen autoritären und charismatischen Führer.[53]

4. Ökostabilität

Das Gegenmodell zu diesen Technikvisionen ist bekanntermaßen die Aufforderung, zu einem naturgemäßen Leben zurückzukehren, was keineswegs naiv gedacht wird. In dem Essay *Natur als Politik* zielt Carl Amery, einer der wichtigsten Intellektuellen der Umweltbewegung in den 1970er Jahren, auf die Erweiterung des marxistischen Ansatzes. Dieser nehme nämlich nur gesell-

---

50. Poynter, *The Human Experiment*, 2006, S. 91.
51. »We might be able to do something now to reduce the probability of an undesirable future«. Odum, *Ecology and Our Endangered Life-Support Systems*, 1989, S. 257.
52. Ebd., S. 262.
53. Poynter, *The Human Experiment*, 2006, S. 103.

schaftliche Verhältnisse in den Blick, angesichts der gegenwärtigen ökologischen Krise müssten nun aber die Beziehungen zur nicht-menschlichen Natur in den Vordergrund rücken. Eine »Zukunftspolitik«[54] hat nach Amery die Leitvorstellungen der politischen Ökonomie denjenigen der Ökologie unterzuordnen. Das Regulativ der Politik liegt somit in der Stabilisierung der menschlichen Existenzweise innerhalb der »ökologischen Kreisläufe« bzw. in der Herstellung und Erhaltung einer globalen »Ökostabilität«.[55]

Mit der Zielsetzung *Ökostabilität* geht die Frage nach den Möglichkeiten der Demokratie einher. Amery plant eine Revolution, in der die Macht der »Zentralmächte«, der »parasitär gewordenen Organisations- und Erklärungssysteme« vernichtet werde,[56] um zu dezentralisierten Organisationsformen zurückzukehren, die Amery im Modell der in Europa vergangenen, aber im asiatischen und afrikanischen Raum noch vorhandenen Dorfkulturen verkörpert sieht. Auch der bereits erwähnte Politiker Gruhl spricht der Demokratie die Fähigkeit, der ökologischen Katastrophe vorausschauend entgegenzuwirken, ab. Denn in ihr sei die Verantwortung auf verschiedene Gremien verteilt und Entscheidungsprozesse daher extrem langwierig – viel Zeit steht aber nach Gruhl nicht mehr zur Verfügung.[57] Ebenso stellt sich Hans Jonas die Frage, wie sich eine Verantwortungsethik in politische Form übersetzen lasse. Seiner Meinung nach taugt die Demokratie nicht zur Lösung der ökologischen Krise.[58] Ethisch und intellektuell könne die Zukunftsverantwortung allein eine Elite übernehmen, wofür sie mit Macht ausgestattet werden müsse, diese auch auszuüben.[59] Für Jonas wird daher in der »Zwielichtzone des Politischen« ein »neuer Machiavelli« nötig, der seine Lehre allerdings rein esoterisch vortragen müsse.[60]

Im Gegensatz zu Amery oder Jonas stellt Hans Magnus Enzensberger in seinem Essay *Zur Kritik der politischen Ökologie* die epistemischen Grundlagen der Kopplung von Zukunftsentwürfen und politischen Forderungen heraus. Ökosysteme seien nichts anderes als vielfältig miteinander verkoppelte Systeme von Regel- oder Störkreisen. Obgleich aufgrund dieser Komplexität die Zukunft der Ökosysteme nicht vorhergesagt werden könne, würden ständig Prognosen formuliert. Diese hypothetischen Aussagen entwürfen Szenarien zukünftiger Entwicklungen, welche wiederum globale politische Forderungen legitimierten.

---

54. Amery, *Natur als Politik*, 1978, S. 12.
55. Ebd., S. 184.
56. Ebd., S. 13.
57. Gruhl, *Ein Planet wird geplündert*, 1975, S. 261.
58. »Es wäre anders, wenn sich unter den Alternativen die Demokratie befände, denn wenn das Volk seine Vertreter wählt und periodisch der Wiederwahl unterwirft, kann es sie auch in Zucht halten. Aber es war im Vorigen schon stillschweigend angenommen, dass in der kommenden Härte einer Politik verantwortlicher Entsagung die Demokratie (bei der notwendig das Gegenwartsinteresse das Wort führen) mindestens zeitweise untauglich ist, und unsere augenblickliche Abwägung ist, widerstrebend, zwischen verschiedenen Formen der ›Tyrannis‹. Und da gewährt Sozialismus als offizielles Staatsbekenntnis, selbst bei mangelhafter Praxis und erst recht natürlich bei einigermaßen entsprechender Praxis, eine unleugbare psychologische Erleichterung für die populäre Annehmbarkeit eines verfügten Verzichtregimes.« Jonas, *Das Prinzip Verantwortung*, 2003, S. 269.
59. Ebd., S. 263. Vgl. ausführlich dazu Nennen, *Ökologie im Diskurs*, 1991.
60. Jonas, *Das Prinzip Verantwortung*, 2003, S. 266f.

Enzensberger spricht in seiner ideologiekritischen Analyse der »undurchsichtigen Verbindung« naturwissenschaftlicher Motive mit politischen Beweggründen und Interessen von einer »futurologischen Deformation« der Ökologie.[61] Doch auch wenn die Vermutung nahe liege, in der Voraussage einer ökologischen Krise ein Manöver zur Ablenkung von aktuellen politischen Auseinandersetzungen zu sehen, fordert Enzensberger doch, sich so zu verhalten, als ob die ökologische Hypothese zuträfe. Für die Analyse der gesellschaftlichen Dimensionen der möglichen ökologischen Krise kämen aber Ökologen nicht in Frage, weshalb sich für Enzensberger die Aufgabe stellt, »Hypothesen, die auf einer Hypothese gründen«, zu formulieren.[62]

Enzensberger führt hier Überlegungen aus, die auch die heutigen Debatten um eine Selbstvergewisserung der Sozial- und Kulturwissenschaften umtreiben. Während sich diese jedoch in einem historischen und kulturellen Referenzrahmen bewegen,[63] verfolgte Enzensberger im Jahr 1973 eine maoistische Lösung. Denn die größten Chancen, der ökologischen Krise zu begegnen, hätte die chinesische Gesellschaft, die ihre jahrtausendalte Tradition, sparsam mit Ressourcen umzugehen, nach dem »Sieg der Revolution« auf den Begriff gebracht habe.[64] Mao Tse-tungs Merksätze wiedergebend, kommt Enzensberger denn auch auf die Metapher vom *spaceship earth* zurück: Diese Redensart sage über die Überlebenschancen der Menschheit nichts aus, denn, wie das chinesische Beispiel zeige, komme es auf die gesellschaftlichen Variablen an.

Die Opposition, die Enzensberger zwischen zwei Formen der Zukunftsfiktion eröffnet, naturwissenschaftlich-technisch einerseits und gesellschaftlich-politisch andererseits, greift allerdings zu kurz. Denn in der Rede vom *spaceship earth* ist immer auch eine sozial-politische Komponente enthalten, und umgekehrt kommt auch die Hervorhebung eines regional organisierten naturgemäßen Lebens nicht ohne naturwissenschaftliche Konzepte aus. Indem beide Seiten auf der Grundlage ökologischen Wissens Zukunftsfiktionen entfalten und, wenn auch auf unterschiedlichen Wegen, einen durch Regulierungen zu erreichenden und aufrecht zu erhaltenden Gleichgewichtszustand anstreben (einmal als technisches *life support system*, einmal als Dorfkultur), liefern sie gesellschaftliche Repräsentationen, die der Steuerung politischen Handelns dienen sollen. Das politisch Prekäre liegt somit darin, dass ungewisses, wahrscheinliches, hypothetisches Wissen die Grundlage politischen Handlungen bildet: Politische

---

61. Enzensberger, *Zur Kritik der politischen Ökologie*, 1973, S. 8 und 1.
62. Ebd., S. 36.
63. Wie die Herausgeber des Bandes *KlimaKulturen* schreiben, trage die Zukunftsvergessenheit der Sozial-, Kultur- und Geisteswissenschaften zur »Entpolitisierung des öffentlichen Raumes« bei (Welzer; Soeffner; Giesecke, *Einleitung*, 2010, S. 14). Mit diesem Versäumnis überließen die Sozial- und Kulturwissenschaften die Vermittlung und Deutung des anthropogenen Klimawandels sowie seiner Konsequenzen den Naturwissenschaften. Diese verfügten aber, und so argumentiert auch Enzensberger, überhaupt nicht über das Instrumentarium, um Letzteres zu untersuchen: Die Formulierung einer historisch fundierten Technikkritik oder einer Umweltgeschichte, die Analyse der Genese von institutionellen Infrastrukturen oder der Entstehung und Ablauf sozialer Dynamiken, fielen in den Zuständigkeitsbereich der Geisteswissenschaften, die sich jedoch dieser Aufgabe entzögen.
64. Enzensberger, *Zur Kritik der politischen Ökologie*, 1973, S. 40.

Entscheidungen *müssen* auf einer ungesicherten Grundlage ausgehandelt und getroffen werden. Diese Situation auszuhalten, auch angesichts beschleunigter Krisen-Prozesse, ist der Kern des demokratischen Prinzips.

5. Kampf um die Zukunft: Klimawandel

Weil Zukunftswissen im Diskurs der Politischen Ökologie stets Regierungswissen ist, müssen die Zukunftsszenarien selbst reguliert werden. Welche Rolle in diesem Zusammenhang die Literatur sowie die Unsicherheit von Zukunftswissen spielt, sei im Folgenden an dem Roman *State of Fear* (2004) aufgezeigt, mit dem der amerikanische Bestseller-Autor Michael Crichton eine radikale und äußerst wirkungsvolle Position in der gegenwärtigen Debatte um den Klima-Wandel bezog.[65]

In dem Buch mit einer Erstauflage von 2 Millionen Exemplaren neigt eine Umweltschutz-Organisation nicht nur zur Manipulation wissenschaftlicher Ergebnisse, um die Dringlichkeit ihrer Themen zu verdeutlichen, sondern versucht, künstlich ein Seebeben auszulösen, um einen auf die Küste Kaliforniens gerichteten Tsunami zu erzeugen: Umweltschutz wird zum Öko-Terrorismus, dessen eigentliches Ziel nicht die Umwelt, sondern das Spenden-Aufkommen der Umweltschutz-Organisation ist. Ganz in diesem Sinn ist für Crichton die These, die globale Erwärmung sei vom Menschen verursacht und erzeuge einen abrupten Klimawandel mit schrecklichen Katastrophen, eine bloße Erfindung: Nach Crichton wird nicht die menschliche Zivilisation zum Selbstläufer, sondern eine durch Anwälte und Wissenschaftler in Gang gehaltene Angst-Maschinerie. Im Buch verweist ein Kritiker der Klima-These darauf, dass der Meeresspiegel nicht massiv angestiegen sei, die Sahara schrumpfe, es in Grönland zu Abkühlungen komme, dass Klimaforscher nicht die lokale Spezifität des Wetters berücksichtigten, sich wissenschaftliche Prognosen im Nachhinein als falsch herausgestellt hätten oder für bestimmte Zeiträume nur unwissenschaftlich erhobene Daten zur Verfügung stünden. Die Ausführungen der fiktiven Figur werden von Crichton durch in den Fließtext eingelassene Grafiken, inklusive Quellenangaben, Anmerkungen und eine kommentierte Bibliografie mit über 170 Titeln ergänzt. Außerdem führt er in einem Nachwort die Geschichte der Eugenik als Beispiel für die Gefahr einer politischen Durchdringung der Wissenschaft an: Genau dies gelte es für die Klima-Debatte zu verhindern.

Crichtons Roman und die Diskussion über ihn rücken das Problem der Vermittlung des Wissens vom Klima und Klimawandel in den Vordergrund – und zwar zum einen überhaupt die korrekte Darstellung des wissenschaftlichen Erkenntnisstandes, zum anderen aber auch die Schwierigkeit, mit der Ungewissheit von Zukunftswissen umzugehen.

---

65. Einen schönen Überblick über die unterschiedlichen Positionen und die Gründe für diese Unterschiede gibt Hulme, *Why we disagree about climate change*, 2009.

Eine zentrale Rolle spielt in Crichtons Roman die Behauptung, der Klimaforscher James Hansen habe 1998 für die nächsten zehn Jahre einen Temperaturanstieg von 0,35 Grad Celsius vorhergesagt, in Wirklichkeit aber seien es nur 0,11 Grad Celsius gewesen: Hansen habe sich in seiner Prognose um 300% verschätzt, also seien die Prognosen der Klimaforscher immer schon falsch. Tatsächlich geht die Prognose auf einen Artikel von 1988 zurück, in dem Hansen neben dem von Crichton ins Spiel gebrachten Szenario A noch zwei weitere Szenarien B und C entwickelt hatte: Das Szenario B und nicht A beschrieb Hansen aber schon damals als »the most plausible«, was sich auch als richtig herausstellte. Wie Hansen in einer Replik auf Crichton ausführt, habe der Klimawandel-Skeptiker Pat Michaels in öffentlichen Vorträgen seine Ergebnisse falsch dargestellt, indem er immer nur das Szenario A vorstellte, das Hansen lediglich als »on the high side of reality« beschrieben hatte. Doch selbst mit Michaels Verzerrungen hätte Crichton nicht auf den Fehler von 300% kommen können.[66] Neben der verfälschten Darstellung ist die Weglassung eine weitere wichtige Strategie von Crichtons Text. So ist es zwar bekannt, dass ein Gletscher in Island und die Gletscher in Norwegen überhaupt wachsen, aber im Rest der Welt gehen sie zurück. Ähnliches gilt für die Aussage, dass es im Inneren der Antarktis zu Abkühlungen komme, mit der Crichton auf eine Arbeit Peter Dorans, Professor für *Earth and Environmental Sciences*, rekurriert, der sich nachdrücklich gegen diese Vereinnahmung verwehrte.[67] Lokale Abkühlungen widersprechen auch keineswegs der Theorie einer globalen Erwärmung, denn diese behauptet nicht, dass es überall auf der Erde zu Erwärmungen komme. Auch Crichtons Argument, obgleich CO_2 zwischen 1940 und 1970 zugenommen habe, habe es in dieser Zeit eine Abkühlung gegeben, unterschlägt die Rolle der Vielzahl variabler Faktoren in Klimamodellen.[68]

Mit der Vereinfachung der Theorie globaler Erwärmung tut Crichton nichts anderes, als das, was populärwissenschaftliche Texte immer tun: Sie folgen einer narrativen Struktur, die die verständliche Darstellung komplexer Sachverhalte ermöglicht, und bedienen sich rhetorischer Mittel zur Überzeugung ihrer Leser. Dabei lassen sich für Crichtons Roman vor allem zwei problematische Aspekte festmachen: Crichton gibt den Stand der wissenschaftlichen Diskussion falsch wieder, und er stellt diese verfälschte Darstellung in den Dienst der Durchsetzung einer politischen Position, für die die wissenschaftliche Legitimation von größter Bedeutung ist. Gezeigt hat sich die politische Bedeutung des Romans in der Anknüpfung einer Reihe von Klima-Skeptikern an Crichtons Roman:

---

66. Hansen, *Michael Crichton's Scientific Method*, o.J., http://www.columbia.edu/~jeh1/2005/Crichton_20050927.pdf (aufgerufen: 20.01.2011).
67. Doran, *Cold, hard facts*, 2006, http://www.nytimes.com/2006/07/27/opinion/27doran.html (aufgerufen: 20.01.2011).
68. Die einzelnen Behauptungen von Crichton, die Verwendung der Grafiken oder seine Heraushebung des »urban heat island effect« sind von zahlreichen Klimaforschern nicht einfach als falsch widerlegt worden. Worauf es hier ankommt ist vielmehr, dass Crichton die wissenschaftlichen Arbeiten und Diskussionen um diese Phänomene bzw. Modelle unvollständig oder nicht korrekt wiedergibt.

Der amerikanische Senator und notorische Klimawandel-Skeptiker James M. Inhofe, damals Vorsitzender des *Senate Environment and Public Works Committee*, organisierte im Jahr 2005 eine Anhörung vor diesem Komitee mit Crichton. Zwar warfen ihm die damaligen Senatorinnen Hillary Clinton und Barbara Boxter vor, wissenschaftliche Fakten falsch darzustellen, aber Crichton erhielt doch eine breite mediale Aufmerksamkeit.[69] Auch das konservative *Heartland Institute* griff Crichtons Roman dankbar auf. Deren Präsident Joseph Bast pickte sich in seinem Artikel *Michael Crichton is right!* einige Aussagen heraus und belegte sie seinerseits mit wissenschaftlichen Publikationen. Als politische Konsequenzen des Romans macht er aus: Die meisten Umwelt- und Gesundheitsschutzmaßnahmen der US-Regierung seien zu revidieren, da sie auf imaginären Risiken beruhten; das Kyoto Protokoll sei nicht notwendig, unreif und nicht durchführbar, weshalb es nicht unterschrieben werden dürfe. Weiterhin solle die Regierung die finanzielle Unterstützung von »radical environmental groups« beenden und deren Verbindungen zu »ecoterrorist organizations« untersuchen.[70] Crichtons im Nachwort ausführlich am Beispiel der Eugenik entwickelte Sorge vor einer Politisierung von Wissenschaft trifft somit in erster Linie sein eigenes Buch.

Der zweite Aspekt betrifft den Umgang mit unsicherem Wissen, das Charakteristikum jeden Wissens komplexer Systeme und desjenigen von der Zukunft ohnehin ist, zumal gerade in der Klimaforschung der Umgang mit Ungewissheit Alltag ist bzw., wie der Klimaforscher Myles Allen in seiner Rezension für die prominente naturwissenschaftliche Zeitschrift *Nature* schrieb, gute Wissenschaft allererst ausmacht.[71] Crichton aber beurteilt die Klimaforschung mit den Kriterien einer Wissenschaft, die von sicheren, gewissen, empirisch gesättigten Aussagen ausgeht, statt mit einer solchen, die die Unsicherheit des Wissens über Zukunft bzw. über das zukünftige Verhalten komplexer Systeme in ihr Zentrum stellt. Er kann nur zu den Ergebnissen kommen, von denen er schreibt, weil er schlichtweg den falschen epistemologischen Rahmen wählt. Während der routiniert konstruierte Plot des Romans mit einem erstaunlichen Aufgebot von Fußnoten und Diagrammen darauf zielt, die Rede vom Klimawandel als Illusion bloßzustellen, wird dabei nicht zuletzt sein eigener Rahmen, derjenige der literarischen Fiktion, zur Kippfigur einer Gewissheit einfordernden Illusion.

---

69. Janofsky, *Michael Crichton, Novelist,* 2005, http://www.nytimes.com/2005/09/29/books/29cric.html?_r=1, (aufgerufen: 20.01.2011).
70. Bast, *Michael Crichton Is Right!,* 2005, http://www.heartland.org/policybot/results/16260/Michael_Crichton_Is_Right.html, (aufgerufen: 20.01.2011).
71. »No science is infallible, but there is good science, and there is bad science, and it is not just a matter of opinion which is which. A hallmark of good science must be the way it treats uncertainty.« Allen, *A novel view of global warming,* 2005, S. 198. Auch für Hulme gilt: »Far from being able to eliminate uncertainty, science – especially climate change science – is most useful to society when it finds good ways of recognising, managing and communicating uncertainty.« Hulme, *Why we disagree about climate change,* 2009, S. 82.

Schluss

Modellierungen von »Zukunft« konstituieren und organisieren den Diskurs der politischen Ökologie. Zentral ist hierbei, dass Zukunftswissen stets ungewisses Wissen ist, aber in Metaphern, Narrative und Fiktionen überführt wird, welche wiederum die Grundlage politischen Handelns bilden. Diese Imaginationen der Zukunft sind stets in die Zukunft verlängerte Repräsentationen der gegenwärtigen Gesellschaft. Daher spielen in ihnen nicht nur Übertreibungen, Verzerrungen und Zuspitzungen gegenwärtiger Praktiken eine wichtige Rolle, sie selbst sind dem »Politischen« zuzuordnen: Unter »dem Politischen« versteht der Philosoph Claude Lefort nicht ein Subsystem innerhalb der Gesellschaft, sondern das In-Form-Setzen des menschlichen Miteinanderseins, vermittelt durch »zahllose Zeichen«, mit denen eine Gesellschaft sich eine »Quasi-Repräsentation« ihrer selbst gibt.[72] Zukunftsszenarien geben dem Sozialen Form, indem sie mit dem Durchspielen von Untergangsvisionen bzw. dem Ausformulieren von gelingenden Regulierungen eine narrativ ausformulierte Analyse der Gegenwart aus der Perspektive der Zukunft formulieren, welche zu Handlungen Anlass geben soll, welche die Erfüllung dieser Zukunft verhindern. Indem sich die gegenwärtige Repräsentation des Zukünftigen selbst zerstört, wird über sie die *Instituierung des Sozialen* vollzogen. Weil in jeder Gesellschaft eine Vielzahl solcher Quasi-Repräsentationen existiert, ist die Zukunft als Ort der Repräsentation gegenwärtiger Gesellschaft immer auch ein Kampfplatz um Zuständigkeiten und Deutungshoheiten.

Literatur

Allen, John; Nelson, Mark: »Biospherics and Biosphere 2, mission one (1991–1993)«, in: *Ecological Engineering,* 13, 1999, S. 15–29.

Allen, Myles: »A novel view of global warming«, in: *Nature,* 433, 2005, S. 198.

Amery, Carl: *Natur als Politik. Die ökologische Chance des Menschen,* Reinbek bei Hamburg 1978.

Anders, Günther: *Die Antiquiertheit des Menschen. Bd. 1: Über die Seele im Zeitalter der zweiten industriellen Revolution,* durch ein Vorw. ergänzte 5. Aufl. München 1980.

Bast, Joseph: *Michael Crichton Is Right!,*

http://www.heartland.org/policybot/results/16260/Michael_Crichton_Is_Right.html, (January 11, 2005) (aufgerufen: 20.01.2011).

Biosphere 2 der University of Arizona: http://www.b2science.org/ (aufgerufen: 28.09.2011).

---

72. Lefort, *Fortdauer des Theologisch-Politischen?,* 1999, S. 39.

Buell, Lawrence: *The Environmental Imagination: Thoreau, Nature Writing, and the Formation of American Culture*, Cambridge, MA 1995.

Brand, Steward (Hg.): *Whole Earth Catalogue, 1, 1968.*

Brand, Steward: http://www.wholeearth.com/issue/1010/article/195/we.are.as.gods (1968) (aufgerufen: 20.01.2011).

Bühler, Benjamin; Rieger, Stefan: *Vom Übertier. Ein Bestiarium des Wissens*, Frankfurt a.M. 2006.

Correll, Werner: *Denken und Lernen. Beiträge der Lernforschung zur Methodik des Unterrichts*, Braunschweig 1971.

Dingelstedt, Franz: *Eine Faust-Trilogie. Dramaturgische Studie*, Berlin 1876, zit. aus einem Auszug in: Karl Robert Mandelkow (Hg.): *Goethe im Urteil seiner Kritiker. Dokumente zur Wirkungsgeschichte Goethes in Deutschland. Teil 3: 1870—1918*, München 1979, S. 31–48.

Doran, Peter: *Cold, hard facts*, http://www.nytimes.com/2006/07/27/opinion/27doran.html (27. July 2006), (aufgerufen: 20.01.2011).

Enzensberger, Hans Magnus: »Zur Kritik der politischen Ökologie«, in: *Kursbuch*, 33, 1973, S. 1–42.

Foucault, Michel: *Geschichte der Gouvernementalität I. Sicherheit, Territorium, Bevölkerung. Vorlesung am Collège de France 1977–1978*, hg. von Michel Sennelart, Frankfurt a.M. 2004.

Fuller, Richard Buckminster: *Operating Manual for Spaceship Earth*, New York 1969.

Goethe, Johann Wolfgang von: *Faust. Der Tragödie erster und zweiter Teil. Urfaust*, hg. von Erich Trunz, München 1991.

Golley, Frank Benjamin: *A History of the Ecosystem Concept in Ecology. More than the Sum of the Parts*, New Haven/London 1993.

Gruhl, Herbert: *Ein Planet wird geplündert. Die Schreckensbilanz unserer Politik*, Frankfurt a.M. 1975.

Hansen, James: *Michael Crichton's Scientific Method*, http://www.columbia.edu/~jeh1/2005/Crichton_20050927.pdf (o.J.) (aufgerufen: 20.01.2011).

Hildebrandt, Kurt: *Goethe. Seine Weltweisheit im Gesamtwerk*, 3. Aufl., Leipzig 1942.

Los Horcones: http://www.loshorcones.org/ (aufgerufen: 29.02.2012).

Horn, Eva: »Enden des Menschen. Globale Katastrophen als biopolitische Fantasie«, in: Sorg, Reto; Würffel, Stefan B. (Hg.): *Utopie und Apokalypse in der Moderne*, München 2010, S. 101–118.

Hulme, Mike: *Why we disagree about climate change. Understanding controversy, inaction and opportunity*, Cambridge 2009.

Janofsky, Michael K.: »Michael Crichton, Novelist, Becomes Senate Witness«, in: *New York Times*, 29. September 2005, http://www.nytimes.com/2005/09/29/books/29cric.html?_r=1, (aufgerufen: 20.01.2011).

Jonas, Hans: »Technik, Freiheit und Pflicht. Dankesrede anläßlich der Verleihung des Friedenspreises des Deutschen Buchhandels am 11. Oktober 1987«, in: Ders.: *Wissenschaft als persönliches Erlebnis*, Göttingen 1987, S. 32–46.

Jonas, Hans: *Das Prinzip Verantwortung. Versuch einer Ethik für die technologische Zivilisation*, Frankfurt a.M. 2003.

Lefort, Claude: *Fortdauer des Theologisch-Politischen?* Wien 1999.

Loeper, Gustav von: *Einleitung zu Goethe's Faust. Zweiter Theil*, Berlin 1879.

Macho, Thomas; Wunschel, Anette: »Mentale Versuchsanordnungen«, in: dies. (Hg.): *Science & Fiction. Über Gedankenexperimente in Wissenschaft, Philosophie und Literatur*, Frankfurt a.M. 2004, S. 9–14.

Mahl, Bernd: *Goethes Faust auf der Bühne (1806–1998). Fragment – Ideologiestück – Spieltext*, Stuttgart/Weimar 1998.

Mandelkow, Karl Robert: *Goethe in Deutschland. Rezeptionsgeschichte eines Klassikers*, 2 Bde. München 1980/1989.

Matussek, Peter: *Naturbild und Diskursgeschichte. »Faust«-Studie zur Rekonstruktion ästhetischer Theorie*, Stuttgart/Weimar 1992.

Merton, Robert K.: »The self-fulfilling prophecy«, in: *Antioch Review*, 8, 1948, S. 193–210.

Nennen, Hans-Ulrich: *Ökologie im Diskurs. Zu Grundfragen der Anthropologie und Ökologie und zur Ethik der Wissenschaften*, Opladen 1991.

Odum, Eugene: *Systems Ecology: An Introduction*, New York u.a. 1983.

Odum, Eugene: *Ecology and Our Endangered Life-Support Systems*, Sunderland, MA 1989.

Poynter, Jane: *The Human Experiment. Two years and twenty minutes inside Biosphere 2*, New York 2006.

Schleef, Einar: *Droge Faust Parsifal*, Frankfurt a.M. 1997.

Skinner, Burrhus F.: *Futurum II. »Walden Two«. Die Vision einer aggressionsfreien Gesellschaft*, Reinbek bei Hamburg 1974.

Skinner, Burrhus F.: *Walden Two. With a new introduction by the author*, Englewood Cliffs, NJ 1976.

Tansley, Arthur G.: »The Use and Abuse of Vegetational Concepts and Terms«, in: *Ecology*, 16, 1935, S. 284–307.

Thoreau, Henry David: *Walden or, Life in the Woods* (1854), Paulton/London 1938.

Turner, Fred: *From counterculture to cyberculture: Stewart Brand, the Whole Earth network, and the rise of digital utopianism*, Chicago 2006.

Ulbricht, Walter: »Rede auf der 11. Tagung des Nationalrates der Nationalen Front des demokratischen Deutschland in Berlin am 25. März 1962«, Teilabdruck in: Mandelkow, Karl Robert (Hg.): *Goethe im Urteil seiner Kritiker, Teil 3: 1870—1918*, München 1979, S. 425–426.

Vogl, Joseph: *Kalkül und Leidenschaft. Poetik des ökonomischen Menschen*, 2. Aufl. Zürich/Berlin 2004.

Watson, John B.: *Behaviorismus. Ergänzt durch den Aufsatz »Psychologie, wie sie der Behaviorist sieht«*, hg. von Carl F. Graumann, Frankfurt a.M. 1976.

Welzer, Harald; Soeffner, Hans-Georg; Giesecke, Dana: »Einleitung«, in: dies. (Hg.): *KlimaKulturen. Soziale Wirklichkeiten im Klimawandel*, Frankfurt a.M. 2010, S. 7–19.

Eva Horn

Die Verkettung unglücklicher Umstände
Über unwahrscheinliche Unfälle

Das Licht des Unfalls

Über Unfälle, so ist oft gesagt worden, kann man nur im Nachhinein etwas wissen. Erst in der nachträglichen Rekonstruktion eines Ablaufs, erst im Erzählen und damit Anordnen der einzelnen Momente, die zum Unfall geführt haben, kann man sich eines Geschehens gewiss werden, das man nie in seiner blitzhaften Gegenwart erleben oder beobachten kann. »Schon einen Augenblick vorher war etwas aus der Reihe gesprungen, eine quer schlagende Bewegung«, so beginnt, gänzlich unvermittelt, Musils berühmte kleine Unfall-Erzählung aus dem ersten Kapitel des *Mann ohne Eigenschaften*.[1] Der Unfall geschieht stets »einen Augenblick vorher«, ist immer schon geschehen. Diese »epistemologische Nachträglichkeit«[2] des Unfalls speist eine Fülle des Wissens über ihn. Denn kaum geschehen, setzt eine Unzahl von Wissensformen und -praktiken an, um an den Resten, Trümmern, Leichen, Wracks und Ruinen jenen unverfügbaren Augenblick aufzuschlüsseln, in dem alles geschehen ist. Aber diese Nachträglichkeit, so populär sie gegenwärtig in einer Flut von forensischen Unterhaltungsformaten sein mag, so enorme Mühen und Kosten sie fordert – ist nur die *eine* Seite des Unfalls. Die andere ist seine Zukünftigkeit. Jeder Unfall verweist auf einen weiteren, noch nicht geschehenen, noch kommenden, noch möglichen Unfall. Indem jeder geschehene Unfall eine machtvolle Demonstration all dessen ist, was an einem Ding, einer Technologie, einer Praktik unsicher und gefährlich ist, ist der Unfall die ›Zukunftsform‹ einer jeden Technologie, einer Praktik oder eines Dings. »Der Schiffbruch«, so Paul Virilio, »ist also die ›futuristische‹ Erfindung des Schiffs und der Flugzeugabsturz jene des Überschallflugzeugs, genauso wie Tschernobyl jene des Kernkraftwerks ist.«[3] In einem Wortspiel mit dem französischen *accident* und dem Aristotelischen Akzidenz ist für Virilio der Unfall das Akzidentielle, ein zur Substanz Hinzukommendes oder Hinzustoßendes. Akzidenz ist eine Eigenschaft, ein Zustand, den die Substanz annehmen kann. So gesehen, ist der Unfall eine Möglichkeit, die jedem Ding, jeder Technologie, jeder Praktik immer schon anhaftet als ihre latente Eigenschaft oder ihr Potenzial. »Jede Technik produziert, provoziert und programmiert ein spezifisches Akzidens, einen spezifischen Unfall.«[4] Eine solche ›futuristische‹ Perspektive auf Dinge oder Technologien muss nicht bedeuten, in jene aufgeregte Technophobie zu verfallen, die das Werk Paul Virilios seit

---

1. Musil, *Der Mann ohne Eigenschaften*, 1994, S. 10.
2. Kassung, *Einleitung,* 2009, S. 9.
3. Virilio, *Der eigentliche Unfall*, 2009, S. 17.
4. Virilio/Lothringer, »Technik und Fragmentierung«, 1990, S. 72.

Jahren prägt. Es heißt vielmehr, Dinge und Technik unter dem Aspekt ihrer Störung, ihrer Unsteuerbarkeit, ihrer Dysfunktionalität oder ihres Missbrauchs zu betrachten. In der Unendlichkeit seiner Erscheinungsweisen exploriert der Unfall den Möglichkeitsraum des Schiefgehens. Das heißt aber auch, dass jeder Gegenstand auf diesen kommenden Unfall hin betrachtet und untersucht werden kann und muss. Der Unfall ist nicht nur das, was immer schon passiert ist, sondern auch das, was immer schon droht. Alle Maßnahmen und Dispositive der Sicherheit sind solche ›futuristischen‹ Betrachtungen ihres Gegenstands: der Versuch, herauszufinden, was unter welchen Bedingungen wie schief gehen *kann* oder *wird*. Der Unfall, so Virilio, »belichtet die Welt«.[5]

So blitzartig und rätselhaft diese Belichtung sein mag, so speist sie doch eine immense und epistemologisch höchst heterogene Masse von Wissensarten, Praktiken, Institutionen, Disziplinen, rechtlichen Regelungen und administrativen Maßnahmen dessen, was englisch *safety* (technische Sicherheit, in Abgrenzung von politisch-sozialer Sicherheit, *security*) heißt. Einige Bereiche dieses Wissens von der technischen Sicherheit, wie Arbeitssicherheit, Brandschutz, Umweltschutz oder Katastrophenschutz sind Gebiete der Sammeldisziplin »Sicherheitswissenschaften« oder »Sicherheitstechnik« (*safety sciences*) mit eigenen Ausbildungen, Forschungsprogrammen und multidisziplinären Publikationsorganen.[6] Andere Wissensbereiche der Sicherheit – wie Reaktorsicherheit oder Flugsicherheit – sind Spezialbereiche der betroffenen Technologie. Ein weiterer Bereich der Sicherheitstechnik ist die Entwicklung von Normen – etwa für elektrische und elektronische Systeme (Norm IEC 61508) oder die Sicherheit von Maschinensteuerungen (EN ISO 13849) –, die bei der Herstellung von technischen Geräten oder der Inbetriebnahme von Anlagen beachtet werden müssen. Normen regeln auch die Vorgehensweise bei der Risiko- und Gefährdungsanalyse von Technologien und einzelnen Anlagen (ISO 14121), Sicherheitsregelungen klassifizieren Substanzen nach ihrer Gefährlichkeit und regeln Fragen der Verpackung, des Transports und der Zirkulation dieser Stoffe. Neben Normen (auf nationaler und europäischer Ebene) sind Institutionen der technischen Wartung und Überprüfung ein zentrales Instrument der Unfallprävention. In Deutschland überprüften Technische Überwachungsvereine (TÜVs) zunächst die Explosionssicherheit von Dampfkesseln, heute testen sie die technische Sicherheit von Kraftfahrzeugen und neuen technischen Geräten und sind einerseits zu Prüfungs- und Zertifizierungsinstanzen mit staatlichem Auftrag, andererseits zu finanzstarken Forschungsinstitutionen der Sicherheitstechnik geworden, die lukrativ ihre Sicherheitszertifikate vertreiben. Die großen deutschen Sicherheitskonzerne TÜV Nord, TÜV Süd und TÜV Rhein-

---

5. Virilio, *Der negative Horizont*, 1989, S. 144.
6. So beschreibt etwa die Zeitschrift *Safety Science* ihr Feld: »The journal covers the physics and engineering of safety; its social, policy and organisational aspects; the management of risks; the effectiveness of control techniques for safety; standardization, legislation, inspection, insurance, costing aspects, human behaviour and safety and the like.« Homepage des Verlags Elsevier: http://www.elsevier.com/wps/find/journaldescription.cws_home/505657/description#description (aufgerufen: 29.02.2012).

land, die aus regionalen Vereinen gewachsen sind, sind heute international operierende Dienstleister, die Einzelüberprüfungen von großen technischen Anlagen, die Genehmigung von neuen Produkten oder die Erforschung von KFZ-Unfallverhalten – etwa in Form von Crashtests – durchführen. Und nicht zuletzt gibt es eine weitreichende sicherheitstechnische Erziehung von Verbrauchern, Verkehrsteilnehmern und Freizeitsportlern: Vereine wie *Das sichere Haus e.V.* oder die Unfallprävention des *Deutschen Grünen Kreuzes* verbreiten in Broschüren und Kurzfilmen Wissen über Gefahren beim Fensterputzen, nächtlichem Schwimmen oder beim Erhitzen von Fett. So ist mit der Gegenwart von Technik im öffentlichen Raum eine unübersichtliche Wissenslandschaft von der Gefährlichkeit der Dinge entstanden: seien es Dampfkessel, Automobile, Alltagsgegenstände, Maschinen am Arbeitsplatz oder als »gefährlich« eingestufte Stoffe. Die Wissenschaften, Normen und Klassifikationen, die sich auf mögliche und kommende Unfälle beziehen, modellieren diese Gefährlichkeit, um sie in kalkulierbare Risiken zu überführen.

Parallel dazu hat sich in der Moderne eine reiche Imaginationsgeschichte des Unfalls entfaltet. Unfälle werden zu emblematischen Situationen der Moderne, in denen eine tiefgreifende Ambivalenz angesichts technischer Innovationen und ihrer gesellschaftlichen Resonanzen bearbeitet wird. Der Unfall ist pure Zukünftigkeit: Modell und Projektionsfigur, in der in die Euphorie der technischen Innovation das Bewusstsein der Katastrophe unmittelbar eingeschrieben ist. Im Unfall wird Technik-Erfahrung in Form eines Geschehens modelliert, das zunächst einmal als doppelter Entzug von Kausalität erscheint: Er ist weder die von Gott verhängte, apokalyptische Große Katastrophe, noch ist er auf den bösen Willen eines menschlichen Täters zurückzuführen. Der Unfall ist ein Geschehen ohne Akteur und Intention – er »stößt zu«. Sein eigentlicher Akteur scheint eine bestimmte Technologie oder Praktik zu sein: das moderne Verkehrswesen für die Auto- und Eisenbahnunfälle, Großtechnologie wie Luftfahrt, Chemie, Schifffahrt oder Atomkraft, aber auch die täglichen kleinen Verrichtungen des Alltags, die plötzlich in ein Desaster umschlagen. Der Unfall kommt nicht aus einem für den Menschen unverfügbaren Außen, sondern aus dem Kern der Zivilisation, genauer gesagt: aus ihrer technischen, logistischen, praktischen Basis, die überhaupt erst durch den Störfall dramatisch ins Bewusstsein tritt. Dabei hat der Unfall, so wie er keinen Täter hat, auch keine Gegenwart. Seine Blitzartigkeit oder seine Komplexität, das hebt schon die frühe Unfallforschung zum »*railway spine*« und Aufprall-Trauma immer wieder hervor, machen den Unfall unüberschaubar, unerlebbar und unbeobachtbar in der Aktualität seines Vollzugs – aber dafür um so insistenter in seinen Langzeitfolgen.[7] Er existiert nur in der Nachträglichkeit seiner mühevollen Rekonstruktion oder in den traumatischen Erinnerungsspuren, die er im Opfer hinterlässt. Oder aber er wird in der Zukünftigkeit seiner Prävention durch Sicherheitsmaßnahmen und

---

7. Über das Rätsel dieser nicht auf eine physische Verletzung zurückführbaren Folgen diskutiert die Traumaforschung von Anfang an intensiv, vgl. dazu grundlegend Fischer-Homberger, *Die traumatische Neurose*, 1975.

der hypothetischen Ermessung seiner Spätfolgen ausgelotet. Die Unfall-Imaginationen, die Literatur und Film im 20. Jahrhundert und in der Gegenwart zu Tausenden vorgelegt haben, sind dagegen Fiktionen, die genau diese Lücke der Unbeobachtbarkeit von Unfällen ausfüllen und damit nicht nur eine ästhetische und soziale »Erlebbarkeit« ermöglichen, sondern auch eine eigene Analytik des Unfalls vorlegen. In der erzählenden oder, im Kino, bildhaften Unfall-Imagination können nicht nur das Zustandekommen, der Verlauf und die Folgen des Unfalls im Einzelnen auseinander gelegt werden, hier kann der Verunfallte sein – wie auch immer fragmentarisches – Erlebnis narrativ entfalten, hier können die Zeugen sich darüber klar werden, was sie gesehen oder eben auch nicht gesehen haben. Im imaginierten Unfall können Regelhaftigkeiten auf das einzelne, unverfügbare Ereignis bezogen werden, sei es als Statistik, die jedem Unfall eine bestimmte Häufigkeit zuweist, sei es als theologische Figur, die im Unfall die immergleiche Strafe für menschlich-technische Hybris erblickt, sei es als Frage nach den Formen der Kausalität, die zu einem komplexen und unwahrscheinlichen Unfall geführt haben. Unfall-Imaginationen sind Darstellungen von Undarstellbarem – und das ermöglicht nicht nur eine Analytik des Unfalls, sondern vor allem auch seine affektive Bearbeitung. Vom abstürzenden Flieger, aus dem etwa D'Annunzio den Heros einer technischen Selbstüberbietung des Menschen macht,[8] bis hin zu den endlosen Crashs und Explosionen des Action-Kinos sind die imaginierten und inszenierten Unfälle immer »Schiffbrüche mit Zuschauer«, in Ruhe und Muße beobachtbare Katastrophen, an die sich jene Affekte und Einsichten knüpfen können, die im eigentlichen Unfall-Geschehen auf traumatische Weise ausgesetzt werden.[9] Evident ist, dass die imaginierten Unfälle durchaus keine »realistischen« Unfall-Darstellungen sind oder sein wollen. Vielmehr müssen sie verstanden und gelesen werden als Modellierungen, als heuristische Fiktionen, die sehr spezifische Aspekte von Unfällen explorieren: Geht es um die individuelle Erlebbarkeit eines als Erfahrung unverfügbaren Geschehens? Geht es um die Gefahren bestimmter Technologien? Geht es um die sozialen Rahmungen von Unfällen, etwa im Versicherungswesen, im Katastrophenschutz oder in den Praktiken der Prävention? Geht es um eine Reflexion auf Zufall, Kausalität und Wahrscheinlichkeit? Geht es um die speziellen Sicherheitsregimes, die sich um bestimmte Unfall-Typen ansiedeln? Es macht daher keinen Sinn, von »*dem* Unfall« und seiner »Poetik« zu sprechen, sondern es gilt, imaginierte Unfälle danach zu befragen, welche Typen von Unfällen in ihnen entworfen und welche Aspekte des Schiefgehens in ihnen bearbeitet werden.

---

8. Die Selbstüberbietung des Menschen in der Technik als ein Grundmotiv des Futurismus verbindet diese von Anfang an mit dem Unfall – als heroisches Opfer dieser Selbstüberbietung. Vgl. D'Annunzio, *Forse che si, forse che no*, 1910; vgl. dazu Müller, *Flugzeugabstürze*, 1991, S. 589–605.
9. Blumenberg, *Schiffbruch mit Zuschauer*, 1979.

Der wahrscheinliche Unfall: Crash

Der Prototyp des Unfalls im Imaginären der Hochmoderne ist zweifellos der Autounfall. Das frühe zwanzigste Jahrhundert kreist fasziniert um den Autounfall als Desaster einer zugleich glückhaften und fatalen Beschleunigung. Und noch heute ist der Crash, bevorzugt mit mehrfachem Überschlag und abschließender Explosion des Fahrzeugs, der wohl verbreitetste Spezialeffekt des Kinos überhaupt. Der Autounfall ist von Anfang an der neuen Mobilität eingeschrieben und zunächst ein Gegenstand permanenter öffentlicher Erregung, ein Grund gegen das Autofahren schlechthin. Gerade durch seine leichtere Wendigkeit und höhere Geschwindigkeit ist dem Automobil immer schon das Desaster inhärent: Fußgänger, Kinder, Tiere geraten buchstäblich »unter die Räder«, Automobile kollidieren zuerst mit Hindernissen, später zunehmend mit anderen Automobilen. Mit der Eroberung des öffentlichen Raums durch die neue Fahrtechnologie wird diese schnell als das verstanden, was sie ist: als Gefährdung dieses Raums, als Gefährdung durch »wilde Autler« (also rücksichtslose Fahrer), aber auch als Gefährdung durch die Geschwindigkeit selbst, die das Auto ermöglicht.[10] Das Auto ist damit das wohl mächtigste Kollektivsymbol einer höchst ambivalenten Zukünftigkeit: Einerseits Symbol einer immer weiter steigerbaren Beschleunigung und unbeschränkten räumlichen Eroberung der Welt, verkörperte und körperlich erfahrbare Modernisierung. Andererseits ist ihm immer schon der mögliche und wahrscheinliche Unfall eingeschrieben: Wo gefahren wird, da wird kollidiert. Der Autounfall, so schreibt Matthias Bickenbach, ist »die reine Gewalt der Geschwindigkeit. Der Unfall, den das Auto erfindet, ist der Zusammenstoß, der Aufprall in all seinen Variationen.«[11] Diese Variationen des Aufpralls werden seither in unendlicher Wiederholung und Abwandlung im Imaginären von Literatur, Film und Kunst durchgespielt, mal als explosiver Schlusspunkt, auf den alles zuläuft, mal als tragische Zäsur, mal als Ausdruck purer Zufallsunterworfenheit. Immer aber – und das scheint zunächst eine banale Beobachtung, unterscheidet den Autounfall aber von anderen Unfall-Imaginationen – ist der Crash ein Geschick des Einzelnen. Es verunglücken Individuen, oder besser: der Autounfall ist der individuierte Unfall, das zufällige Aufeinandertreffen von genau zwei Objekten, von denen sogar nur eines den fragilen Körper eines Menschen enthalten muss. Dieser Einzelne spielt natürlich die entscheidende Rolle: Der Verkehrsunfall gilt wie kein anderer Unfalltyp als abhängig vom »menschlichen Faktor«. Aufmerksamkeit, Können, Fahrstil, Müdigkeit und Alkoholspiegel entscheiden laut Statistik über 90% aller Unfälle; nirgendwo sonst – auch und insbesondere nicht beim Fliegen – wird der Mensch als fast ausschließliche Ursache des Unfalls angesehen, nicht als ein Faktor unter vielen. Gerade diese Individualität des Unfalls aber

---

10. Frühe Traktate gegen das Auto, z.B. Pidoll, *Der heutige Automobilismus*, 1912.
11. Bickenbach; Stolzke, *Schrott. Bilder aus der Geschwindigkeitsfabrik*, online-Buch 1996, Seite »Die Logik des Zufalls: Zufall und Notwendigkeit«: http://www.textur.com/schrott/schrott1b.htm#Zufall (aufgerufen: 29.02.2012).

macht diesen zu einem Fall unter vielen. Betrachten wir kurz jene berühmte Unfallszene im ersten Kapitel von Musils *Mann ohne Eigenschaften*. An jenem »schönen Augusttag des Jahres 1913« schießen »Autos aus schmalen tiefen Straßen in die Seichtigkeit heller Plätze«, ein Blick von oben auf eine Stadt voller Verkehrsströme, eine Stadt als Ort der unzähligen »Zusammenstöße von Dingen und Angelegenheiten«.[12] Dann der Unfall: »Schon einen Augenblick vorher war etwas aus der Reihe gesprungen, eine quer schlagende Bewegung; etwas hatte sich gedreht, war seitwärts gerutscht ein schwerer jäh gebremster Lastwagen war es, wie sich jetzt zeigte...«[13]. Ein traumatisierter Fahrer und ein »wie tot« daliegender, offensichtlich angefahrener Fußgänger. Die zwei zufällig vorbeikommenden Zeugen, so erzählt der Text dann weiter, beginnen nun sofort, sich über diesen zu verständigen. Der Herr verweist auf den »zu langen Bremsweg« und zitiert (völlig übertriebene) amerikanische Unfallstatistiken: »Nach den amerikanischen Statistiken [...] werden dort jährlich durch Autos 190.000 Personen getötet und 450.000 verletzt«.[14] Das Besondere, das die Dame glaubt erlebt zu haben, ist demnach durchaus nichts Besonderes. Das Individuelle des Verkehrsunfalls ist nichts als ein Geschehen mit einem bestimmten Grad an Wahrscheinlichkeit. So wird der Autounfall schon früh zum Prototyp eines Ereignisses, das gerade nicht unter dem Aspekt seiner Singularität, sondern vielmehr dem seiner statistischen Häufigkeit gesehen wird. Wo Verkehr herrscht, da geschehen mit einer angebbaren Häufigkeit Kollisionen. Gerade der erfassende Überblick, den Musils Romananfang auf die Großstadt wirft, zielt auf eine solche statistische Erhebung, die die Häufigkeit der Unfälle auf die Gesamtzahl aller sich in der Stadt bewegenden Fahrzeuge zurückrechnet. Ein gewisser Prozentsatz davon »verunfallt« mit erwartbarer Regelmäßigkeit. »Mit der Ausbreitung der Wahrscheinlichkeitsrechnung [...] verbindet sich deshalb ein Ereignistyp, der die Dichotomie von Fiktiv und Real hinter sich lässt und Geschehnisse in verschiedene Wahrscheinlichkeitsgrade auflöst. [...] Tatsache wird damit auch, was nicht der Fall ist.«[15] Und diese Tatsache bezieht sich nicht nur auf eine Vergangenheit und Gegenwart, sondern erhält ihren eigentlichen Wert im Hinblick auf eine Zukunft.

Um den Autounfall ranken sich darum Praktiken der Sicherheit, die eines gemeinsam haben: Sie versuchen zwar, die Schwere und Häufigkeit von Unfällen zu mindern, akzeptieren aber grundsätzlich deren Möglichkeit und Wahrscheinlichkeit. Die Praxis des Autofahrens an sich aber wird nicht in Frage gestellt. Stattdessen werden Unfälle zuallererst versichert. Das verhindert keine Unfälle, kompensiert aber die finanzielle Belastung durch den Unfall. Daneben gibt es Praktiken und Regelungen der Prävention, die die Schwere und Häufigkeit von Unfällen mindern sollen, wie etwa die Straßenverkehrsordnung oder die ständigen Verbesserungen der Fahrzeugsicherheit in der Ent-

---

12. Musil, *Der Mann ohne Eigenschaften*, 1994, S. 9f.
13. Ebd., S. 10.
14. Ebd.
15. Schäffner, *Das Trauma der Versicherung*, 2000, S. 110f.

wicklung neuer Fahrzeugtypen. Diese verwerten Einsichten aus vergangenen Unfällen und Unfallstatistiken (etwa bei Einführung der Gurtpflicht oder der Höchstgeschwindigkeit von 130 km/h in den meisten Ländern) oder simulieren Unfälle in Crashtests und ziehen daraus Konsequenzen für zukünftige Unfälle, die idealiter vermieden, zweitbestens glimpflicher ablaufen sollen. Klar ist aber, dass der Verkehrsunfall ein akzeptierter Unfall ist, ein Fall im Rahmen einer umfassenden Regelmäßigkeit, der quantitativ reduziert, aber nicht restlos verhindert werden soll. Er ist ein Typ von Unfall, der »immer schon geschehen sein wird«.[16] Der Autounfall ist damit der paradigmatische Unfall-Typ für ein doppeltes Sicherheitsdispositiv der Moderne, das auf Statistik setzt: einerseits Versicherung, andererseits eine Form von Prävention, die man »palliativ« nennen könnte. Sie verhindert nicht durchgreifend, sondern dämpft und mindert Schwere und Häufigkeit von Unfällen. Verkehrsunfälle werden weiter geschehen und sollen auch weiter geschehen. Als Zukunft, die jedem mit einer gewissen Wahrscheinlichkeit blüht, der sich mit oder ohne Auto auf die Straße wagt, sind Autounfälle gleichsam didaktische Vorführungen von Risiko. Die Erzählung oder das Bild vom Unfall sagt: dies kann jedem passieren, dies ist eine Möglichkeit unserer Endlichkeit, dies ist *eine* Zukunft.

Der unwahrscheinliche Unfall: Die Verkettung unglücklicher Umstände

Nun gibt es aber Unfall-Typen, die ganz anders funktionieren und für die auch ganz andere Bilder, Erzählungen und Wissensformen gefunden werden. Wo der Crash das vereinzelte und einmalige Aufeinanderprallen zweier Objekte ist, sich somit als ein einziger blitzartiger Moment darstellt, gibt es Unfälle, die nicht einen Moment, sondern einen Verlauf haben. Ihre zentrale Größe ist auch nicht der Mensch; er ist bestenfalls ein Faktor unter vielen in einem komplexen Geflecht von scheinbar banalen, kaum wahrnehmbaren Geschehnissen, die sich zu einem Unfall aufaddieren. Dieser Typ von Unfall ist jene sogenannte »Verkettung unglücklicher Umstände«, die häufig als etwas ratlose Erklärung für ein Desaster mit komplizierter Ätiologie herhalten muss. Aber diese Verkettung ist eher selbst ein Rätsel denn eine valide Erklärung. Sie verweist auf eine Form von Unfall, der nicht im einmaligen Zusammentreffen von zwei Gegenständen besteht, sondern in einer höchst unwahrscheinlichen, aber umso folgenreicheren Verknüpfung von mehreren, voneinander unabhängigen Größen, eine Kettenreaktion, ein Dominoeffekt – ein Unfall als Prozess und Verlauf. Ist der Aufprall eines Vehikels auf ein Hindernis ein – wie oft behauptet wurde – in seiner Plötzlichkeit unerlebbares Ereignis, das nur rekonstruiert und als statistische Häufung antizipiert werden kann, so muss die Verkettung immer schon erzählt, gezeigt, inszeniert werden, wenn man sie überhaupt als solche wahrneh-

---

16. Bickenbach: *Der Alltag der Kontingenz: Crashing Cars*, 1998, S. 125.

men will. Denn das Ergebnis – die vollendete Katastrophe, die Trümmer, der Brand – wird den filigranen und heimtückischen Prozess, dem es sich verdankt, löschen und unlesbar machen, möglicherweise sogar ganz falsche Spuren legen. Die Verkettung ist ein Geheimnis, sie stellt eine Aufgabe der Dechiffrierung im Nachhinein: Was ist eigentlich geschehen? Aber sie gebietet ebenso eine Entzifferung in der Zukunft: Unter welchen Umständen können sich Gegenstände oder Kräfte so miteinander verkoppeln, dass diese Interaktion zu einem unkontrollierbaren, katastrophischen Ergebnis führen wird? Welches ist die Dynamik solcher unglücksschwangeren Verknüpfungen? Und schließlich: Wie kann man sie durch Sicherheitsmaßnahmen unterbinden? Welche Sicherheitsmaßnahmen müssten das sein?

Bei der Betrachtung solcher Verkettungs-Unfälle fällt zuallererst ihre Unwahrscheinlichkeit auf. Ist der Crash der schlechthin wahrscheinliche Unfall, so sind die Verkettungen unglücklicher Umstände das, was statistisch nicht erfassbar ist. Die Verkettung wirkt wie eine gezielte Intention, eine Absicht, die plötzlich von den Dingen selbst verfolgt wird, eine Heimtücke, die die Dinge zu erklärten Feinden des Menschen werden lässt. Eine frühe Theorie und Phänomenologie dieses Phänomens findet sich bei Friedrich Theodor Vischer, die unter der Formel von der »Tücke des Objekts« berühmt geworden ist. In seinem Roman *Auch einer* (1878) gibt es folgende kleine Szene von einem Hochzeitsbankett, die dieser Tücke einen fulminanten Auftritt beschert:

> »Wer sollte zum Beispiel«, so erzählt die leidgeprüfte Hauptfigur, »einem simplen Knopf seine Verruchtheit ansehen? Aber ein solcher Racker hat mir neulich folgenden Possen gespielt. Ich ließ mich gegen alle meine Grundsätze zur Teilnahme an einem Hochzeitsschmaus verleiten; eine große silberne Platte, bedeckt mit mehrerlei Zuspeisen kam vor mich zu stehen; ich bemerkte nicht, dass sie sich etwas über den Tischrand heraus gegen meine Brust hergeschoben hatte; einer Dame, meiner Nachbarin, fällt die Gabel zu Boden, ich will sie aufheben, ein Knopf meines Rockes hatte sich mit teuflischer List unter den Rand der Platte gemacht, hebt sie, wie ich schnell aufstehe, jäh empor, der ganze Plunder, den sie trug, Saucen, Eingemachtes alles Art, zum Teil dunkelrote Flüssigkeit, rollt, rumpelt, fließt, schießt über den Tisch, ich will noch retten, schmeiße eine Weinflasche um, sie strömt ihren Inhalt über das weiße Hochzeitskleid der Braut, ich trete der Nachbarin heftig auf die Zehen; ein anderer, der helfend eingreifen will, stößt eine Gemüseschüssel, ein dritter ein Glas um – o es war ein Hallo, ein ganzes Donnerwetter, kurz ein echt tragischer Fall: die zerbrechliche Welt alles Endlichen überhaupt schien in Scherben gehen zu wollen...«.[17]

Die »Verruchtheit« des Knopfes, von dem alles ausgeht, erklärt sich Vischers Held mit einer Theorie, die den unbelebten Dingen selbst Handlungsmacht und Intentionen zuspricht:

---

17. Vischer, *Auch einer: eine Reisebekanntschaft* [1879], 1908, S. 17f.

»Von Tagesanbruch bis in die späte Nacht, [...] denkt das Objekt auf Unarten auf Tücke. Man muss mit ihm umgehen, wie der Tierbändiger mit der Bestie, wenn er sich in ihren Käfig gewagt hat; er lässt keinen Blick von ihrem Blick und die Bestie keinen von seinem... So lauert alles Objekt, Bleistift, Feder, Tintenfass, Papier, Zigarre, Glas, Lampe – alles, alles auf den Augenblick, wo man nicht acht gibt. Aber um Gottes Willen, wer kann's durchführen? Wer hat Zeit?«[18]

Die Dinge, so Vischers These, handeln mit Absicht und Plan, sie führen ein Eigenleben, das sich direkt gegen den Menschen richtet. Sie sind nicht mehr zuhanden, sondern verstecken sich oder lauern dem Menschen auf wie an der Hochzeitstafel, um dann ihr ganz eigenes Fest zu geben. Vischers Roman entfaltet so eine groteske Poetologie des Schiefgehens: von der widerborstigen Taschenuhr über den mittelgroßen Haushaltsunfall bis zum unabsichtlichen Tod der Geliebten.

Dabei erscheint der groteske Dominoeffekt-Unfall von der Hochzeitstafel wie die dämonische Kehrseite und Konsequenz jener ein Jahr vor dem Roman erschienenen *Philosophie der Technik* von Ernst Kapp, die in den Werkzeugen des Menschen die »Projektionen« seiner Körperteile sieht.[19] Der Anthropomorphismus der Technik führt so nicht nur die Geräte auf den Menschen zurück, sondern begabt sie mit einem eigenen, menschenähnlichen Handlungsvermögen und macht sie so zum Gegenspieler des Menschen. Wichtiger für unseren Zusammenhang aber ist die Haltung, die der Mensch angesichts dieses tückischen Wesens der Objekte – vom einfachen Bleistift bis zum Eisenbahnwaggon – einzunehmen gezwungen ist: absolute und ungebrochene Aufmerksamkeit und ständiges Misstrauen. Die Dämonie der Dinge schreibt dem Menschen eine genaue Kenntnis ihrer Möglichkeiten und eben »Tücken« vor, eine ständige Prüfung dessen, wozu etwa ein scheinbar harmloser Knopf in der Lage sein könnte.

Aber auch diese permanente Aufmerksamkeit, dieses fundamentale Misstrauen den Dingen gegenüber hilft nicht restlos gegen ihre bösartige Dämonie. Für den Hegelianer Vischer ist der Zufall eine unmittelbare Qualität des Objekts, eine Widerständigkeit gegen die Zwecke, die das Subjekt dem Objekt anweist. Diese Qualität verkoppelt die Dinge miteinander zu einem nicht mehr handhabbaren Geschehen, das der Mensch weder steuern noch stoppen kann. Dabei erscheint diese Verkopplung gerade dadurch so dämonisch und absichtsvoll, weil sie in so hohem Maße unwahrscheinlich ist. Die Koinzidenz von gefallener Gabel, unter die Platte gerutschtem Hemdknopf und der Unaufmerksamkeit des Tischherrn ist so wenig erwartbar wie sie statistisch selten ist. Gerade darum aber, in dieser maximalen Unwahrscheinlichkeit, illustriert sie einen Zufall, dessen Dynamik

---

18. Ebd., S. 25.
19. Kapp, *Grundlinien einer Philosophie der Technik*, 1877. Vischers Roman enthält eine kleine Binnenerzählung *(Der Besuch. Eine Pfahldorfgeschichte)*, die geradezu lehrbuchartig Kapps anthropologische Theorie der Technikgenese umsetzt, indem er vorführt, wie die Pfahlweltbewohner Werkzeuge entwickeln und nutzen.

scheinbar mit Notwendigkeit abläuft, ein Zufall also, der als Gesetzmäßigkeit getarnt ist. Das Gesetz, dem diese Verkettung folgt oder jedenfalls zu folgen scheint, ist bekannt unter dem ironischen Namen »Murphy's Law«. Ironisch deshalb, weil sein Prinzip eben gerade keine Gesetzmäßigkeit ist, sondern völlig kontingent. Was schiefgehen kann, geht schief und bestätigt damit das »Gesetz« – und wenn es nicht schiefgeht, dann ist mit dem Ausbleiben des Un-Falls eben gar kein Fall eingetreten, der unter das Gesetz fallen würde. Vischers Theorie von der »Tücke des Objekts« als eine frühe literarische Entfaltung von Murphys Law erinnert an die belebten und eigensinnigen Gegenstände der Romantik,[20] deren eigentümlichen psychischen Effekt Sigmund Freud als »Unheimlichkeit« beschrieben hat. De facto ist »Unheimlichkeit« die Reaktion der Psyche auf Erfahrungen höchst unwahrscheinlicher Koinzidenz, mithin eine massive Konfrontation mit dem Zufall. Denn »Unheimlichkeit«, so Freud, speist sich gerade aus einer besonders »dichten«, scheinbar von einer Intention gesteuerten Koinzidenz, die sich beispielsweise in der Wiederholung eines immer gleichen Motivs äußert:

> »An einer Reihe von Erfahrungen erkennen wir ... mühelos, dass es nur das Moment der unbeabsichtigten Wiederholung ist, welche das sonst Harmlose unheimlich macht und uns die Idee des Verhängnisvollen, Unentrinnbaren aufdrängt, wo wir sonst vom ›Zufall‹ gesprochen hätten.«[21]

Die Dämonie der Dinge, ihr scheinbar planmäßiges und intentionales Vorgehen ruft für Freud archaische, längst verdrängte Impulse wieder auf: den Glauben an die Allmacht der Gedanken und die Belebtheit der Dinge oder die Vorstellung, dass hinter allem eine heimliche planende und strafende Macht steht. Unwahrscheinliche Koinzidenzen oder komplexe Verkettungen von Zufallsereignissen werden so von der Psyche mit urtümlichen Affekten wie Angst oder Schuldgefühl verarbeitet – gerade weil wir offenbar affektiv nicht in der Lage sind, Zufälle als das zu verarbeiten, was sie sind.

Der ästhetische Ort dieses Effekts einer Unheimlichkeit der Dinge und ihrer Tücken ist heute der Horrorfilm. Im Horrorfilm leben die Gegenstände und verbünden sich zu diabolischen Schlachtfesten am Menschen. Im Horrorfilm wissen wir immer schon, dass die scheinbar unbelebte Welt der Objekte tückisch lauert und dass es keinen Zufall gibt. Nirgendwo ist so viel vom Schicksal die Rede, das sich seine Opfer mit unerbittlicher Strenge eines nach dem anderen holt, auch und gerade wenn sie für einen kurzen trügerischen Moment ihrem immer schon geplanten Tod entgehen. Normalerweise sind die Akteure solcher Gemetzel Monstren, Psychopathen, Untote, unerbittliche Rächer oder eben dämonisch-belebte Gegenstände wie Autos, Häuser, Fetische etc. Der Film *Final Destination*, dessen Erfolg es mittlerweile zu drei Sequels gebracht hat, hat den unwahrscheinlichen Unfall selbst zu seinem Thema gemacht: eben jene

---

20. Vgl. dazu Holm; Oesterle; von Wietersheim (Hg.), *Die Dinge (in) der Romantik*, 2010.
21. Freud, *Das Unheimliche* (1919), 1982, S. 260.

Kaskaden von unglücklichen Zufällen, die alle stets mit dem Tod enden. Alles beginnt mit dem Flugzeugabsturz einer Highschool-Klasse auf dem Weg nach Paris. Einer der Schüler träumt, schon in seinem Flugzeugsessel angeschnallt, von dem Unfall, und stürzt panisch, gefolgt von fünf Mitschülern und einer Lehrerin, noch vor dem Start wieder aus dem Flugzeug. Minuten später explodiert das startende Flugzeug mit dem Rest der Klasse. In der Folge sterben aber alle Geretteten an seltsam komplizierten, aber gänzlich zufälligen Haushalts- und Verkehrsunfällen. Der beste Freund des Helden rutscht im Bad aus und stranguliert sich dabei an einer Wäscheschnur, andere werden von Bussen überfahren oder von herabfallenden Werbetafeln erschlagen. Die Lehrerin wird Opfer eines besonders kleinteilig geschilderten Kücheunfalls. Sie kocht sich einen Tee und füllt heißes Wasser in eine Tasse, entdeckt dann aber, dass die Tasse ein Emblem ihrer Schule trägt; traumatisiert vom Tod ihrer Schüler gießt sie im Reflex den Tee weg. Danach will sie lieber einen Wodka und füllt Eis und kalten Alkohol in dieselbe Tasse, die daraufhin einen kleinen Sprung bekommt. Die Tasse, aus der unbemerkt Wodka tröpfelt, stellt sie auf ihren Computerbildschirm (damals noch ein Röhrenbildschirm), der daraufhin explodiert. Eine Scherbe des Bildschirms steckt im Hals der Lehrerin, die in die Küche taumelt und dort zusammenbricht. Auf dem Boden liegend versucht sie, ein Küchentuch, das auf einem Messerblock hängt, zu sich herunter zu ziehen, um die Wunde zu stillen – natürlich fällt der Messerblock so um, dass die Messer auf die Frau fallen und sie erstechen... am Ende explodiert das ganze Haus, entzündet von der noch immer brennenden Herdflamme und dem danebenstehenden Alkohol.

Das Bemerkenswerte an dieser Szene ist einerseits die aberwitzige Verkettung der fatalen Zufälle: der kleine Riss in der Tasse, die Tropfen, die von der Tasse in den Bildschirm fallen, der Kurzschluss im Bildschirm und die folgende Explosion, die sich gerade ereignet, als die Frau direkt vor der Röhre steht, die Verletzung ihrer Halsschlagader und schließlich die Messer, die genau mit der Klinge nach unten fallen. Was wir sehen, ist ein hochkomplizierter, extrem unwahrscheinlicher Dominoeffekt, dessen komplexe Aufstellung – Handtuch über den Messern, Becher auf den Bildschirm, Alkohol neben dem brennenden Herd – wir die Heldin selbst vornehmen sehen. Solche eskalierenden Abfolgen von Zufällen, die sich zu einem immer katastrophischeren Unfallgeschehen aneinanderreihen, gibt es in fast jedem Horrorfilm und in nicht wenigen Katastrophenfilmen, in denen immer zuerst ein harmloses Kabel durchschmort, bevor das ganze Hochhaus abbrennt (wie etwa im genrebildenden Katastrophenfilm *The Towering Inferno* von 1979). Selten aber werden sie in dieser technischen Akribie vorgeführt, die nicht nur den gesamten Aufbau minutiös schildert, sondern sich die Mühe macht, die materiellen Mechanismen des Geschehens herauszuarbeiten: die Natur der Keramik, die bei Temperaturschwankungen reißt, der Kurzschluss in der Bildröhre, das langsame Kippen des Messerblocks, die Erwärmung und folgende Explosion des Alkohols.[22] Im Film dient diese lange Verkettung von

---

22. Zu bemerken ist allerdings (worauf mich Carsten Schmieder hingewiesen hat), dass diese materialtechnischen Details in der Wirklichkeit nicht funktionieren: Keramiktassen reißen nicht so, dass sie

Zufällen der Illustration einer einzigen These: Der Tod wird sich die holen, die ihm beim Flugzeugabsturz entgangen sind. Der lange, komplizierte Ablauf des Unfalls ist so immer schon ein Vorlaufen in die Zukunft, in der nichts als das immer schon geplante Schicksal der Protagonisten auf sie wartet. Was wir sehen, ist ein Szenario für den perfekten Haushaltsunfall, eine Aufstellung riskanter Arrangements, die sich schließlich zu einem Dominoeffekt verketten: Alkohol neben dem Feuer, Tasse auf den Bildschirm, Tuch auf dem Messerblock. In diesem – gänzlich zufälligen, hochgradig unwahrscheinlichen und dann doch perfekt ineinandergreifenden – Arrangement von Einzelfaktoren entfaltet die Szene eine Art Didaktik, die aus einem Lehrfilm für Sicherheit im Haushalt stammen könnte, wie ihn die TÜVs oder *Das sichere Haus* e.V. heute verbreiten. Es ist jener Blick von Vischers gebeuteltem Protagonisten, ein Blick auf die Dinge, voller Misstrauen und prognostischer Ahnung. Die Szene liest die Dinge im Hinblick darauf, wozu sie fähig sein könnten, welche Möglichkeiten eine bestimmte Konstellation von Objekten und ihren Eigenschaften, physikalischen Prozessen und mechanischen Kräfteverhältnissen entfalten kann. Sie entfaltet eine Analytik der Gefährlichkeit beliebiger Dinge, eine Analytik, die gerade auf die Unwahrscheinlichkeit einer komplexen Konstellation setzt. Genau das macht sie zu einem Element in einer Epistemologie technischer Sicherheit. Und sie entdeckt eine Dynamik des Ablaufs, wenn nicht der Eskalation des Unfalls, die gleichermaßen hochgradig unwahrscheinlich und doch unaufhaltsam erscheint. Anders als der momenthafte, in Termini der statistischen Wahrscheinlichkeit zu ermessende Crash ist die Verkettung unglücklicher Umstände ein Ablauf, ein selbstlaufender Vorgang, der ebenso wenig aufzuhalten wie auszusteuern ist und der doch keiner kohärenten eigenen Regel folgt. Nicht die Intensität des Ereignisses, die ›Größe‹ des Unfalls führt hier zur Katastrophe, sondern die Kombination mehrerer Einzelereignisse, die sich zusammen zum eigentlichen Desaster potenzieren. Die Frage ist, wie diese fatalen Selbstläufer, die weder statistisch erwartbar noch aufgrund einer ihnen unterliegenden Regelhaftigkeit antizipierbar sind, vorausgesehen und verhindert werden können.

Technische Sicherheit und ihre Aporien

Die Unheimlichkeit dieser komplexen Verkettung unglücklicher Umstände, die von Vischer bis *Final Destination* ihre Narrative und Inszenierungen findet, hat ihre präzise historische Geburtsstunde und seine Institutionen. Nicht zufällig ist Vischer der Zeitgenosse einer durchgreifenden Institutionalisierung von Sicherheitstechnik – in der es allerdings nicht mehr um Haushaltsunfälle geht, sondern um eine der für das 19. Jahrhundert wohl wichtigsten Großtechniken, die Dampfmaschine. Mit dem Vormarsch der Dampfmaschine als universellem industriellem Energieerzeuger häuft sich ein spezifischer, äußerst

intensiv tropfen; Bildschirme implodieren, statt zu explodieren; Messer würden mit dem schwereren Griff und nicht der Klinge nach unten fallen; Wodka mit Eis brennt nicht usw.

folgenschwerer und dramatischer Typus von Unfall: der sogenannte Kesselzerknall, die Explosion des Dampfkessels. Sie verdankt sich Wassermangel (also Bedienungsfehlern), Materialfehlern oder mangelhafter Wartung, bei der etwa feine Risse in den Wänden oder Verkalkung der Sicherheitsventile übersehen werden. Zunächst werden staatliche Wartungen vorgeschrieben, die aber regional schwer zu organisieren sind. Dampfkesselbetreiber gründen darum regionale Vereine, die die regelmäßige technische Überwachung und Wartung der Kessel vornehmen. 1866 wird der erste privatwirtschaftliche »Dampfkessel-Überwachungs- und Revisions-Verein« (DÜV) gegründet, ab 1871 entbindet die Mitgliedschaft in einem solchen Verein von der Inspektion durch einen staatlichen Prüfer. Dies ist die Geburt der Technischen Überwachungs-Vereine (TÜV) als eine der wirkungsvollsten Unfallverhütungsinstitutionen. Die Dampfkessel-Prüfer widmen sich einem unendlich genauen Blick auf das Ding und seine möglicherweise verborgenen Tücken: Der Kessel wurde abgesucht auf Haarrisse, Materialabtragungen, die die Wände dünner machen, Verformungen und Undichtigkeiten, Korrosion der Schweißnähte, Verkalkungen der Sicherheitsventile. Dafür musste der Kessel komplett freigelegt werden und sämtliche Stehbolzen der Feuerbüchse auf Anrisse überprüft und gegebenenfalls ausgetauscht werden. Abschließend wurden Druckprüfungen mit kaltem und heißem Wasser vorgenommen, die Ventile geprüft und gegen Verstellung plombiert. Der große Erfolg dieser spezialisierten Form der regelmäßigen technischen Wartung gefährlicher Dinge in der Verhütung von Unfällen ließ die Wartungsaufgaben der Vereine TÜVs schnell wachsen. Schon um 1900 wird der DÜV Cöln-Düsseldorf (heute: TÜV Rheinland) mit der Wartung von Kraftfahrzeugen und der Abnahme von Führerscheinprüfungen beauftragt.[23] Was mit den TÜVs einführt wird, ist die Professionalisierung eines handwerklichen, erfahrungsgeleiteten und auf scharfe Beobachtung und Expertentum gestützten Wissens von den Dingen. Weil kleinste Details Indizien für kommendes Unheil sein können, gilt es, einen professionellen Prüfer-Blick zu installieren, der genau diese findet und behebt. Dieser Prüfer-Blick wendet sich bald von der reinen Beobachtung hin zum aktiven Testen und Simulieren von Unfällen: Heute werden für jedes neue Auto Crashtests durchgeführt; jedes Haushaltsgerät wird auf Benutzersicherheit getestet. Mit diesen Tests wird – mit Vischer gesprochen – die Tücke des Objekts aktiv hervorgetrieben: Unfälle werden bewusst simuliert, um etwas über ein »Verhalten« des Dings zu erfahren, das im Nicht-Vorhergesehenen – also im Unfall, im falschen Gebrauch, in der Dysfunktionalität des Dings – lauert.

Aber der Blick auf die Tücken und Details des einzelnen Geräts allein ist nicht in der Lage, jene Dynamiken der Verkettung zu antizipieren, die gerade in der Kombination mehrerer Unfallkomponenten bestehen. So wie die Verkettungen einen darstellbaren Verlauf haben, eine Geschichte wie die von

---

23. Geschichte: Vom DÜV zum TÜV Rheinland. Homepage des TÜV Rheinland: http://www.tuv.com/de/deutschland/ueber_uns/daten_fakten/geschichte/geschichte_tuev_rheinland.jsp (aufgerufen: 29.02.2012).

Vischers Protagonisten und seinem Knopf, so muss jede Sicherheitsmaßnahme diese möglichen Verläufe und Kombinationen vorwegnehmen und darstellen können – um sie zu unterbrechen oder verhindern. Das heißt auch: Es müssen Geschichten erzählt werden. Die Sicherheitstechnik dieses Unfalltyps folgt nicht mehr einer Epistemologie der Statistik, sondern einer des Narrativs. Nicht zufällig erzählen Sicherheitswissenschaftler oder Katastrophensoziologen gern Geschichten: kurze Narrative von scheinbar banalen, aber durch das Zusammentreffen vieler, sehr heterogener Faktoren hochkomplexen Abläufen. Charles Perrows berühmte Studie zur Hochrisiko-Technologie, *Normal Accidents* (1984), beginnt mit einem Frühstück voller sich aneinander reihender Missgeschicke, die am Ende dazu führen, dass jemand einen ersehnten Job nicht bekommt.[24] Was dann folgt, sind im Grunde ähnlich strukturierte Erzählungen, nur diesmal führen sie zu Großfeuern in einer petrochemischen Anlage, zum Unfall in einem Schnellen Brüter, zur Explosion auf einem Frachtschiff oder zur Kollision zweier Schiffe in einem Kanal. Solche Erzählungen bebildern nicht nur jene Verlaufslogik des Verkettungs-Unfalls, sondern sie sind so konstitutive Grundlage einer systematischen Analyse von Unfällen in ihrer Komplexität und ihrer Dynamik; sie zirkulieren darum etwa in einschlägigen Fachpublikationen wie *Nuclear Safety* oder gehen in Unfall-Datenbanken ein, um eine Art Archiv des Pannen-Wissens zu generieren.[25] Aus den so festgehaltenen Schritten, die zu einem komplexen Unfall geführt haben, lassen sich nun die Faktoren ableiten, die beim Zustandekommen dieses katastrophischen Ablaufs eine Rolle gespielt haben. Solche Erzählungen lassen sich nicht nur retrospektiv entrollen, sondern auch prognostisch: Man erstellt sogenannte »Störfallablaufanalysen«, die die Folgen des Ausfalls von einer oder mehrerer Komponenten ausloten, macht »Ausfalleffektanalysen« für den Ausfall einer einzelnen Komponente oder gibt umgekehrt einen Typ von Unfall vor und untersucht in der »Fehlerbaumanalyse«, welche Faktoren zu diesem Ergebnis führen würden.[26]

Erzählungen ermöglichen es, einzelne Ereignisse als Sequenzen anzuordnen und damit kausale Verknüpfungen darzustellen. Genau dies macht sie zur idealen Analyseform von komplexen, sich aus vielfältigen Faktoren zusammensetzenden Ereignissen. Was diese narrativen Analyseformen der Sicherheitswissenschaft freilegen, sind Kopplungen zwischen den einzelnen Elementen eines Systems – oder genauer: Kopplungen zwischen der Dysfunktion eines Elements und der Dysfunktion eines anderen. Perrow unterscheidet »enge« und »lose« Kopplungen und damit entsprechend »eng« oder »lose gekoppelte« Systeme.

---

24. Deutsch als Perrow, *Normale Katastrophen*, 1989.
25. Zu Nuclear Safety vgl. Perrow, ebd., S. 76ff, der zu Recht anmerkt, dass der Austausch von Pannen-Wissen offenbar nicht dazu führt, dass sich die Störungen nicht wiederholen. Zur Forderung nach Datenbanken für technische Sicherheit vgl. Kuhlmann, *Was muss die Sicherheitswissenschaft leisten?*, 1990, S. 37 u.ö.
26. Kuhlmann, *Einführung in die Sicherheitswissenschaft*, 1981, S. 63–75.

Enge Kopplung

»bedeutet, dass es zwischen zwei miteinander verbundenen Teilen kein Spiel, keine Pufferzone oder Elastizität gibt. Sämtliche Vorgänge des einen Teils wirken sich unmittelbar auf die Vorgänge des anderen aus. Eine lose Kopplung ermöglicht es also bestimmten Teilen des Systems, gemäß ihrer eigenen Logik oder ihrer eigenen Interessen zu funktionieren. Eine enge Kopplung beschränkt diese Möglichkeit. Lose gekoppelte Systeme können – was nicht immer ein Vorteil sein muss – Erschütterungen, Störungen oder erzwungene Änderungen verarbeiten, ohne sich zu destabilisieren.«[27]

In eng gekoppelten Systemen heißt das, dass der Ausfall eines einzigen Teils den Rest des Systems unmittelbar affiziert, während lose Kopplung Ersatz- oder Umgehungsmöglichkeiten bereitstellt oder auch einfach genügend Ausfall-Zeit eingeplant ist, um eine Reparatur vorzunehmen. Systeme mit Dauerbetrieb wie etwa Kernkraftwerke haben diesen Spielraum nicht. Das heißt, dass bei eng gekoppelten Systemen die Sicherheitsvorkehrungen wie Puffer, Redundanzen oder Substitutionsmöglichkeiten exakt vorgegeben und schon in der Konstruktion mit eingeplant werden müssen. Es gibt kaum die Möglichkeit, im Notfall zu improvisieren oder auch nur Zeit zu gewinnen. Wo kein Spielraum ist, müssen Systeme also besonders exakt durchdacht werden: alle potenziellen Störungen, alle Ausfälle und ihre Konsequenzen inklusive der Kombinationen mehrerer Fehlerquellen müssen möglichst im Voraus mit eingeplant werden. Die Logik der Verkettung unglücklicher Umstände muss – wenn man so will – dem System bereits inhärent sein. Dass Motoren und Pumpen ausfallen können, muss durch Ersatzmotoren oder -pumpen abgesichert werden, dass Dichtungen nicht halten, durch Doppel- und Dreifachdichtungen.

Aber diese Konzeption von technischer Sicherheit hat zwei blinde Flecken: Denn erstens machen gerade diese engmaschigen Sicherheitsmechanismen Systeme noch komplexer und erhöhen damit die Möglichkeit von ungeplanten und unabsehbaren Kopplungen.

»Weil Technik«, so Michael Hampe, »als beherrschte Kausalität gegen Unliebsamkeiten, auch gegen Zufälle, erzeugt wird, liegt es nahe, die Zufälle, die die Komplexität der Technik selbst mit sich bringt, wiederum technisch bewältigen zu wollen [...]. Das führt zu einer stetigen Steigerung der technischen Komplexitäten und damit auch zu einer Steigerung der Möglichkeit unerwarteter Kopplungen und ungeplanter Ausfälle.«[28]

Und zweitens wird darin die Planbarkeit technischer Systeme oder genauer die Kontrollierbarkeit von Kausalketten selbst überschätzt. In ihr steckt die Vorstellung, dass alles eine Ursache hat, die man erkennen und beherrschen kann – und dass es darum auch immer einen isolierbaren Materialfehler, einen Konstruktionsirrtum oder einen menschlichen Bedienungsfehler geben muss.

---

27. Perrow, *Normale Katastrophen*, 1989, S. 131.
28. Hampe, *Die Macht des Zufalls*, 2006, S. 106.

Gerade das weite Feld der Sicherheitswissenschaften, das die unendlichen Ausfallmöglichkeiten von technischen Bauteilen, die Schwächen oder schädigenden Effekte von bestimmten Materialien und die vielfältigen Formen des sogenannten »menschlichen Versagens« erfasst und auswertet, gerade diese Epistemologie der Sicherheit unterstellt, dass es immer eine identifizierbare Ursache-Wirkungs-Kette geben wird, die man spätestens für die nächste Sicherheitsmaßnahme oder Neukonstruktion wird in Rechnung ziehen können. Oder dass es einen Verantwortlichen geben wird, der geschlampt, geschlafen, fehlreagiert oder fehlkonstruiert hat und nun juristisch belangt werden kann.

> »Begreift man Kausalzusammenhänge jedoch als Unendlichkeiten, als etwas, das zu jedem Zeitpunkt unendlich verzweigt ist und das historisch unendlich weit in die Vergangenheit führen kann und, wenn Wirkungen verfolgt werden, unendlich weit in die Zukunft führt, so ist klar, dass Unwissenheit ein notwendiger Bestandteil aller Kausalanalysen werden muss.«[29]

Wirkliche Einsicht in die Sicherheit eines Systems könnte nur konstatieren, dass nicht alle Kombinationen von Ausfällen bekannt, nicht alle Verhaltensweisen von Materialien antizipierbar und das Verhalten von Menschen am Arbeitsplatz sowieso nicht restlos planbar ist. Etliche Großkatastrophen der letzten Jahrzehnte haben sich als genau solche Verkettungen erwiesen, die alle Vorstellungen von Planbarkeit und prospektiver Absicherung ausgehebelt haben, gerade weil sie sich aus Vorfällen und Unfällen auf sehr verschiedenen Ebenen – vom Konstruktionsfehler über multiple Komponentenausfälle bis hin zu menschlichen Fehlern und winzigen Zufällen – zusammensetzten. Gerade das im Fall der Reaktorsicherheit immer wieder bemühte Konzept des »Größten anzunehmenden Unfalls« oder – wie es in der Fachterminologie heißt: des »Auslegungsstörfalls« vernachlässigt diese Dynamik von Desastern: Es geht von einem großen, aber gleichsam in sich homogenen Unfallgeschehen aus, für das ein Reaktor ausgelegt sein muss, ohne die Grenzwerte der Strahlenschutzverordnung zu überschreiten. Das Erdbeben in Japan im März 2011 zeigte, dass gerade die eng gekoppelte Großtechnologie Kernkraft nicht mit einem einfachen Konzept des statistisch quantifizierbaren Ereignisses – etwa dem initialen Erdbeben – allein zu erfassen ist. Dem schweren Beben und der dadurch hervorgerufenen Unterbrechung der Stromversorgung folgte die Flutwelle, die auch die Notstromaggregate außer Betrieb setzte. Die darauffolgende Erhitzung der Brennstäbe und ihre behelfsmäßige Kühlung mit Wasser führte in den Blöcken 1, 2, 3 und 4 dann zu Wasserstoffexplosionen. In Block 2, dessen Sicherheitsbehälter *(Containment)* beschädigt wurde, kam es zu einer Kernschmelze und zum Austritt radioaktiv verseuchten Kühlwassers. Hinzu kam, dass in allen sechs Reaktorblöcken verbrauchte Kernbrennstäbe lagerten, die gekühlt werden mussten. In Block 4 brach im Abklingbecken ein Brand aus, durch den eine große Menge

---

29. Ebd., S. 108.

Radioaktivität freigesetzt wurde, weil die Abklingbecken nicht wie die Reaktorkerne durch schwere Druckbehälter abgeschirmt waren. Der katastrophale Unfall war ein Schulfall einer »fatalen Verkettung unglücklicher Umstände«:

»Das Konzept vom GAU, dem ›größten anzunehmenden Unfall‹, für den AKW auch hierzulande ausgelegt sein müssen, muss deshalb überarbeitet werden. Nicht die Größe, sondern die Kombination der Ereignisse führt zur Katastrophe. Einen Kernreaktor, für den keine fatale Verkettung unglücklicher Umstände denkbar ist, gibt es aber nicht.«[30]

Genau in seiner Unwahrscheinlichkeit, Dynamik und Komplexität können darum das Hochzeitsdesaster bei Vischer und der Küchenunfall der Französischlehrerin zu populären Modellierungen eines Unfall-Typs werden, der uns sonst als Großtechnologie-Katastrophe – also als Dampfkesselexplosion, Chemiebrand, Flugzeugabsturz oder Reaktorstörfall – entgegentritt. Hatten die Verkehrsunfälle der klassischen Moderne die Spannung von technik-induzierter Beschleunigung und Gefahr, Kontingenz und Häufigkeit bearbeitet, die die Ausnahme des individuellen Unfalls zur Norm eines statistischen Geschehens werden lässt, so behandelt die Verkettung einen ganz anderen Aspekt von Technik-Erfahrung und entwirft einen gänzlich anderen Sicherheitsdiskurs. Hier geht es nicht um statistisch auslotbare Risiken, sondern um höchst unwahrscheinliche und darum statistisch kaum erfassbare Ereignistypen. Was diese komplexen und dynamischen Unfall-Imaginationen beleuchten, sind gerade diese Resistenzen gegen die statistische Erfassung: die Unverfügbarkeit des Zufalls und die unendlichen Tücken der Materialität von Technik, die eben auch durch die strengen Blicke Technischer Überwachungsvereine und die Normen von Sicherheitsverordnungen nicht restlos zu bändigen sind. In den Erscheinungsweisen einer Tücke des Objekts und dem damit verbundenen Gefühl der »Unheimlichkeit« werden wir konfrontiert mit der Komplexität von Großtechnologie und damit mit den Aporien einer Epistemologie der Sicherheit, die gerade in der Bemühung um Schutz vor dieser Tücke nie aufhört, ihr immer neue Angriffspunkte zu bieten.

Literatur

Bickenbach, Matthias: »Der Alltag der Kontingenz: Crashing Cars. Über Autounfälle, Exempel und Katastrophendidaktik«, in: Peter Zimmermann; Natalie Binczek (Hg.): *Eigentlich könnte alles auch anders sein*, Köln 1998.

Bickenbach, Matthias; Stolzke, Michael: *Schrott. Bilder aus der Geschwindigkeitsfabrik. Eine fragmentarische Kulturgeschichte des Autounfalls*, online-Buch 1996, http://www.textur.com/schrott/default.htm (aufgerufen: 29.02.2012).

Blumenberg, Hans: *Schiffbruch mit Zuschauer*, Frankfurt a.M. 1979.

---

30. Kekulé, *Fatale Verkettung unglücklicher Umstände*, 16.3.2011.

D'Annunzio, Gabriele: *Forse che si, forse che no*, Mailand 1910.

Fischer-Homberger, Esther: *Die traumatische Neurose. Vom somatischen zum sozialen Leiden*, Bern, Stuttgart, Wien 1975.

Freud, Sigmund: »Das Unheimliche« [1919], in: ders.: *Psychologische Schriften*. Studienausgabe Bd. IV, Frankfurt a.M. 1982.

Geschichte: Vom DÜV zum TÜV Rheinland (o.V.). Homepage des TÜV Rheinland: http://www.tuv.com/de/deutschland/ueber_uns/daten_fakten/geschichte/geschichte_tuev_rheinland.jsp (aufgerufen: 29.02.2012).

Hampe, Michael: *Die Macht des Zufalls. Vom Umgang mit dem Risiko*, Berlin 2006.

Holm, Christiane; Oesterle, Günter; von Wietersheim, Dagmar (Hg.): *Die Dinge (in) der Romantik*, Würzburg 2011.

Kapp, Ernst: *Grundlinien einer Philosophie der Technik. Zur Entstehungsgeschichte der Kultur aus neuen Gesichtspunkten*, Braunschweig 1877.

Kassung, Christian: Einleitung, in: ders. (Hg.): *Die Unordnung der Dinge. Eine Wissens- und Mediengeschichte des Unfalls*, Bielefeld 2009.

Kekulé, Alexander: »Fatale Verkettung unglücklicher Umstände«, in: *Der Tagesspiegel*, 16.3.2011.

Kuhlmann, Albert: *Einführung in die Sicherheitswissenschaft*, Köln 1981.

Kuhlmann, Albert: »Was muss die Sicherheitswissenschaft leisten?«, in: ders. (Hg.): *Leben in Sicherheit, 1. Weltkongress für Sicherheitswissenschaft*, Köln 1990.

Musil, Robert: *Der Mann ohne Eigenschaften*, hg. von Adolf Frisé, Reinbek bei Hamburg 1994.

Müller, Thomas: *Flugzeugabstürze. Der Verlust von Gewißheiten*, in: Gumbrecht, Hans Ulrich; Pfeiffer, Karl Ludwig (Hg.): *Paradoxien, Dissonanzen, Zusammenbrüche. Situationen offener Epistemologie*, Frankfurt a.M. 1991, S. 589–605.

Perrow, Charles: *Normale Katastrophen. Die unvermeidbaren Risiken der Großtechnik*, Frankfurt a.M. 1989.

Pidoll, Michael Freiherr von: *Der heutige Automobilismus. Ein Protest und Weckruf*, Wien 1912.

Schäffner, Wolfgang: »Das Trauma der Versicherung. Das Ereignis im Zeitalter der Wahrscheinlichkeit«, in: Inka Mülder-Bach (Hg.): *Modernität und Trauma. Beiträge zum Zeitenbruch des Ersten Weltkriegs*, Wien 2000.

Virilio, Paul: *Der eigentliche Unfall*, Wien 2009.

Virilio, Paul: *Der negative Horizont*, München 1989.

Virilio, Paul; Lothringer, Sylvère: »Technik und Fragmentierung«, in: Barck, Karlheinz u.a. (Hg.): *Aisthesis. Wahrnehmung heute*, Leipzig 1990.

Vischer, Friedrich Theodor: *Auch einer: eine Reisebekanntschaft* [1879], Stuttgart / Leipzig 1908.

Verzeichnis der Autorinnen und Autoren

Benjamin Bühler ist Literaturwissenschaftler mit Arbeitsschwerpunkten in der Kulturgeschichte der frühen Neuzeit, der Wissensgeschichte des Lebens und der politischen Ökologie. An der Universität Konstanz wurde er im Jahr 2010 mit der Arbeit »Grenzräume zwischen Tier und Mensch im Wandel der frühen Neuzeit. Eine Kultursemiotik der Grenze« habilitiert. Seit März 2011 ist er als Heisenberg-Stipendiat im Forschungsprojekt Prognostik und Literatur am Zentrum für Literatur- und Kulturforschung Berlin tätig. Veröffentlichungen: *Lebende Körper. Biologisches und anthropologisches Wissen bei Rilke, Döblin und Jünger*, Würzburg 2005; gemeinsam mit Stefan Rieger: *Vom Übertier. Ein Bestiarium des Wissens,* Frankfurt a.M. 2006; »Zukunftsbezug und soziale Ordnung im Diskurs der politischen Ökologie«, in: *Zeitschrift für Kulturwissenschaften: Politische Ökologie,* 2, 2009, S. 35–44; gemeinsam mit Stefan Rieger: *Das Wuchern der Pflanzen. Ein Florilegium des Wissens,* Frankfurt a.M. 2009; *Nicht Fisch – nicht Fleisch. Ordnungssysteme und ihre Störfälle* (hg. mit Thomas Bäumler u. Stefan Rieger), Zürich 2011.

Lea Haller hat in Zürich und Hamburg Sozial- und Wirtschaftsgeschichte, Kulturwissenschaft, indoeuropäische Sprachwissenschaft und deutsche Linguistik studiert. Als Assistentin am Institut für Technikgeschichte der ETH Zürich arbeitet sie an einer Dissertation zur Geschichte des Cortisons. Sie ist Kollegiatin im Graduiertenkolleg des Zentrums Geschichte des Wissens Zürich und Mitglied im Netzwerk DRUGS der European Science Foundation. Veröffentlichungen: »Stress, Cortison und Homöostase. Künstliche Nebennierenrindenhormone und physiologisches Gleichgewicht, 1936–1950«, in *NTM,* 18, 2010, S. 169–195; »Angewandte Forschung? Cortison zwischen Hochschule, Industrie und Klinik«, in: Hoof, Florian; Jung, Eva-Maria u. Salaschek, Ulrich (Hg.): *Jenseits des Labors. Transformationen von Wissen zwischen Entstehungs- und Anwendungskontext,* Bielefeld 2011, S. 171–197.

Eva Horn ist seit 2009 Professorin für Neuere deutsche Literatur an der Universität Wien. Ihre Forschungsschwerpunkte liegen im Bereich der deutschen Literatur in Goethezeit und Romantik ebenso wie im zeitlichen Umfeld des ersten Weltkriegs und der Weimarer Republik. Sie befasst sich ferner mit der westeuropäischen Literatur der Moderne in zeit- und wissenshistorischen Kontexten sowie dem Zusammenhang von Literatur, Geheimnis und Verschwörung. Veröffentlichungen u.a.: *Trauer schreiben. Die Toten im Text der Goethezeit,* München 1998; *Der Geheime Krieg. Verrat, Spionage und moderne Fiktion,* Frankfurt a.M. 2007; *Zukunft als Katastrophe. Fiktion und Prävention,* Frankfurt a.M. 2012 (in Vorbereitung); *Schwärme – Kollektive ohne Zentrum. Eine Wissensgeschichte zwischen Leben und Information* (hg. mit Lucas Gisi), Bielefeld 2009.

Serhat Karakayali ist wissenschaftlicher Mitarbeiter am Institut für Soziologie der Martin-Luther-Universität Halle-Wittenberg. Er promovierte 2006 mit einer Arbeit zur Genealogie illegaler Migration in der Geschichte der Bundesrepublik und ist Mitarbeiter in zahlreichen Forschungsprojekten, u.a. am Duisburger Institut für Sprach- und Sozialforschung, am Institut für Soziologie der Universität Jena, dem Centre Marc Bloch Berlin sowie am Institut für europäische Ethnologie und Kulturanthropologie Frankfurt am Main. Er ist darüber hinaus Projektleiter von »amira – Antisemitismus im Kontext von Migration und Rassismus« und Co-Kurator des Forschungs- und Ausstellungsprojekts »In der Wüste der Moderne« (Akademie der bildenden Künste Wien und Universität Delft). Letzte Buchpublikationen: *Colonial Modern. Aesthetics of the Past – Rebellions for the Future* (hg. mit Tom Avermaete u. Marion von Osten), London 2010; *Biopolitik in der Debatte* (hg. mit Marianne Pieper und Vassilis Tsianos) Wiesbaden 2010; *Poulantzas. Zur Aktualität der Staatstheorie* (hg. mit Alex Demirovic und Stephan Adolphs), Baden-Baden 2010.

Markus Krajewski ist Juniorprofessor für Mediengeschichte der Wissenschaften an der Bauhaus-Universität Weimar. Neben der Kultur- und Mediengeschichte des Dieners, welche Gegenstand seiner 2010 erschienenen Habilitationsschrift ist, erforscht er u.a. Weltprojekte und Technik-Phantasien, Verwaltungswerkzeuge des Wissens und ihre Poetologie sowie Wissensvisualisierungen. Publikationsauswahl: *ZettelWirtschaft. Die Geburt der Kartei aus dem Geiste der Bibliothek*, Berlin 2002; *Restlosigkeit. Weltprojekte um 1900*, Frankfurt a.M. 2006; *Die Hyäne. Lesarten eines politischen Tiers* (hg. mit Harun Maye), Zürich 2010; *Der Diener. Mediengeschichte einer Figur zwischen König und Klient*, Frankfurt a.M. 2010; *Paper Machines. About Cards & Catalogs, 1548–1929*, Cambridge, Mass. 2011.

Claus Pias ist Professor für Mediengeschichte und Medientheorie an der Leuphana Universität Lüneburg. Zuvor lehrte er in Weimar, Bochum, Essen und Wien. Seine Forschungsschwerpunkte sind Technikgeschichte und Medientheorie. Letzte Veröffentlichungen: *Abwehr: Modelle – Strategien – Medien* (Hg.), Bielefeld 2009; *PowerPoint. Macht und Einfluss eines Präsentationsprogramms* (hg. mit Wolfgang Coy), Frankfurt a.M. 2009; *Think Tanks. Die Beratung der Gesellschaft* (hg. mit Thomas Brandstetter u. Sebastian Vehlken), Zürich 2010; *Kulturfreie Bilder. Erfindungen der Voraussetzungslosigkeit* (Hg.), Berlin 2011; *Hermann Kahn – Szenarien für den Kalten Krieg* (Hg.), Zürich 2012.

Stefan Rieger ist seit 2007 Professor für Mediengeschichte und Kommunikationstheorie an der Ruhr-Universität Bochum. Aktuelle Arbeits- und Publikationsschwerpunkte: Wissenschaftsgeschichte, Medientheorie und Kulturtechniken. Veröffentlichungen: *Die Individualität der Medien. Eine Geschichte der Wissenschaften vom Menschen*, Frankfurt a.M. 2001; *Kybernetische Anthropologie. Eine Geschichte der Virtualität*, Frankfurt a.M. 2003; gemeinsam mit Benjamin Bühler: *Vom Übertier. Ein Bestiarium des Wissens*, Frankfurt a.M. 2006; *Schall und*

Rauch. Eine Mediengeschichte der Kurve, Frankfurt a.M. 2009; *Das holographische Wissen* (hg. mit Jens Schröter), Zürich/Berlin 2009; gemeinsam mit Benjamin Bühler: *Das Wuchern der Pflanzen. Ein Florilegium des Wissens*, Frankfurt a.M. 2009; *Nicht Fisch – nicht Fleisch. Ordnungssysteme und ihre Störfälle* (hg. mit Thomas Bäumler u. Benjamin Bühler), Zürich 2011.

Peter Risthaus hat Philosophie, Literaturwissenschaft, Linguistik und Politikwissenschaft studiert und ist wissenschaftlicher Mitarbeiter am Germanistischen Institut der Ruhr-Universität Bochum. Er beschäftigt sich u.a. mit elementaren Sprachen und Inspiration, Gefahrenzeichen sowie der Kategorie der Absenz. Publikationen: *Onto-Topologie. Zur Entäußerung des unverfügbaren Orts von Heidegger zu Derrida und jenseits*, Zürich/Berlin 2008; *Par Cœur. Einige Lehren Samuel Becketts* (hg.), Bochum 2006; *»Kriegstheater«. Zur Zukunft des Politischen III* (hg. mit Thomas Oberender u. Wim Peeters), Berlin 2005. Peter Risthaus ist Mitbetreiber des ›Archivs des Beispiels‹ (beispiel.germanistik.rub.de).

Manfred Schneider ist Professor für Ästhetik und literarische Medien (Neugermanistik II) an der Ruhr-Universität Bochum. Seine Forschungsschwerpunkte sind u.a. die Ästhetik, die Diskurstheorie, die Geschichte der Befragungen sowie die Kulturkritik. Einige jüngste Publikationen sind: *Häutungen. Lesarten des Marsyas-Mythos* (hg. mit Ursula Renner), München 2006; *Sozialgeschichte des Geständnisses. Zum Wandel der Geständniskultur* (hg. mit Jo Reichertz), Wiesbaden 2007; *Fatale Sprachen. Eid und Fluch in Literatur- und Rechtsgeschichte* (hg. mit Peter Friedrich), München 2009; *Das Attentat. Kritik der paranoischen Vernunft*, Berlin 2010. Neben seinem Wirken in Forschung und Lehre äußert sich Manfred Schneider auch als Kritiker und Essayist im Hörfunk sowie in den Feuilletons verschiedener Tageszeitungen, so z.B. der Frankfurter Rundschau und der Neuen Zürcher Zeitung.

Sebastian Vehlken ist wissenschaftlicher Mitarbeiter am ICAM Institut für Ästhetik und Kultur Digitaler Medien der Leuphana Universität Lüneburg. Sein Dissertationsprojekt mit dem Titel *Schwärme. Medienkulturen und Intransparenz* wurde 2010 abgeschlossen, seine Arbeitsschwerpunkte sind die Theorie und Geschichte digitaler Medien, Kybernetik und selbstorganisierende Systeme sowie die Rolle der Medien in der Biologie. Veröffentlichungen: *Think Tanks. Die Beratung der Gesellschaft* (hg. mit Claus Pias und Thomas Brandstetter), Zürich 2010; gemeinsam mit Jan Müggenburg: *»Rechnende Tiere. Zootechnologien aus dem Ozean«*, in: *Zeitschrift für Medienwissenschaft*, 4, 2011, S. 58–70; *»Epistemische Häufungen. Nicht-Dinge und agentenbasierte Computersimulation«*, in: Hoof, Florian; Jung, Eva-Maria u. Salaschek, Ulrich (Hg.): *Jenseits des Labors. Transformationen von Wissen zwischen Entstehungs- und Anwendungskontext*, Bielefeld 2011, S. 63–85; *Zootechnologien. Eine Mediengeschichte der Schwarmforschung*, Zürich 2012.

Wladimir Velminski ist wissenschaftlicher Mitarbeiter am Slavischen Seminar der Universität Zürich, Research-Fellow am Internationalen Kolleg für Kulturtechnikforschung und Medienphilosophie an der Bauhaus Universität Weimar sowie assoziierter Mitarbeiter am Hermann von Helmholtz-Zentrum für Kulturtechnik der Humboldt-Universität zu Berlin im Projekt »Das technische Bild«. Zahlreiche Veröffentlichungen, u.a.: *Andrej A. Markov. Berechenbare Künste* (hg. mit Philipp von Hilgers), Zürich/Berlin 2007; *Form Zahl Symbol. Leonhard Eulers Strategien der Anschaulichkeit*, Berlin 2009; *Ordnungssysteme 1700. Zeichenpraktiken und Machtstrategien in der russischen Frühaufklärung*, Berlin 2010.

Benjamin Bühler, Thomas Bäumler, Stefan Rieger (Hg.)
Nicht Fisch – nicht Fleisch. Ordnungssysteme und ihre Störfälle

224 Seiten, Broschur
ISBN 978-3-03734-137-7
€ 29,90 / CHF 45,00

Der Versuch, die Dinge der Welt in Ordnung zu bringen, ist gleichermaßen selbstverständlich wie schwierig. Betroffen davon sind sämtliche Phänomenbereiche, technische Gegenstände ebenso wie vermeintlich natürliche Dinge. Der Status des jeweiligen Ordnungssystems selbst bleibt dabei in sich widersprüchlich, denn das Bemühen um eine natürliche Ordnung wird mit der Einsicht in deren Willkürlichkeit konfrontiert.
Die Störfälle der Natur und der Technik, der Diskurse und der Medien, der Klassifikationen und Ordnungssysteme erweisen sich dabei immer als äußerst komplexe Wissensfiguren. Zuordnen kann man ihnen mindestens drei Aspekte: Erstens irritieren und unterminieren sie gegebene Ordnungsformen; zweitens konstituieren, organisieren und stabilisieren sie allererst Wissensordnungen; drittens manifestieren sich gerade mit ihnen diskursive und soziale Ein- und Ausschlussmechanismen. Da Ordnungssysteme demnach alles andere als statische Gebilde sind, sowohl was neue Gegenstände als auch was Kriterien der Ordnungsbildung betrifft, ergibt sich zwangsläufig, dass die Beschäftigung mit ihnen aus der Perspektive verschiedener Wissenschaften zu erfolgen hat.

Mit Beiträgen von Michael Andreas, Thomas Bäumler, Benjamin Bühler, Ute Holl, Christian Kassung, Christina Lechtermann, Staffan Müller-Wille, Claus Pias, Stefan Rieger, Armin Schäfer, Dietmar Schmidt und Julia Voss.